国际组织与全球治理丛书 ● 丛书总主编 李 媛 米 红
浙江大学国际组织精英人才培养计划

纵横全球　兼济天下
国际组织任职启示录

主　编　何昌垂
副主编　王之佳　何景琳

ZHEJIANG UNIVERSITY PRESS
浙江大学出版社

序　言

百年不遇之大变局与新型冠状病毒肺炎全球暴发的叠加冲击，正改变着全球治理秩序，并对迈向国际舞台中心的中国提出重大挑战。世界需要中国，中国也需要世界。为了应对新变局对全球治理格局的挑战，更加有效地参与新形势下的全球治理及推动全球治理机制的改革进程，中国需要系统培养高质量的全球胜任力人才，既为中华民族伟大复兴的强国梦拓展空间，又为构建人类命运共同体、促进世界和平与安全、实现人类可持续发展目标贡献中国的智慧与方案。

这是摆在我们面前的巨大的时代挑战与历史使命。

"国之交在于民相亲，民相亲在于心相通。"人与人的相互交往是全球治理进程中人心沟通最有效的渠道，是建立政治互信、经济融合、社会沟通、文化互鉴的国际关系的重要基础。国际组织是人与人交往、国与国互动的一个独特平台。这里集聚着来自世界各地的精英，构成一个特殊的多元文化环境的基本要素。他们拥有一个共同的身份：国际公务员。

自 1971 年 10 月中华人民共和国恢复联合国合法席位以来，尤其是改革开放以来，一批又一批的优秀人才走出国门，通过推送或竞争的形式，迈进以联合国为核心的国际组织，成为国际公务员。他们在国际组织的平台上，以独特的方式，在社会、经济、环境、资源、粮食安全、贸易、科技、卫生、教育以及维和等不同领域开展工作。多年来，他们驰骋在世界各地，或勤劳于总部，或躬耕于实地；短则数月或一年半载，长则十余年直至终身，有的甚至奉献了自己宝贵的生命。他们在开展信息交流、数据采集、政策研究、规范标准制定、国际谈判、技术合作与转移工作，执行援助项目和能力建设以及人道主义救援的任务中，不辞辛劳，深耕细作，做出了特殊的贡献。这些年来，我们见证了许多中国职员远离家乡，足迹遍天涯。他们既体现了国际公务员高度的专业性，也承担着作为中华民族文化传播使者的责任，为促进世界和谐与发展目标的实现，不懈努力，积极奉献，留下了诸多有趣的故事与动人佳话。

《纵横全球 兼济天下——国际组织任职启示录》一书，是一本较为集中展示中国籍国际职员在不同国际组织舞台上奋斗的人生画卷之书。书中撷取了28篇描绘多姿多彩的国际职员人生故事的文章，作者团队具有广泛的专业背景与工作经历：在加入国际组织之前，他们有的是高等院校的高级研究人员，有的是政府部门的中高层管理干部，有的是正处在事业巅峰、前程似锦的工程技术专业人员，还有几位是初出校门、充满理想的年轻实习生。这批不同级别、不同层次、不同经验与专业背景的作者，共同构成一个综合立体、波谱丰富，却又个性鲜明的独特群体。

这28篇描绘人生故事的文章，犹如28堂生动的系列课程，从不同角度反映了在改革开放中成长起来的一批国际组织职员，在多元文化环境中工作，一步一个脚印，直面挑战，胸怀大志，脚踏实地，虚心学习，开拓进取，顽强拼搏，不辱使命；体现了他们在错综复杂的全球治理舞台上，发出中国声音，讲好中国故事，提出中国方案，宣传中国文化，为促进世界的和平、发展与安全分享中国智慧，实现自身的价值，贡献自己的力量的奋斗精神。

作为全球治理的参与者、亲历者、实践者，他们通过真实的故事，讲述自己在多元文化中浸透历练，并感悟人生；从不同的角度，透视了在国际舞台上摸爬滚打的艰辛与不易，以及许多不为人知的体验与成长阵痛。书中分享的生动经历和许多令人难忘的事件，充分展现出中国人无论何时何地都不忘初心的家国情怀，折射出中国的智慧，以及中华民族崇尚"以人为本""以和为贵""亲仁善邻""协和万邦"的人文精神。

本书并非一部全球治理的理论教材或课程指南，但书中的各个故事和各段经历，为我们展开了一幅综合图景——生动反映了中国职员肩负时代的期望，在不同岗位上刻苦耐劳、开拓创新的本色。在融入多元文化环境的过程中，几乎无一例外地，每个人都曾遭遇过诸多压力、难关乃至困境，如语言、文化、宗教、专业、规制、法律、认知差异，而每个人在闯关之路上，都砥砺前行，摸索着自身成长的秘诀，也体会着"山重水复疑无路，柳暗花明又一村"的中国式乐观主义精神。通过不懈的努力，许多人最终自信地做到了极致，成为被广泛认可的优秀国际公务员。

本书犹如一部交响曲。作者或讲述自己的心路历程，或采撷难以忘怀的章节，"嘈嘈切切错杂弹，大珠小珠落玉盘"。在圆满完成国际组织使命的同时，他们传播中国文化，分享中国智慧，憧憬"各美其美，美人之美，美美与共，天下大同"，为构建人类命运共同体，为人类和平发展与安全，勠力贡献。我们用心串珠成链，力图为读者展示一幅如何实现"进得去，留得下，做得好，提得上，有位置，有声音，有影响"的七彩光谱画面，呈现一幅如何成长为一名优秀国际公务员的真实长卷，展现国际公务员如何在四海天下承载"人心相通"的历史使命与家国重托。

在中华人民共和国恢复联合国合法席位 50 周年之际，我们愿以本书作为献给祖国的一份贺礼。我们相信，作者们在书中分享的个人经历、故事与经验，将起到激励新人，启迪后辈，催人奋进的作用。我们也相信，本书将为在新时代，特别是后疫情时代肩负全球治理研究与实践使命的人们提供有益的参考；同时也为培养全球胜任力人才，帮助青年规划参与全球治理的职业生涯，提供一部有教育意义的，真实、全面、立体的国际组织任职经典。

何昌垂

2021 年 6 月

目　录

第一篇　开拓引领

一、筑梦在课堂，实现在社会 / 刘志贤 ·· 3

（一）严格管理，订立规矩 ·· 5

（二）建言必须合理可行，落实立足双赢多赢 ····················· 6

（三）扩大成员面，造福全球，利于长远 ··························· 8

（四）识人辨事，对症下药 ·· 10

二、不断超越，实现自我价值 / 唐丁丁 ··· 14

（一）首次出任国际公务员并初次尝试"旋转门" ·············· 16

（二）再试"旋转门"并感受其重要作用和影响力 ············· 17

（三）"旋转门"助力实现职业经历的新突破 ····················· 18

（四）实现自我超越并为国家赢得荣誉和尊严 ·················· 20

三、从科研工作者到国际公务员的转型 / 何昌垂 ······················· 23

（一）适应多元文化的过程 ·· 24

（二）克服施展影响的障碍 ·· 26

（三）弘扬中国文化的平台 ·· 28

（四）磨炼开拓创新的勇气 ·· 30

四、逆境崛起，砥砺奋进 / 梁　劬 ·· 34

（一）风云突变陷逆境 ·· 35

（二）痛定思痛图变革 ·· 38

（三）砥砺奋进展宏图 ·· 41

五、斐济苏瓦港的枪声 / 薛玉雪 44

（一）人间天堂，波涛暗涌 45

（二）危机应对，责任担当 47

（三）深自砥砺，笃定前行 52

六、我的南南使命——服务"我联合国人民" / 周一平 54

（一）从万隆会议到联合国南南合作 55

（二）南南合作办公室 56

（三）被"挖走"——身兼双职飞速晋升 57

（四）所谓的南南合作特设局"独立运动" 58

（五）为完成使命，忍辱负重顾全大局 59

（六）为重振南南合作，当仁不让 61

（七）打造属于"我联合国人民"的"南南帝国" 62

七、怀家国天下，逐多彩人生 / 王　粤 64

（一）初入联合国 65

（二）再入联合国 66

（三）两则趣事 69

（四）点滴感悟和体会 72

第二篇　激情燃烧

一、深耕能源区域合作，推动可持续发展目标实现 / 刘鸿鹏 ... 77

（一）从心动到行动 78

（二）初识联合国 79

（三）勇闯第一关 80

（四）全球议程区域推动 83

二、我在联合国教科文组织的一些经历 / 韩群力 88

（一）初入 UNESCO 89

（二）跨越专业的挑战 90

（三）开拓区域科学合作 ……………………………………… 91

（四）主动应对紧急事件 ……………………………………… 93

（五）迎接新的挑战 …………………………………………… 96

三、风雨兼程，点滴回顾——在国际劳工组织的 20 年 / 李东林 …… 98

（一）终生难忘的 2003 年非典历险记 ……………………… 99

（二）荣获巴基斯坦总统勋章 ……………………………… 101

（三）国际视野与大国情怀 ………………………………… 105

四、在联合国艾滋病规划署的点滴感受和体会 / 孙　刚 ………… 108

（一）强化服务意识 ………………………………………… 109

（二）锻炼敏锐的视角 ……………………………………… 110

（三）引领不断创新 ………………………………………… 111

（四）加强团队建设 ………………………………………… 113

（五）提升沟通能力 ………………………………………… 115

五、却顾所来径——在联合国环境规划署的几桩往事 / 王之佳 …… 118

（一）联合国的门槛有点儿高 ……………………………… 119

（二）蹚过联合国这条河 …………………………………… 120

（三）心系祖国做点事 ……………………………………… 122

（四）环境署说出公道话 …………………………………… 123

（五）肯尼亚的北京学校 …………………………………… 125

六、联合国科学研究工作点滴 / 李少义 …………………………… 128

（一）掌握特点，立规矩成方圆 …………………………… 130

（二）勇于探索，严谨治学 ………………………………… 132

（三）稀土热：认清经纬，四两拨千斤 …………………… 134

（四）客观系统的科学分析，平衡可行的政策建议 ……… 135

七、行四海不厌其远，踏八荒初心弥坚 / 赵　兵 ………………… 139

（一）凝聚共识，同心开启亚太区域农业机械化新航程 … 140

（二）授人以鱼与授人以渔并重，拯救生命与改善生计同行 … 143

（三）在联合国系统任职的几点体会 ·················· 147

八、与孤独、压力和磨难共舞 / 韩铁如 ·················· 149

（一）亲历高空惊魂一刻 ·················· 150

（二）无尽情思在海滩 ·················· 153

（三）千锤百炼"过来人" ·················· 155

（四）不畏磨难 我心从容 ·················· 157

第三篇 星光璀璨

一、做人知足，做事知不足 / 王世勇 ·················· 163

（一）就职之路 ·················· 164

（二）终身学习 ·················· 169

（三）尝试跨界 ·················· 170

（四）持平常心 ·················· 171

（五）傲为逆行者 ·················· 172

二、在大地上行走，发现泥土中蕴藏的力 / 刘 怡 ·················· 174

（一）落地——自下而上 ·················· 175

（二）内生式发展 ·················· 178

（三）传统知识和本土智慧 ·················· 181

三、初入国际组织的学思行 / 李翰颖 ·················· 184

（一）多元文化环境下，要先弄懂"国际英语" ·················· 185

（二）学习驻在国语言，适应当地生活和文化 ·················· 188

（三）学习国际组织的项目管理方法，锻炼提高胜任力 ·················· 189

四、我是一棵"风滚草" / 柴 溪 ·················· 194

（一）幸运的我 ·················· 195

（二）我在"无国界医生"前线 ·················· 196

（三）最美丽的意外 ·················· 201

（四）生活翻开新的一页 ································· 203

五、大舞台上的小故事 / 韩士皓 ····················· 206
　　（一）调研电荒问题 ······························· 208
　　（二）南非疫情初始 ······························· 210
　　（三）招聘实习生 ································· 212
　　（四）异国生活苦与乐 ··························· 215

六、我们在联合国共成长 / 何景琳 等 ··············· 217
　　（一）色彩斑斓联合国 ··························· 218
　　（二）最好的时光 ································· 221
　　（三）红丝带之夏 ································· 223
　　（四）青春无憾无悔 ······························· 225
　　（五）我们共成长 ································· 228

第四篇　桥联四海

一、危机中的责任担当：我的非典经历 / 王纪元 ······· 233
　　（一）筹备中国就业论坛 ··························· 234
　　（二）紧急应对非典 ······························· 235
　　（三）永远怀念派克先生 ··························· 237
　　（四）中国就业论坛终于召开 ····················· 241

二、联合国译事小记 / 江 红 ························· 242
　　（一）与会同行 ································· 243
　　（二）国际生活 ································· 246
　　（三）一程又一程 ································· 250

三、我当联合国维和警察的故事 / 文 龙 ············· 252
　　（一）特殊环境中的"扫黑除恶"行动 ············· 254
　　（二）丰富多彩的社区警务活动 ··················· 256

（三）一切为了孩子 ……………………………………… 258

（四）战火中的维和警察 …………………………………… 259

四、我与联合国青年领袖精英项目（GYLA）的故事 / 祖良荣 ………… 261

（一）GYLA 的诞生 ………………………………………… 263

（二）GYLA 与联合国《2030 年可持续发展议程》 ………… 264

（三）青年所有，青年所治，青年所享 …………………… 265

（四）GYLA 的影响力 ……………………………………… 268

五、崇尚多样性，当文化使者 / 何　勇 ………………………… 271

（一）学中文的大使 ………………………………………… 273

（二）赴华培训项目 ………………………………………… 274

（三）书法为桥梁 …………………………………………… 277

六、在世界卫生组织任职的小故事 / 宋允孚 ………………… 281

（一）竞聘小插曲 …………………………………………… 282

（二）筹资苦与乐 …………………………………………… 284

（三）我的家国情 …………………………………………… 287

（四）归鸿再追梦 …………………………………………… 290

七、为连接中国与世界尽一己之力 / 李　琳 ………………… 292

（一）知己知彼 ……………………………………………… 293

（二）知微见著 ……………………………………………… 295

（三）知行合一 ……………………………………………… 298

第一篇

开拓引领

一、筑梦在课堂，实现在社会

/ 刘志贤

🔍 作者简介

刘志贤，毕业于北京外国语学院（现北京外国语大学），曾在日内瓦国际与发展研究院进修。现为中国联合国协会常务理事、中国前外交官联谊会理事、北京外国语大学国际关系学院客座教授和国际组织胜任力发展中心顾问委员会委员、西北工业大学讲座教授、哈尔滨工业大学客座教授、天津外国语大学客座教授、中国石油大学（华东）兼职教授、国家留学基金委国际组织人才项目评审专家、中国教育发展战略学会国际组织人才培养工作委员会理事会理事及学术与咨询专家、教育部中外人文交流中心高层次国际化人才培养创新与实践项目专家指导委员会委员、中国教育国际交流协会新青年全球胜任力人才培养专家指导委员会委员。在外交部长期从事联合国系统多边外交的调研和实际工作，多次出席和参与承办大型国际会议。曾担任外交部国际司五处副处长、处长和军控司副司长，驻全面禁止核试验条约组织筹委会副代表，驻禁止化学武器组织首任专职副代表和对外联络司司长，中国联合国协会副会长兼总干事等职。

🔍 导　读

在国际组织的高级别官员中，常可见到一些中外政府的资深外交官的身影。他们因所从事的是外交领域的职业，在竞聘过程中，就有常人不具备的优势。但在任内，能够站得住并有所开拓，起到引领作用的，则实属不易，并不多见，这需要机遇，也需要责任和担当。

本文作者在禁止化学武器组织担任对外联络司司长 6 年，处处体现了他善于思考、勇于实践的特质。对于内部管理，作者彰显其智慧和对该司的管控能力，以及在处理事情上对尺寸的把握。如"严格管理，订立规矩""建言必须合理可行，落实立足双赢多赢"。对外开拓业务，作者高屋建瓴地指出，一项国际公约的宗旨和目标要想能够全面实现，首先必须实现公约的普遍性，即全球所有国家都需要批准公约，成为缔约国，否则就会留下空白，成为漏洞。为此，他提出了四项举措，强化了一些国家的批约意识和愿望，加速了批约进程。作为一名外交官出身的国际公务员，作者在不懈地推进禁止化学武器这一重要工作中，不仅提升了中国人的形象，还展示了他"造福全球、利于长远"的国际格局。

　　我有幸在禁止化学武器组织（OPCW）工作了 6 年，担任对外联络司司长（D2 级）。OPCW 是联合国的"相关机构"，如同我们常说的"专门机构"，是联合国大家庭的一个成员，每年都要向联合国大会提交其年度工作报告并接受审议。如遇重大安全问题，OPCW 则须将问题提交到联合国安理会处理或直接寻求其采取制裁行动。

　　OPCW 是个公约组织，也就是说它的成立旨在协助和确保《禁止化学武器公约》的缔约国能够认真、及时、全面地履行自己的义务，行使自身应有的权利。它的最高决策机构是一年一度、通常持续 5 天的缔约国大会，每个缔约国都有权参加。闭会期间，则由执行理事会代为行使大会的权力。理事会每年预定举行 4 次会议，一次会期 5 天。由于履约事务繁多，多年来每年都会临时增加三四次会议。理事会由来自 5 个地区的 41 国组成，经过大会选举产生，一届任期 2 年，可以连选连任。秘书处有 500 多人（约有 200 人为专职视察员），分成 10 个职能司局，各司其职，为各类会议、公约履行的相关事宜提供服务。对外联络司是 OPCW 的对外窗口，有 20 多个人，分 3 个处、1 个规划办公室。主要职责包括：对外宣传、新闻媒体联络、涉外调研、对外交流、政治问题处理、政府间关系协调、与其他国际组织关系维护、处理非政府组织事务、礼宾、签证办理、联合国护照办理与管理、推动实现公约普遍性，以及负责 OPCW 季刊的征稿、撰稿、编辑、出版等相关事宜。司长是 OPCW 的对外发言人，也是机构涉外事务协调委员会主席。

　　OPCW 对国际公务员政治品德和业务能力的要求和联合国是一致的，即我们通常说的三大核心价值、八项核心能力和六项管理能力。关于管理能力，其素质要求针对的是领导层，包括处长（P5 级）、司长（D2 级）和司长以上官员，具体要求是拥有战略视野（vision）、领导能力（leadership）、赋权增能的能力（empowering others）、绩效管理能力（managing performance）、建立信任的能力（building trust）、决策能力（judgement and decision making）。应该说司长级公务员，无论是在一个国家还是在一个国际组织，都处于非常重要的岗位。这个岗位承上启下，发挥着分析、预判和决策的主干作用。在 OPCW 更是如此，每个部门的工作由司长主抓并直接对总干事负责。在 OPCW 的 6 年时间里，我见证了各个国家履行《禁止化学武器公约》的承诺与实践、OPCW 工作从艰难起步再到走向成熟的整个进程（OPCW 由于杰出成就，于 2013 年获得诺贝尔和平奖）。同时，我也认识并结交了不少来自五湖四海、不同肤色、宗教信仰各异的朋友，有的关系相当不错，到现在还保持着联系。每年我的生日到来时，我还会收到远方的朋友通过邮件或微信发来的祝福。这段经历给我留下了不少美好和难忘的回忆，每每想起，感慨万千。考虑到篇幅的限制，现仅结合高级国际公务员必备的管理能力，和读者分享几个实例。

（一）严格管理，订立规矩

大家知道，国际组织录用人员门槛很高，成功竞聘到一个岗位实属不易，要想胜出必须经过笔试、面试，在众多竞聘人员中过五关斩六将。因此，应该说到岗的职员一般都是业务高手、复合型国际化优秀人才。处长这个级别更是如此，他们阅历和经历比较丰富，有自己的行事方法和思维模式，其中也不乏喜欢张扬和愿意突显自己的人。要领导这样一批人，并非易事。首先自身必须具有国际眼光和视野、开阔胸怀和包容之心，同时要熟悉业务，外语较好。正像习近平总书记所说的"打铁还需自身硬"，否则难以服人、难以发挥指导作用，甚至会被人看不起。这点我充满自信，因为此前我是中国常驻 OPCW 的首任专职副代表，全面深入参与了该机构的成立和建设，以及对内对外有关条例和规则的磋商与制订，等等。同时，司长还要敢于领导，懂得管理，既能调动大家的工作积极性，又能在允许的范围内给职员提供张扬个性和发挥主动性的氛围。

2005 年年中我到任后，知情朋友私下向我介绍了对外联络司工作人员的情况和内部问题。比如，执行预算不够严格，资金使用和项目开展不太匹配；个别处室喜欢自成一体，搞成小圈子，业务不透明；有的处长喜欢出风头，褒己贬他，总想越级直接与总干事办公室联系，以展示自身的所谓"学识与才华"。

面对这些问题，我认为需要立规矩，没有规矩不成方圆嘛。我采取了如下对策：每周一上午召开处长会议，要求每位处长全面介绍上周所做工作和存在的问题、本周的工作事项、下周的工作计划，以及需要全司参与和协调的活动等。这样的例行周会旨在"通报情况、集思广益、互相监督、避免错情、协调一致"。我特别要求我的秘书参加会议并负责记录，及时形成正式会议纪要，人手一份。职员年中、年末考评时，它是个人表现的参照物。会议纪要经过核对后，白纸黑字，归档留存。我相信，司长这种安排的意图，处长们一定心知肚明。那就是，有事如果不在会上报告是有很大风险的，可能招致批评，甚至追责。

同时，我还会不定期地去各个处长办公室，进行非正式谈话，了解他们的工作进展、想法和存在的问题，向他们展示自己的诚意和关心。平时，我重视表扬和鼓励，出现错情敢担责，遇有难题不推诿，总是和他们一道研究商量解决办法。另外，在我单独向总干事汇报工作的例行周会上，我也会递交一份周会纪要供他参考。向总干事提交一份会议纪要，至少可以起到如下作用：司长抓工作十分认真且重视管理；司里工作透明、民主，大家畅所欲言，互相监督和配合。我认为并相信，这些措施发挥了积极作用，有利于创造一个和谐、向上、舒畅的工作环境。

（二）建言必须合理可行，落实立足双赢多赢

一国公民到国际组织工作，其基本素质要求是忠诚、独立、公正，严格按照有关规定行事，不做有损于国际组织的事。与此同时，你无须放弃自己的信仰，有权和自己国家的政府官员保持联系，甚至定期会见或介绍情况。这是人之常情，也不违反规定。我认为，如果有条件，一个国际公务员可以积极为国家献言献策，提出建设性的、能够惠及本国和国际组织双方的建议。你如果不具备这样的条件或者在主观上没有意愿这样做，并非什么大问题，因为国家并不要求你必须这样做，能在国际组织专心把自己的本职工作做好，是最基本的要求。换言之，你搞好本职工作就是为国家争了光，做出了贡献。

前面说了，OPCW 是个公约组织，它是为了公约缔约国履行《禁止化学武器公约》而专门设立的。这就决定了 OPCW 的主要职责和业务范围必须围

绕这项公约来开展。那么公约的核心内容是什么呢？它有四大支柱：彻底销毁现有化学武器、防止出现新的化学武器、开展化学领域国际合作以及化学武器防护与援助。可以说，广大发展中国家除了在销毁化学武器方面发挥应有的作用外，更需要的是开展化学领域的合作，从而提升自身的化工能力和水平，以促进本国的经济发展和社会进步。在化学武器防护与援助方面也是如此，发展中国家需要相关技术和人才培训，以提升自身的防护能力。

考虑到发展中国家的需要、OPCW 的资源以及中国的能力，我到任不久就向国内提出，希望中国积极考虑承办国际防护与援助培训班，为发展中国家培养人才和传授技术。而且我建议胆子和魄力要大一点，一开始就面向多一些的国家，可以先举办面向亚洲国家的培训班，积累经验后再举办面向全球的。我觉得，举办此类培训班至少有三大好处：一是支持和帮助其他发展中国家；二是 OPCW 有这样的需要，是缔约国履约的一种贡献；三是我方可以结交各国的朋友，同时也可锻炼自身的教师队伍。为此，我积极推动，大力说服。然而我得到的答复是，建议很好，但承办有困难。主要难点是中方有条件承办的中国人民解放军防化指挥工程学院懂专业的人员对自身英文水平和表达能力不够自信，有些顾虑和胆怯。但是，我没有放弃，而是继续推动。我建议他们组建授课教师团队，进行培训和指导，以提升表达能力和业务水平。我事后了解到，外交部军控司有关同志对该学院提供了不少帮助，包括授课。

推动和鼓励最终结出了硕果。一年后，经过各方面的充分准备，中方和OPCW 宣布在北京共同举办长达一周的亚洲地区防护与援助培训班。之后，又举办了面向全球的培训班。在我 6 年的任期内，中方共举办了 3 期培训班，使许多发展中国家受益。我离任后，这样的活动未能继续进行，深感遗憾。作为承办方之一，每次我都会率团代表 OPCW 赶赴北京了解筹备情况，与主办方一起致开幕词并为学员颁发结业证书。在结业仪式上，我每次都能看到中方教师和来自亚非拉及东欧国家的学员的喜悦挂在脸上。我也格外高兴，感觉促成了这样一项皆大欢喜、多方获益的活动十分值得。这一活动得到了发展中国家和 OPCW 的广泛赞赏。我还注意到，在当年的缔约国和执行理事会的会议上，中国代表团团长在一般性辩论的发言中都会提到培训班的成功举办，这是中国对 OPCW 的贡献和支持。

（三）扩大成员面，造福全球，利于长远

一项国际公约的宗旨和目标要想得到全面实现，首先必须实现公约的普遍性，即全球所有国家都需要批准公约，成为缔约国，否则就会留下空白，成为漏洞。我入职时，《禁止化学武器公约》的缔约国有 150 多个，仍有 40 多个国家尚未批约。我向总干事提出了这一问题，表示希望来年对外联络司能够增加预算和职责，以便可以采取切实行动，促使这些国家早日批约。得到肯定和支持后，我随即采取了如下行动：一是向缔约国介绍情况，寻求支持，扩大资金预算；二是推动缔约国在执行理事会上通过一项促进公约普遍性的决议，把普遍性变成一个 OPCW 及全体缔约国的共同职责和目标。取得成功后，第二年，我们对外联络司就有了资金预算和新增任务。如何用好这笔资金、应该采取何种行动、能否尽快取得成效成为摆在眼前的问题和挑战。

记得我设计和采取了如下几项举措。

一是率团访问尚未批约的国家，当面介绍《禁止化学武器公约》的重要性、现实意义和长远利益、国际社会的愿望、国际恐怖主义的猖獗和对其采取防止与打击措施的重要性、OPCW 的运营情况以及加入的益处等等。总之，我们通过分析利弊，晓以利害，答疑解惑，说服他们及早批约，加入到国际大家庭里来，而不是游离于公约和 OPCW 之外。我率团出访的国家包括拉丁美洲的巴哈马、多米尼加，非洲的科摩罗、埃及，亚洲的缅甸、以色列等。另外由于伊拉克安全问题，我们把主管部门官员请到了约旦，在那里会谈。出差是个极辛苦的事，特别是去那些路途遥远的国家，如巴哈马，需要长途飞行，加上中间转机，又有时差，是个体力活。辛苦，但也乐在其中，毕竟是在开辟一片新天地，踏上一个既陌生又令人好奇的国土。你会既有使命感又有好奇心，还有期待。记得巴哈马方面十分重视我们的访问，到达的第二天，我们受到了总统接见并参加了巴方外交部在晚上为我们举行的招待会。在那里我们会见了该国外长、议会议长、检察长等高官，还为工作层面的相关官员答疑解惑，进行了深度交流。

二是利用参加国际会议之机会，就地约见他们的官员。如每年出席联合国大会时，我都会陪同总干事前去拜访叙利亚等国家的常驻代表，向他们介绍情况，强调批约的重要意义。此外，我还不定期出席非洲联盟首脑会议等。记得大概是在 2007 年，我陪同总干事出席非洲联盟在利比亚总统卡扎菲家乡

在以色列外交部门口留影

苏尔特市举行的首脑会议。令我印象深刻且至今难忘的是，卡扎菲总统在发言中说了几句非常诙谐幽默的话，大家听后无不哈哈大笑。

三是就近前去拜访非缔约国驻欧洲的大使馆或高专公署加以推动，如去伦敦、布鲁塞尔。

四是和OPCW国际合作与援助司联手，邀请非缔约国代表参加该司举办的防护与援助培训班，让他们亲身感受到和看到批约的益处。届时，再单独会见他们，当面做些工作。

应该说这些活动作用明显，成果突出。一些国家强化了批约意识和愿望，一些则加速了批约进程。经过一段时间的内部准备后，不少国家陆续在我的任期内加入了OPCW。但是也有难啃的硬骨头，如缅甸。我在2006年和2010年分别前去访问，会见该国外交部副部长、科技部部长，和有关部门工作层面的官员进行交流。遗憾的是，缅甸未能在我的任期内批约。原因可能有二：当时的缅甸是军政府，对批约兴趣不大；担心OPCW会利用公约的质疑核查条款向其发起质疑视察。后来的民选政府上台后很快就批约了，但这时我已经离开了OPCW。我相信，我的工作多少也起到了推动作用。另外还有以色列、埃及至今仍未批约成为OPCW的一员。它们都有实质性困难，主要是基于各自的国家安全考虑。

陪同总干事拜会联合国秘书长潘基文。右二为刘志贤

（四）识人辨事，对症下药

国际组织对职员的录用门槛特别高,如同中国的高考,千军万马走独木桥,竞争十分激烈。我认为,这种通过笔试、面试和多人把关的录用方式十分有效。应该说招聘进来的人员绝大多数是能够达到预期要求的。但有时也会出现与你原来的判断有出入或偏差的情况。尤其在思想品德和行为方式方面,即使是最有经验的考官也难免百密一疏。国际组织有个明显特点,录取一个人容易,辞退一个人就十分困难。这是因为它受到人事条例、法律程序以及工会作用的强大牵制。

下边讲几个工作中的小故事。

（1）我们司有个高级别职员,是个资深职业外交官,年龄比我大五六岁,比我早入职半年多。他熟悉多边外交业务,英语水平相当不错。刚入职时,知情人曾告诉我,那人和现任总干事早已结识,当时都是常驻纽约的外交官,负责联合国事务,并嘱咐我多加注意。我表达了谢意。记得我当时还说,"既然是领导的朋友,那就更应该努力工作,以优秀成绩来证明录用自己是正确的"。

此后,我留意观察,发现该人温文尔雅,精明有加,领悟力强,熟悉业务。在本司例行处长会议上,我如果提出新的设想和安排,他很快就能够理解到位,甚至可以沿着我的思路向其他人加以解释和补充。但缺点也很明显,比如惰性突出,坐不下来,喜欢串门聊天,每天上下午都会主动张罗到二楼餐厅喝咖啡（同伴后来告诉我，他3年多从来没有付过咖啡钱，都是蹭喝），一旦有任务就推诿或扭头交给别人代办，但喜欢出差。我尽量尊重他并与他保持正常的工作关系。考虑到他比我年龄大些，我常常给予他适当照顾。大约一年后在办公室门口的走廊上，该人就某件事情同我公开争论起来，这也使我认识到他的贪婪和得寸进尺。此后每当我给他布置的任务他没有完成好或者效率低时，我便会在处长会议上提出要求，甚至表达不满。经过约一年的观察，我发现他没有根本的改变。鉴于该人的表现，我成功地说服副总干事和总干事把该人调离对外联络司。该人本性难改，在新岗位上也没有改变作风，最后还是静悄悄地提前离开了OPCW。我认为，自己争取到的职位要倍加珍惜，并恪尽职守，努力做出优异成绩。这应该是我们每个人的基本素质，否则会无法立足于职场和社会。

（2）我有个相识多年的朋友，也曾是OPCW的司长，来自一个同西方保持良好关系的国家。此前，我们都是20世纪末时常驻OPCW的国家代表，在荷兰一起共事大约4年。他曾是一任理事会主席，任期1年。我对他的认识是，善于表现，夸夸其谈，能力一般，行事有点飘。不能说人家不靠谱，但感觉与其共事需要谨慎一些。在理事会上有中国十分关切的议题，比如中国领土上外国遗留的化学武器问题、质疑视察问题等等，基于此，他一当选，我就与他会面。我首先指出做主席是个展示个人才华和扬名的好机会，要把握机会，善加利用。我着重强调，主持公正公平、一视同仁是主席的职责也是会议成功的法宝，而心有偏向、选边站队定会伤害自己，也会对自身主持会议带来麻烦和挑战。万一有的代表把不满反映到国家层面，然后发生外交交涉，那就麻烦大了。我认为这些话既符合逻辑又合情合理，他应该明白弦外之音、话里有话。因为此后，每次正式开会前，他都会把我请去一起把会议议题逐一过一遍，并听取我的意见，充分展示了合作诚意。可见，凡事预则立，可以掌握主动，避免被动。

后来我们都到了秘书处做了司长，转换了角色。记得有一次他打电话要到我的办公室来，说他要举办个活动，请我支持。基于对他的了解，我叫了一位处长陪我会见并负责记下需要我们帮忙的具体事项。会见时间不长，因为他提出的几项要求我都当场答应了。记得他当时说："你看我们两个人的能力和效率就是比别人强百倍，如此繁杂的事项我们用五六分钟就能解决。"瞧瞧，又吹嘘了。他走后，我让处长整理好商定的双方具体分工并通过内网发给他确认。处长很快告诉我，他回复说"归纳得非常准确完美"。商量好的分工，空口无凭，留下白纸黑字为证。大约在一个月之后，我到总干事那里汇报工作。我谈到的事项，总干事未做评论，而是专门嘱咐我要和其他部门搞好配合，提供支持。我心里笑了，预判的事情终于发生了。显然，该司长告我的状了。一定是他自己要举办的活动没有进展或没有搞成，企图把责任推到他人身上。我随即让我的秘书把上述有关的会议记录和往来邮件打印一份送来。我相信总干事一看就会立马心中有数，黑白分明了。这份文字记录很有说服力，胜过口头解释百倍。我觉得，做人要言行一致，为人要表里如一。不管身处何地，这是立于不败之地的法宝。

（3）国际组织接受大学生前来实习，一是出于自身需要，二是可以给学生提供锻炼的机会。我认为，学生通过实习给国际组织留下一个好的印象就是为自己将来寻找工作做出的最好铺垫。我们曾有一个实习生，工作了3个月。他的特点是坐得住、肯干活、有效率、重沟通，赢得了大家的好评，给我们留下了深刻的印象。半年后，我们司有个GS（秘书级）岗位空缺，我让有关处长给他电话并鼓励他竞聘。由于了解业务，熟悉人员，该实习生笔试、面试都顺利通过并被录用。他到任后，初心不改，继续努力工作。遇有加班加点，也毫无怨言，而且从来不考虑加班费问题，尽管规定是许可的，身边也有同事填写表格领取加班费的。一年后，我司出现P级职位空缺，他又成功获得了这个职位。我对他为人做事非常满意，也大力支持他。他能走到这一步实属不易，因为在联合国系统，从GS跳到P级十分困难。我认为，不管从事什么职业，上级对部下的表现在心里总有一本账，尽管嘴上不说。踏实工作，不计得失，无须伸手，自有回报。

我也曾经一次接受了三个中国籍实习生。她们聪明阳光，追求上进，求知欲强，观察敏锐。她们说，大半年的实习虽然没有任何报酬和补贴，纯属无私奉献，但学到了很多，这段经历让她们大开眼界，十分难忘，十分值得，在心里也播下了坚定地到国际组织工作的种子。她们表示特别欣赏多边外交的魅力，喜欢多元文化的氛围，敬佩国际组织中复合型人才的自身修养和奉献精神。我后来将一位结束实习后仍在当地学习的硕士生录用为正式员工。另一位实习生本科毕业后不久也拿到了联合国环境规划署的短期合同；由于表现突出，合同不断续签，两年后她成为正式职员且不断升迁，成为署长的特别助理，承担非常重要的工作。关于第三位实习生，多年后我们在2018年北京大学举办的一次国际会议上偶遇，她说毕业回国后一直从事国际组织相关的工作。

　　每每看到年轻人的进步，我都由衷地感到高兴。相信他们定能飞得更高更远，为国际组织、全球治理和捍卫多边主义做出更大贡献。他们也一定能够在讲好中国故事，传播中国文化，介绍中国"和为贵"的理念方面发挥积极作用。

二、不断超越，实现自我价值

/ 唐丁丁

作者简介

唐丁丁，曾任亚洲开发银行合规审查委员会主席（副行长级）兼执行局局长、国际金融论坛联席秘书长、中国环境保护部国际合作司司长和环境发展中心主任兼党委书记、中国－东盟环境保护合作中心首任主任（兼）、黑龙江省环境保护厅副厅长、亚洲开发银行环境专家、联合国环境规划署环境专家。1984年毕业于哈尔滨工业大学给排水专业（获工学学士学位），2003年获菲律宾亚太大学工商经济学硕士学位，并于2009年出任中国环境科学学会理事、日本全球环境战略研究所理事、亚洲环境守法执法网络理事，2010年出任环境保护部高级工程师评审委员会主任委员，2012年和2018年分别获聘为哈尔滨工业大学兼职教授、世界银行问责机制独立评估小组咨商委员会成员。现受聘为亚洲基础设施投资银行和金砖国家新开发银行的高级环境顾问，并于2020年获聘为国际金融论坛学术委员会委员、世界资源研究所高级项目顾问、美国能源基金会高级项目顾问和世界自然基金会高级项目顾问，2021年出任中国环境科学学会绿色贸易与投资专业委员会荣誉主任委员。

导 读

本文作者在大学期间的学习和锻炼，为他之后的职业生涯发展打下了良好的基础。通过"旋转门"方式，他数次进出国际组织，最终走到了亚洲开发银行副行长级别的高位。

近年来，国家加大了向国际组织推送人才的力度。为免除政府公职人员到国际组织任职的后顾之忧，一些国家都采取类似的"旋转门"方式，即对那些合同到期后自愿回国任职的国际职员，保留其身份和应享有的待遇，这种方式值得思考与借鉴。作者在文中，不仅阐述了他在各个岗位上坚持奋斗，刻苦努力，不断超越自我，实现自我价值与国家荣誉的新突破，还着重分享了他以"旋转门"方式成长为高级国际公务员的经历与体会，希望能够对有志青年为世界的和平与发展，为中华民族的伟大复兴添砖加瓦提供有益的借鉴。

我出生在一个革命军人家庭，经历了"文革"带来的诸多磨难。自幼的传统教育以及父辈的峥嵘岁月与辉煌成就不但培育了我的家国情怀和不断进取的性格，也带给了我很多关于未来人生的遐想。我童年的梦想是成为一名守护祖国边疆海防的解放军战士，步入青少年时期后又期待着成为一名音乐艺术家。1977年国家恢复高考制度彻底改变了我曾经的人生规划，在父母的"胁迫"下，我不得不放弃了热爱的音乐艺术和曾经的梦想，重新走回久别的校园并于1980年幸运地考入了很多人梦寐以求的哈尔滨工业大学，将人生的发展规划定位在了"学好数理化，走遍天下都不怕"的科学强国之路。

远离家乡的4年大学生活，不但培养了我的自我管理能力，特别是在校入党、担任校学生会文艺部长和第一副主席以及出任黑龙江省学联委员和全国学联代表的经历，再次激发了我不断提升自我和实现自我价值的动力与激情。在党和国家的培养下，如今的我不仅成长为一名国家高级公务员，还进一步转身成为一名国际公务员，还在2014年参与了亚洲开发银行（简称亚行）董事会的全球招聘并在众多国际竞争者中脱颖而出，获聘出任亚行合规审查委员会主席（副行长级）兼执行局局长，成为首位进入该领域的中国人，也是出任副行长级委员会主席的首位中国人。这既是我人生职业发展中不断超越自我的里程碑，也是实现自我价值和为国增光的新突破。

如今我已经步入耳顺之年，作为有10余年国际公务员经历的先行者，我非常愿意与有志青年分享我成为国际公务员特别是以"旋转门"方式成长为高级国际公务员的点滴体会，以及竞聘履职中的一些重要经历，希望这些经验和体会能够有助于新一代天之骄子成长为服务于全球和平与可持续发展事业的国际公务员，为国家荣誉和中华民族的伟大复兴添砖加瓦。

1984年7月大学毕业后，我满怀激情地入职了城乡建设环境保护部，误打误撞地进入了当年鲜为人知的环境保护领域，成为富有朝气和创新精神的环境保护国家队一员，并有幸亲历了我国环境保护事业的发展壮大以及环境保护机构 30 年变迁的艰难历程。在 25 年政府部门的不同岗位中，我先后担任过副处长、处长、副司长和司长等行政职务。记得 1984 年刚入职时，接待我的前辈就是之后成为环境保护总局局长和首位中国气候变化事务特别代表的解振华先生，如此之机缘巧合也铸就了我与解振华局长的师徒情谊，在我历次重大职业发展转变中我都受到了恩师解振华局长的关怀、教诲和提携。

（一）首次出任国际公务员并初次尝试"旋转门"

我首次出任国际公务员是在 1996 年。在组织和领导的大力支持推荐下，我有幸通过面试并获聘为联合国环境规划署巴黎办公室环境专家（P4 级），具体负责全球环境基金（GEF）臭氧层保护项目的开发与实施管理。作为理工科毕业的学生，职业转变对我最大的挑战是语言关——英语的听说读写，还有联合国系统严谨规范的公文流程，以及国际组织多元文化带来的冲击。我在环境规划署的直接领导是一位非常优秀但也十分挑剔的印度人森蒂先生，他带给我的第一次且记忆深刻的国际公务员工作指导就是在我起草并反复斟酌修改的一封公函上批注了满满的修改意见。他直接地指出了我在公文写作方面的问题，并责成其秘书为我的公文书写提供协助和指导。这对拥有 12 年国家公务员经历的新科国际公务员的我来说，既是压力也是动力。我暗下决心要放下身段并加倍努力，向同事和前辈虚心学习，早日克服语言关特别是公文书写的障碍。经过一段时间的努力，我的公文起草质量得到了明显的提升，森蒂处长的修改意见也日渐减少并最终实现了零修改。回顾总结这个经历，秘诀就是"一学二干三超越"，即：虚心学习前辈或领导撰写的公文样板和相关惯例，在通用部分直接借鉴前辈公文中的标准格式与经典表述，在学习借鉴和工作实践的基础上有所创新与发挥，最终实现自我超越。如此"三步走"的经验也被我利用在了工作中的沟通与谈判上，成效显著。可以说上述方法是我们这类存在语言困难和缺乏国际机构工作经验的新科国际公务员的重要进步途径。

一年后，我响应组织安排结束了在环境规划署的工作以及在法国巴黎的生活，回国就任环境保护部国际合作司双边合作处处长并于 1998 年转任国际合作司综合处处长，完成了我的首次"旋转门"职业发展经历。

（二）再试"旋转门"并感受其重要作用和影响力

2000 年年初，在财政部国际司领导的大力支持下，我参加了亚行环境与社会发展局环境专家岗位（4 级）的全球竞聘，并在数百人的竞聘中脱颖而出，开启了我职业生涯中的第二次"旋转门"。应该说，能够如此顺利受聘于知名国际金融组织的重要基础就是我曾任联合国系统的国际公务员以及有在政府部门中的多岗位历练，包括曾经负责管理世界银行贷款和赠款项目的经验。在亚行任职期间，为进一步提升自我能力和专业技能，经亚行人事局核准，我利用 3 年的工作之余所有节假日时间修读了菲律宾亚太大学经济学院和管理学院联合创立的工商经济学专业硕士学位课程，并于 2003 年 6 月顺利通过所有考试科目，获得了工商经济学硕士学位，实现了我多年未了的一个心愿。

我于 2002 年 12 月顺利转为亚行永久职员（permanent staff）。但 2003 年 4 月，我突然接到国家环境保护总局领导的召唤，要求我即刻回国就任国际合作司副司长。面对老领导和组织的召唤，我当时可以有两个选择：一是放弃得来不易的亚行永久职员身份和优厚的待遇，响应召唤回国效力；二是婉拒领导和组织的召唤，继续在亚行享受高薪和舒适的生活以及已经驾轻就熟的工作。但作为受党教育多年的党员干部，特别是在对我有知遇之恩的老领导的信任促使下，我毫不犹豫，当即表态接受组织召唤，承诺即刻申办离职手续并最迟于 8 月底回国，从而完成了我的第二次"旋转门"职业经历。记得在 2003 年 9 月回国报到上班的首日，时任国家环境保护总局副局长祝光耀先生在国际合作司全体干部大会上表示，唐丁丁同志应召回国赴任是做出了牺牲的。以上经历带给我和大家的重要启示是，当国家和人民需要你的时候，作为受党教育多年的干部，特别是党员领导干部，要有"舍小家为大家"的胸怀，要把组织的召唤和信任当成新的发展机遇，当成我们将国际组织的经历和国际公务员经验服务于国家改革创新的难得机遇，也是我们实现自我价值的重要标志。

2003 年 9 月至 2014 年 6 月，在组织的培养和领导的支持下，我先后出任了国家环境保护总局国际合作司副司长、环境保护部环境发展中心主任兼党委书记（同时负责筹建并兼任中国 – 东盟环境保护合作中心首任主任）和环境保护部国际合作司司长；其间于 2008 年前往黑龙江省环境保护厅专项挂职一年，出任党组成员兼副厅长，主要职责是协调指导全省松花江流域水污染防治规划的实施以及中俄水质联合监测计划的谈判与组织实施。应该说，先后两次前往国际组织任职的工作经历，不但全面提升了我的国际视野和国际合作的重要技能，也极大地提高了我带领团队参与全球环境治理的领导力。同时，回国后不同机构领导岗位的历练和综合管理能力的进一步提升，也为我之后再次实现自我超越奠定了重要的基础。常言道，机会不是天上掉下来的，机会是留给有准备的人的！

（三）"旋转门"助力实现职业经历的新突破

2013年10月，我部接到财政部公函，邀请最高人民法院、环境保护部和住建部鼓励推荐司局级合适人选参与竞聘亚行合规审查委员会主席（副行长级）兼执行局局长岗位，并强调该岗位的重要性以及将由亚行董事会选聘的特殊性。考虑到该岗位的专业性以及其所要求的特殊职业经历，经过慎重考虑，我自感多年的准备和积累已具备岗位任职资格提出的所有条件，故决定主动请缨，请求组织批准我参与该岗位的全球竞聘。我的自信和勇气来自哪里？答案很简单，来自自身多年不懈的努力和积累，来自组织和领导所给予支持的国内外多岗位历练，更来自祖国日益强大的影响力！

2013年11月下旬，财政部国际司转告我，全球共有83位各国资深精英报名参与该岗位的竞聘。坦率而言，获此消息后我倍感压力，强烈预感到如此之多优秀候选人所带来的激烈竞争，并曾瞬间萌生退意。也许是幸运或是多年的工作积累，我顺利通过了亚行董事会遴选委员会的资格审查和初步筛选并有幸进入10位候选人的长名单。12月18日，我前往亚行驻北京代表处以视频方式接受亚行6位执行董事组成的遴选委员会的面试。我按时进入视频会议室，但着实被眼前从未经历过的面试官阵势所惊撼。亚行方面的面试参加人员除6位执行董事，还包括亚行法律总顾问、可持续发展局代局长、人事预算局局长和副局长，以及3—4位工作人员，面试由印度籍的执行董事库玛先生主持。可以说如此面试阵势在国际金融组织的招聘程序中是比较罕见的。面试前后进行了约2小时，我回答了20多个专业性问题，其中记忆深刻的一个问题是：你申请这个岗位的期待是什么？我在回答时谈了很多，但其中最为记忆犹新的一点是希望任职结束后能够将亚行等国际金融机构在该领域的最佳国际实践推介到中国的金融机构，为中国金融机构走向国际并实现其国际化转型做出贡献。我想这也是我们很多中国籍国际公务员怀揣的一份对祖国母亲的惦念！

　　2014 年 2 月 10 日，我来到阔别已久的马尼拉参加遴选委员会的第二轮面试。进入短名单的其他两位候选人分别来自亚行的重要成员——美国和印度。这轮参加面试的亚行人员没有变化，只是主持人改为亚行董事会合规专门委员会主席、德国执行董事萨德尔先生，面试时间依然是 2 小时。面试官们在这次面试中提出的多是涉及政策把握、沟通协调、外交平衡等方面的综合性问题，很多问题是以案例和情景设计的方式提出的，以考核候选人的临场应变与发挥的表现、综合能力。面试中，萨德尔先生提出了一个几乎所有面试官都会提出的问题：你能为亚行和这个专门机构带来哪些有意义的贡献和改变？基于认真的准备特别是以往国际组织的工作经历和国内政府部门多岗位的历练与领导力的提升，我非常自信并从容地回答了这个问题，强调有足够的信心将以往多岗位的历练、多种文化的融合、强有力的组织协调与团队领导力以及特有的工作韧性和创新能力贡献给亚行，并确信可以创新性地领导合规审查委员会实现新的发展与突破。我还列举了一些可以有所贡献的重点领域，如进一步规范委员会的运作流程、充分发挥所有利益相关方的积极作用、强化程序中的信息透明与公开，不断理顺和改进委员会与董事会和亚行管理部门的工作协调关系等。从面试官的表情中，我可以感受到我所回答的要点达到了他们的预期。事后我获知，本次面试的所有案例和情景设计的问题均是精心设计的并配有回答要点，候选人如不能精准回答出问题的核心要点，将极大地影响面试结果。

　　2014 年 5 月初，历经 7 个月的遴选，我终于收到了亚行行长中尾武彦签发的正式信函。他以亚行行长和董事会主席身份聘任我出任亚行合规审查委员会主席兼执行局局长，任期 5 年。至此，我成为该岗位全球 83 位申请人中的最终胜出者，也成为全球 18 家国际金融组织合规监管与申诉问责机制高级管理层中的首位中国人，当然也是出任亚行副行长级合规审查委员会主席的第一位中国人，再次实现了自我的超越，开启了第三次"旋转门"职业经历，也为国家赢得了一份荣誉和尊重。为此，我倍感自豪和欣慰，满心的感念就是感恩，感谢我的老领导和组织对我多年来的培养和提携，包括对我的包容和理解。可以说，没有在政府机关多岗位以及之前国际组织"旋转门"式的历练，没有不懈的努力以及领导的鼓励和支持，已过知天命之年的我是不可能再次实现新的超越的。对于此，我感受颇多：只要努力，机会就会走到你的面前；只要抓住机会，你就可能实现新的超越；只有实现新的超越，才能为国家赢得荣誉和尊严！

（四）实现自我超越并为国家赢得荣誉和尊严

2014 年 6 月 8 日，我和家人飞抵亚行总部所在地菲律宾首都马尼拉，稍事休整后于 10 日前往亚行总部正式报到。各项入职手续办理完毕后，我隔窗远望热带国家特有的蓝天白云，思绪从短暂的兴奋中回到了等待我的未来 5 年，感受到的是难以名状的压力和责任，我不禁自问将如何应对未来 5 年的挑战，如何从本次经历中学习积累国际良好实践并推介到国内的金融机构，以及如何在新的岗位上实现自我价值并为国家赢得尊重和荣誉。夜幕降临之时，经过梳理和缜密思考，我在笔记本上勾画出了未来 5 年的分阶段目标，即：第 1—2 年集中精力处理好已受理的合规申诉案件，改进与所有利益相关方的沟通交流并增进董事会的信任与支持，提高现有案件的办理质量并稳妥处理特殊案件，尤其是棘手且具有高度敏感性和国际知名度的两个合规申诉案件；第 3—4 年在总结回顾以往实践的基础上，着手研究亚行合规与申诉问责机制的改革创新问题，以便更好地服务于亚行相关业务政策的更新和投资项目绩效的提升；第 5 年要在继续推进亚行合规问责机制改革创新的同时，将亚行等国际金融机构在该领域的良好实践推介到中国金融机构，包括新创立的亚洲基础设施投资银行和金砖国家新开发银行，并积极参与和推动全球金融机构治理体系的改革。

时光飞逝，2019 年悄然而至，5 年任期渐渐步入尾声。盘点这 5 年来的工作表现和取得的主要成果，可以说我圆满甚至是超额完成了预定的工作目标，主要成果包括以下 6 点：一是稳妥有效地处理了近百起合规问责投诉案件，特别是平稳有序地完成了具有标志性意义的柬埔寨铁路改建项目和印度塔塔蒙德拉火力发电项目的合规审查；二是牵头组织实施了两次针对亚行合规与

与亚行合规审查委员会团队合影。左四为唐丁丁

与亚行申诉问责机制同事合影。后排右一为唐丁丁

申诉问责政策实施绩效的回顾评估，并编写了经验分享报告，促进了亚行董事会和管理当局对机构环境社会和申诉问责政策以及项目流程进行必要的调整和改革；三是组织编写了适用于亚行四大项目利益相关方的《合规与申诉问责工作指南》和《亚行合规问责机制的参考文献》；四是积极参与18家重要国际金融机构合规问责机制创立的全球合作网络，并在部分改革创新议题中发挥了核心领导作用；五是作为特邀的外部专家和顾问，参与了世界银行、国际金融公司、欧洲复兴开发银行合规问责机制的绩效评估与改革工作，并为亚洲基础设施投资银行和金砖国家新开发银行制定环境与社会风险安保政策以及申诉问责机制的设立和流程设计提供了重要的咨询支持；六是将世界银行、亚行等国际金融机构环境社会风险监管和合规问责机制的良好国际实践推介到中国、印度和印度尼西亚的银行业金融机构，等等。

2019年6月，在我本应如期结束任期回国候任之时，突因接续人选全球招聘工作不顺，亚行董事会破例提出希望我继续留任6个月的请求。亚行行长兼董事会主席中尾武彦亲自致函时任生态环境部李干杰部长寻求支持，以便董事会启动新一轮接续人选的全球招聘和遴选工作。考虑到如此诚邀是亚行董事会对我工作表现的高度肯定，且如此破例获得了董事会全体成员的一致同意，经组织核准，我欣然接受了亚行董事会留任的邀请并推迟了原本的回国任职安排。我在留任期间完成了亚行合规问责机制与政策实施绩效的预评估工作，协助亚行董事会遴选出合适的接续人选艾莉西亚女士（曾任菲律宾自然资源与环境部部长）并顺利完成了工作过渡与交接。亚行行长中尾武彦和亚行董事会合规监管委员会主席克里斯先生在为我举办的送行会上高度评价了我任期内的工作业绩，且直言亚行很幸运能够遴选到如此出色表现的委员会主席。亚行董事会如此高的评价，既是对我任期内工作绩效的积极肯定，也是对中国籍职员的认可，我为此感到欣慰和自豪。欣慰的是圆满地完成并履行了国际公务员的职责和义务，自豪的是作为中国籍国际公务员再次为祖国赢得了赞誉和掌声！

2019年12月20日，我回到阔别已久的祖国，圆满结束了我的第三次也许是最后一次的"旋转门"职业经历，办理了生态环境部的退休手续并开启了新的人生旅程，发挥余热，尽我所长，为国效力，再立新功。现在，我受聘为亚洲基础设施投资银行和金砖国家新开发银行的高级环境顾问，继续为全球可持续发展事业贡献着多年积累的经验和专业知识，并受邀出任国际金

2019 年，亚行行长兼董事会主席中尾武彦为唐丁丁（左）送行并颁发特殊贡献奖证书

融论坛学术委员会委员和中国环境科学学会绿色贸易与投资专业委员会荣誉主任委员，积极协助中国银保监会创建其投融资项目环境风险管理与投诉回应平台，支持中国进出口银行、中国农业发展银行、华夏银行等中国银行业金融机构与深圳、广州等地方政府开展绿色金融和气候投融资的实践与创新，力争实现新阶段的自我价值与再次超越。

　　国际化人才培育的"旋转门"机制并不是中国首创的，美国、日本和韩国等众多发达国家早在几十年前就通过该机制培育了大批国际化人才，很多青年才俊通过"旋转门"机制成长为国际组织的领导者甚至是国家领导人。"旋转门"机制在我国的干部队伍建设方面行之多年并发挥了重要作用，但在国际化人才培育方面还没有建立相应机制。相关支持鼓励措施也有待进一步完善，以便激励更多优秀人才加入国际公务员队伍并传递中国声音和中国经验，为全球可持续发展事业助力。

三、从科研工作者到国际公务员的转型

/ 何昌垂

🔍 作者简介

何昌垂，国际欧亚科学院院士，遥感与地理
信息专家，北京大学博士，荷兰国际航空航天测
量与地学学院硕士。现为北京大学国际关系学院
特聘教授、中国国家电子政务专家委员会委员。
长期在中国科学院从事遥感与地理信息学应用
研究，在中国政府部门从事科技管理工作。1988
年至2013年在联合国系统任国际公务员近25年。
曾担任联合国粮农组织副总干事（联合国副秘书长级别）、助理总干事兼亚太地区总代表、
可持续发展部环境与自然资源处处长（副司级），以及联合国亚洲及太平洋经济社会委员
会空间应用处处长。发表和出版了近100篇政策研究成果、技术报告、学术论文以及数部
专著；访问过五大洲100多个国家；受到多个国家、国际机构和学术组织的表彰，包括泰
国政府于2011年授予其"泰国皇家特级皇冠勋章"及"皇家骑士"封号，表彰其为全球
自然资源与环境管理、农业与粮食安全，以及可持续发展做出的重要贡献。

🔍 导　读

他是一位从事高技术领域工作的理工男。他转战国际组织，前后近25年，踏地有声，
抓铁有痕，一步一个脚印，最终成为联合国粮农组织首位来自发展中国家的副总干事。他
在文中分享了在国际组织职业生涯中的一些故事。对于新职员如何尽快适应多元文化的环

境，他写道："除了应该努力补好外语的短板外，还要尽量了解所在国的一些法律、文化、宗教以及当地人的价值观、生活习惯等等。真心流露对他国文化的充分尊重，才有资格赢得别人的尊重。"他把任职中的瓶颈、感悟和如何提高沟通能力，克服短板，实现跨界与转型等实例，奉献给读者去参阅和思考。文中对于国际公务员的拼搏进取与成长道路，也提供了精准的秘诀：领导人大多"十分欣赏那些主动进取、敢于承担风险、善于开创局面的职员"，并将这些特质"视为平常考核与升迁提拔的重要依据"。这是一篇充满智慧和实践经验的佳文，它浸透着作者的刻苦奋斗精神、家国情怀，以及对年轻人走向世界的殷切期望。

2019 年 10 月，正值新中国成立 70 周年之际，中信出版社出版了我的一部题为《我的联合国之路》的自传。书中讲述了我在改革开放的浪潮中，走出国门，进入联合国组织，奔走于世界各国，参与全球治理的一些难以忘怀的个人经历，分享了自己在国际组织这个"高大上"的平台，如何实现从一名普通的科技人员向一名高级国际公务员转型的一些鲜为人知的故事。其中的一些经历与体会，至今记忆犹新。

（一）适应多元文化的过程

1988 年，我作为当时分管高技术合作的国家科委最年轻的一名局级干部，经外交部和国家科委的推荐，参加了联合国公务员竞聘，成功获得了联合国亚洲及太平洋经济社会委员会（简称"亚太经社会"）的亚太地区遥感合作项目主任兼首席技术顾问一职。没想到，这一步的迈出，开启了我人生的重要转型，让我开始了后来 25 年的国际组织公务员的职业生涯。其间，我辗转于不同机构与岗位，从编制外的临时工到预算内的正式职员，先后签了不下10 个聘任合同（最短的合同只有 3 个月），经历了从技术官员到处长（P5 级）、副司长（D1 级）、司长（D2 级）、粮农组织助理总干事兼亚太地区总代表（助理秘书长）的各种级别职务，最后出任粮农组织副总干事（联合国副秘书长级别），成为第一个在该组织任该高级别职务的中国人，也是出任该组织副总干事职务的第一个来自发展中国家的人。

从一个从事科技工作的理工男，到联合国高层管理官员，这的确是一个巨大的跨界、一个艰难转型的过程。

初到联合国工作，令我印象最深刻的，同时也是压力最大的，是如何适应国际组织多元文化的工作环境。联合国有 193 个会员国，秘书处有来自 100 多个国家的职员。他们有着不同的肤色，不同的文化背景、宗教信仰、教育履历与政治立场，生活习惯也截然不同。但是，这一切的不同，恰恰是每个人引为骄傲自豪的本色。作为一个初来乍到的新职员，如何做到了解、理解与尊重各种文化，学会与不同文化背景的同事保持良好沟通，与他们友好相处、团结合作，既是基本要务，也是第一挑战。

我的工作职责（terms of reference，TOR）是推动会员国在遥感技术应用与能力建设领域的地区协调与合作。这份工作的性质决定了我不但需要在秘书处内与环境处、水资源处、矿产资源处、能源处以及其他相关职能部门，如农业司、统计司、发展政策研究司等沟通合作，而且必须与当时亚太经社会的 48 个会员国保持密切联系。同时，我还应该与各种合作伙伴如欧洲航天局、亚洲开发银行、世界银行等保持紧密互动，争取更多的技术支持与资金援助。

职场生态多姿多彩，学会沟通方可灵活应对。在联合国这个大家庭里，4 万多名员工来自 100 多个不同国家，由于文化差异，职员之间的思想交流与工作沟通必然是一种基本功，而沟通却没有定式。比如说，某些语言或表达方式，包括肢体语言，对于一些国家的人来说是一种幽默，而在另一些人那里，就可能被误解，或成为一种冒犯，甚至是一种攻击。我还真的见过办公室的同事因语言"不适不慎"或"一言不合"而吵架。所以，我慢慢学会了一种智慧，养成了一种修为，即到任何一个新的地方，首先必须深入了解当地的风俗习惯，做到入境问俗；然后是要有同理心，做到换位思考；再就是中国老话说的，没有调查就没有发言权，自以为是，下车伊始，乱下结论，肯定不受欢迎。我觉得，对于新人，除了应该努力补好外语的短板外，还要尽量了解所在国的一些法律、文化、宗教以及当地人的价值观、生活习惯等等。真心流露对他国文化的充分尊重，才有资格赢得别人的尊重。

对于一个理工科出身的人来说，我一向信奉的是要坐得住冷板凳，受得了寂寞，静得下心气，方可潜心搞科研。我也曾经认为，过多地把时间花在社交场合是一种浪费。但事实上，作为一名国际职员，除专业能力外，培养开朗、外向、幽默的性格，肯花时间与人沟通交流，特别是从中了解会员国与合作伙伴的需求，做到问题导向，是提高服务能力与效率的重要途径。而实现跨界与转型，是一个长期学习的过程，大的方面包括通晓国际组织运作规则、了解一个国家的发展需求，小的方面包括了解办公室同事的专业能力、文化修养、宗教信仰，甚至个人生活习惯与偏好等。学会尊重他人、设身处地与人共处，是增强多元文化工作环境适应能力的一门基础课。这是每个新职员努力的方向和需要刻意锻炼的目标。

（二）克服施展影响的障碍

新型冠状病毒肺炎（简称"新冠肺炎"）疫情之后的全球治理格局将有根本性的变化——世界将更加需要中国，中国也将更加需要世界；走向全球治理舞台中心的中国，将需要更多优秀的国际化人才的群体支撑。为此，培养与储备大批具有家国情怀、能够开拓进取、具有全球视野的人才已迫在眉睫。

多年来，我一直在观察，在国际组织里，中国人的勤奋努力、敬业精神、谦虚低调和遵纪守法等素质，给人以深刻的印象。但由于历史原因，我们存在的一些明显短板，成为我们在国际舞台施展的障碍，影响了我们的发挥与绩效。

一段时间来，在国际组织里，"韬光养晦"被当成"明哲保身"的护身符，我们因此往往失去了争取话语权的重要机会。而主动参与各项活动，包括工会组织的各种活动，敢于发表自己的见解，既体现了解决问题的智慧与能力，也是让人了解自己的主张与价值观的机会。在关键事务面前，尤其是在突发事件的应对与危机处理中，缺乏主动参与，较少建言献策，不敢引领决策，"模棱两可，相互推诿，敷衍了事"——这种在官僚体系养成的陋习，在竞争激烈的国际职场中，往往被认为是缺乏领军人物战略视野、运筹能力和担当勇气等综合领导力的印证。在与高层管理人员的日常交流中，我看到大部分人还是十分欣赏那些主动进取、敢于承担风险、善于开创局面的职员。领导人一般都充分认可这些特质，并把它们视为平常考核与升迁提拔的重要依据。

着眼大局与战略思维是国际组织管理者的重要特质。面对错综复杂的发展环境，最需要的是全局观念。我们见过在面临重大挑战与决策时，有的人不是从战略高度考虑，不是从顶层架构谋划，而习惯于以点带面，以偏概全；在执行层面，不能从系统工程入手，而过分强调眼前利益或局部安排，失去了抢占先机与创新发展的机会，无形中也失去了挑战自我、把控大局、脱颖而出的机会。中国与东亚其他一些国家职员的这个短板，往往比较明显，这是阻碍他们从专业技术层面直接通过机构内部考核竞争、受到提拔重用的主要缘故之一。

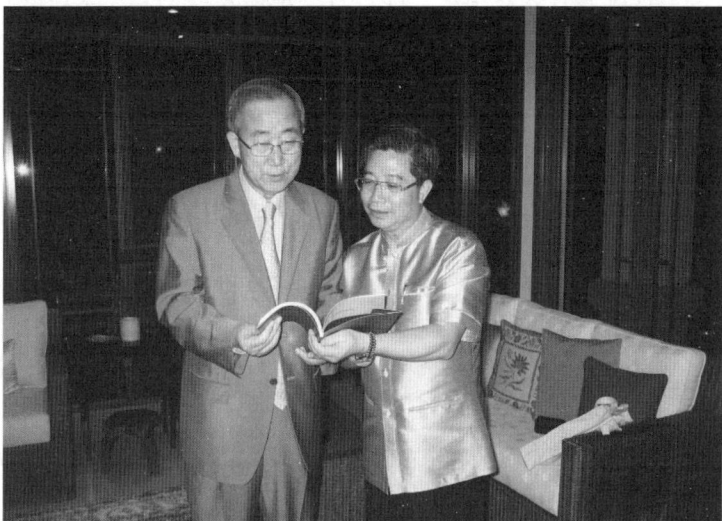

2008 年 2 月，何昌垂（右）与联合国秘书长潘基文讨论世界粮食危机问题

当然，一个人的战略思维与开拓创新的能力需要历练。2002 年，我从罗马总部调到曼谷出任亚太地区总代表，在两个月的履新调研中，我与办公室的专业技术人员及部分辅助人员逐个深入交谈，发现了许多问题。比如，总部与地方职员存在着巨大的信息不对称，地方职员中的很多人对联合国的千年发展目标（MDGs）普遍认知不深，对总部 1999 年制定的全球农业与粮食安全战略也很陌生。大部分人缺少对全球粮食安全与地区和国家粮食安全关系的全局观念，不少人似乎只在乎自己主管的某个具体领域。

我还发现，大多数人都习惯于搞一两个"小项目"，满足于一年举办一两个培训班，出一两本报告；久而久之，山头林立，业务碎片化严重，难以在会员国形成大的影响，留下深的足迹。我以为，这种各自为战的局面，相当大的部分源于地区领导长期缺乏战略思维、顶层设计与系统工程考虑，以及缺少团队建设管理的这种弊端。我决心加以矫正。

"不谋万世者，不足谋一时；不谋全局者，不足谋一域。"我决定打破老范式，进行整改，并决定以抓方向、定战略为目标，以加强团队建设为抓手。我把全体专业职员从曼谷办公室拉到芭提雅，开展了三天封闭式的头脑风暴会，认真沟通分析亚太地区粮食安全的现状、农业发展的需求以及会员国的发展能力，深入比较其他地区如非洲、拉美以及中东等的不同需求。大家统一了想法，一致认为有必要制定一部符合本地区发展的"亚太地区农业与粮食安全发展战略"。我建立了"战略规划专门工作组"，通过自下而上的参与式的模式，确定了亚太地区的六大优先发展领域，突出了地区特色，强调了问题驱动与结果导向，形成了粮农组织亚太地区办公室成立50多年来头一部属于本地区的自己的发展战略。

枪打出头鸟。对于我的"别出心裁"，总部计划部门领导表达了强烈的不满，力图阻止；那些维护"以罗马为中心"的专业部门领导也议论纷纷，甚至明确反对。我背负了巨大的舆论压力，包括受到"削弱总部制定的全球战略"的责难，甚至有人私下议论这是"闹地区独立"的忤逆之举。我为此承受了巨大的心理压力，忍受了无奈的心酸。所幸的是，2004年在北京召开的联合国粮农组织第27届农业部长会议上，亚太地区的会员国对该战略给予了完全肯定与高度赞赏。会议审议通过了本地区有史以来第一部农业与粮食安全发展战略，并批准组织实施。

我的战略判断与开拓行动，得到了时间的考验与实践的检验。当年我这种多少有点"离经叛道"的举措，在2012年粮农组织史无前例的机构改革文件中得到了肯定，被树为典范。粮农组织大会明确决定，今后每个地区都必须在总部的战略框架内，制定符合地区需求的地区性战略规划。没想到当初受到责难、几乎胎死腹中的决定，10年后竟被捧为一种创举，作为一个模式向粮农组织的其他4个地区推广复制。

（三）弘扬中国文化的平台

国际职员首先需要文化自信。我们既不应该在全球事务中夜郎自大，也没有理由妄自菲薄。五千年厚重的中华文化，源远流长，无论是在处世哲学、经管理政方面，还是在国与国交往、人与人结缘等方面，都有太多值得我们认真领会、引以为豪的历史积淀。我深深体会到，作为一名中国职员，讲好中国故事，巧用中国典故，既常常有利于我们在工作中化解矛盾、减少摩擦，又有助于促进理解，增强团结，赢得各方尊重。

我们在日常工作中难免会遇到不同的看法，在决策中也会碰到领导和成员的意见分歧。但我发现，每当我们能够针对场景，发挥中国的文化幽默，善用中国的历史典故，分享中国的智慧时，往往会有意想不到的效果。

记得20世纪90年代初，我们在筹备联合国亚太地区首部《空间应用部长会议宣言（草案）》的过程中，几个主要会员国代表发生过激烈争议。为了说服当时由中国、日本、印度、泰国、澳大利亚等国家牵头的独立的几个空间应用方案开展合作，形成合力，建立一个统一的地区合作协调机制，我在领导撰写亚太地区空间应用合作战略时，提出了对本地区数个主要空间应用方案进行"整合"（integrate）的概念。这个提法受到了几乎所有的空间大国的强烈反对。在联合国的重大决策中，磋商总是必要的。为了达成共识，我们先后提出了几个不同的取代"整合"的提法，如"组织"（organize）、"管理"（manage）、"协调"（coordinate）等，但每个方案一提出，总会受到一些国家的反对。然而我们没有放弃。我想到了古老中国文化中的"和"字的深邃含义，提出了几个大国独自牵头的方案可以"和而不同，和谐相处"的原则，建议用"和谐"（harmonize）来表述，促进各种方案的优势互补，共同支持联合国建立的地区空间合作计划。这个动议最终获得了各利益相关方的支持，为后来在北京召开的联合国亚太地区首次空间应用部长会议的成果文件的顺利通过，铺平了道路。

从这次反复磋商的过程中，我悟出了一个道理：中国的"各美其美，美美与共"的哲理，在国际组织的公关与谈判中，就是"寻找最大公约数"达成共识，实现"和而不同"的好策略、好技巧。可见，学好并弘扬中国文化，将使我们在国际组织的工作中如鱼得水。

在2010年粮农组织的一次高管会议上讨论如何执行改革方案时，我强调管理层要认真听取并尊重普通职员的意见。我借用唐朝"水可载舟，亦可覆舟"的名言，阐述在推行改革中，管理人员只有善于深入群众，了解职员的想法，倾听底层职员的呼声，才能争取到他们的支持，真正调动团队的积极性。中国的谚语，令所有在座的高管心服口服，频频点头，有人大声赞言：古老中国的文化太生动，哲理太深刻了！

还是关于改革的另一次高管会议。当谈到管理层需要了解粮农的历史，分析我们过去工作的功过成败，认真总结经验教训时，我与他们分享了"以铜为镜，可以正衣冠；以史为镜，可以知兴替"的故事背景，同样得到了大家的一片赞赏声。

再比如，我在一次关于可持续发展的研讨会上，援引《吕氏春秋》中的"竭泽而渔，岂不获得，而明年无鱼；焚薮而田，岂不获得，而明年无兽"的记载，说明中国先人早在2000多年前就有过朴素的可持续发展理念。我的同事，来自荷兰的一位助理总干事很认真地对我说："昌垂，我们应该共同写一本关于国际组织高层管理的书。你来搜集中国谚语典故与经验，我负责场景建构与案例分析。"

在组织联合国"全球对抗饥饿百万人签名"活动遇到困境，总干事临时换帅要我负责后，我果断地改变了原先的"注重城市、明星效应"的主张，并和同事们讲述了"以农村包围城市"、打一场"人民战争"的思路。我的策略迅速在各地区得以推广执行，在短短数月内，我们收获了全球 300 多万人的签名，是原定目标的 340%。细思，把一些表面上看来具有东方"意识形态"性质的主张，结合实际场景加以推动，竟然可以毫无悬念地被西方同事"照单全收"。

记得在各地区组织"电视粮食安全项目"时，我按照中国"授人以鱼不如授人以渔"的古老哲理，主张以培训与能力建设为主。例如我们将泰国北部的残疾人组织起来，教他们种蘑菇，实现自食其力的生计，得到了广泛支持与良好的反应。看来，这种方法与"为宣传而宣传"的形式主义的外宣做法相比，效果截然不同。

联合国粮农组织总干事在为我举行的退休告别会上深情地说："毫无疑问，因您的退休，我们将失去聆听您睿智的中国谚语和智慧的机会。"

中国的文化魅力无穷、智慧无限，也蕴藏着巨大的能量。我们每个职员都可以做传播中国文化的使者。如果在联合国组织的中国职员都能利用中国文化的内涵，结合不同的场景，自觉、自然地加以推动，中国文化在国际组织中必然产生巨大的穿透力和深层的影响力。

（四）磨炼开拓创新的勇气

25 年来，联合国组织为我提供了一个独一无二的国际化平台；国家的改革开放与发展进步，则为我个人能力的发挥筑起了坚实的后盾。如何利用这个得天独厚的机会，在完成联合国使命的同时，发出中国的声音，传播中国的文化，分享中国的经验，提出中国的主张，对于个人来说，是一个是否敢于担当、善于探索、开拓前行的考验。25 年来，我一路探索，收获了许多第一，这应该归功于守正创新的精神与开拓前行的勇气。

1992 年我力排众议，促成了 1994 年在北京举办首届联合国亚太地区空间应用促进发展部长级会议，通过了第一部空间应用发展战略和空间合作的北京宣言，创办了至今还在良性运行的亚洲与太平洋地区空间技术与应用政府间三级合作机制。2003 年，我备受责难，领导制定了联合国粮农组织 60 多年来第一个亚太地区农业与粮食安全的战略框架，该框架于 2004 年在北京召开的亚太地区农业部长会议上获得通过，宣传了中国确保粮食安全的经验。2009 年，我成为中国在联合国粮农组织任职最高的官员，也是该组织第一位来自发展中国家的副总干事；同时我还是 30 多个在泰国的国际组织中第一个也是唯一一个获得泰国国王颁赐的"泰国皇家特级皇冠勋章"及"皇家骑士"封号的国际组织领导人。

泰国外交部受泰国国王委托，于 2011 年 6 月授予何昌垂"泰国皇家特级皇冠勋章"以及"皇家骑士"封号。从右至左：泰国农业部部长王桑努、中国农业部副部长牛盾、何昌垂及夫人张佩红，以及粮农组织理事会主席吕克

做改革的参与者与推动者。2006 年，粮农组织开始了一场史无前例的改革。这场由经济合作与发展组织成员国悄然发起的改革，反映了发达国家对联合国机构的官僚机制及其效率的严重不满。但这种单方挑起的改革，表现了发达国家的傲慢，自然引起了广大发展中国家的反对。罗马出现了一场"保卫粮农"和"削弱粮农"的"南北斗争"。

这是极其敏感的时刻。秘书处职员一方面也期盼改革，改变这只"老恐龙"的低效作风，以适应时代的需求；而另一方面，他们也希望粮农组织这艘航船能行稳致远，不会在所谓的改革中被削弱，大家都很为此感到纠结。

我当时是亚太地区的一把手，在漫长的五六年的改革进程中，我全程参与了粮农组织的这轮改革辩论。由于总干事不断地调换和任命新的助理总干事，到了2010年，当我出任副总干事一职时，我成了除总干事迪沃夫之外在粮农组织任职时间最长、经历了所有重大改革进程的最资深的高管。后来发现，我所提出的许多改革意见与建议，在改革过程中都得到了认可，有一些还被写进了相关文件。

记得我在改革初期就提出了一些颇有超前意识的意见与建议：

加强地方能力建设。我提出把技术力量集中在总部是有问题的，这是我在地方担任多年一把手体会最深的痛点。我喋喋不休地强调粮农组织应该以问题为导向，应该面向地方，要把力量挪到最需要的国家层面。我强烈呼吁总部下放权力，把一些关键的技术与资金资源从总部下沉到地方。

改变管理模式需求。我建议采用一种扁平的管理办法。我在2006年夏天给总干事本人的书面建言中提出了渔网式的管理模式，这是我从老家渔民打鱼撒网那儿观察总结出的。我相信这个模式有利于减少管理层次，出效率。我指出，目前金字塔式的管理模式只能滋长官僚作风，特别是在紧急救援中，往往会贻误战机，降低效率，浪费资源。

灵活使用救援资金。基于应对禽流感以及印度洋海啸等灾情的经验，我呼吁紧急救援的资金应得到更加快捷的决策与灵活使用，提出紧急救援工作不能完全按部就班，要改革思路与机制，允许一线指挥官有适度灵活的做法。

加强适应变化的能力。我提出，一切改革的措施，其根本目的必须是加强而不是削弱联合国粮农组织，特别是要强化地区与国家一级的能力，使它真正能够适应变化了的世界，能够满足会员国眼下最迫切的需求与实现联合国千年发展目标的需求。

在当时，似乎包括总干事本人在内，的确没有人真正清楚这场改革将把粮农组织引向何处。此时，最需要的是所有职员的担当、责任与使命感。记得后来我到总部担任副总干事时，通过广泛接触各层次的职员，我了解到许多职员对旷日持久的改革中出现的"光说不练"现象的失望以及"说多做少"

2005 年 12 月，何昌垂（前排右三）主持召开联合国粮农组织驻亚太地区国家代表会议，讨论评估亚洲禽流感与印度洋海啸等灾害应对工作的进展

的改革进展的不满。我想到《左传》中提到的"一鼓作气，再而衰，三而竭"的用兵原则，觉得有必要发动群众，集思广益，就如何"有效推进改革建议的执行"广泛听取职员特别是基层职员的想法与建议。我发起了每周一早晨30 分钟的"咖啡交流"（coffee time），号召从高管到辅助人员的所有职员自愿参加，目的是提供一个集中的平台，直接听取大家对改革建议的实施意见。我给每周设定主题，并要求有关高管与负责人必须到场，现场解答问题并就职员最关心的问题讨论解决方案，或分享执行安排与结果。这些做法增加了透明度，也及时澄清了大家最为关心与迷茫的一些问题，如部门减员的步骤、职员从总部下到地区的安排等。这种管理层与基层现场互动的做法，过去从来没有过，大家认为这是管理层在改革中的工作创新，效果很好。

　　文至此，我想加一笔：参与后疫情时代全球治理的中国国际职员的道路，不会是万里晴空、一帆风顺的。在大变局下，必须有直面挑战的勇气，做到坚定意志，脚踏实地，知行合一。还要特别记住一句话：主意是想出来的，结果是干出来的。成功靠打拼，道路靠敢闯。

四、逆境崛起，砥砺奋进

/ 梁　劬

作者简介

梁劬，农业生物物理专家，中国农业科学院研究生院生物物理硕士，福建农林大学特聘教授。现任联合国粮农组织/国际原子能机构联合司司长。高中毕业后在农村插队3年，1977年考入大学。长期从事原子能农业应用研究、科技及外事管理工作。1995年获研究员职称。随后先后担任中国农业科学院原子能利用研究所科研处副处长、所长助理、科研副所长。曾担任中国农业科学院国际合作及产业发展局局长、国际合作局局长。1998—2001年，赴罗马出任中国常驻联合国粮农组织特命全权公使、常驻代表，负责与联合国粮农组织、国际农业发展基金和世界粮食计划署相关的外交工作。2005年入职联合国粮农组织，迄今一直担任联合国粮农组织/国际原子能机构联合司司长，致力于核技术和平利用，为世界粮食安全做出积极贡献。曾访问过全球近100个国家。先后发表或出版了60余篇科技论文、技术报告、政策研究和数部译著。翻译联合国粮农组织的食品法典，世界粮食安全、农业科学技术战略等科技资料100多万字。

导　读

本文作者从三个阶段描述了如何在变革中以领导者的智慧，成功地依靠团队，力挽狂澜，开拓进取，加强与会员国沟通合作，使一个被认为过时的机构间合作机制"凤凰涅槃"

般实现转型的真实故事。在联合国粮农组织史无前例的改革中，作者刚刚接手不久的联合司被列为撤销关闭的对象。面对逆境，作为司长，他坚信改革是唯一的出路，领导制定和采取了一系列举措，重新明确定位，整合专业队伍，提高服务质量，赢得了会员国的强力支持和捐款，从而建设了两栋新大楼，装配了先进的研究实验室。同时，他还使联合司升格为原子能粮食和农业应用联合中心，为世界核技术的和平利用，提高世界粮食安全和实现世界可持续发展目标做出了卓越的贡献。这是一个中国人如何在国际组织开拓引领，做到有影响力的生动案例。

2007 年冬，维也纳格外寒冷。刺骨寒风裹着雪花，像刀子一样刮在脸上，使人更觉得透骨奇寒。造型独特的国际原子能机构总部大楼在阵阵凛冽寒风中醒目地耸立于多瑙河畔。

（一）风云突变陷逆境

一阵急促的电话铃声在我办公室桌上响起，我拿起电话，话筒中传出联合国粮农组织总干事特别助理极为严肃的声音："梁先生，你将马上收到粮农组织总干事给国际原子能机构总干事的急件传真，请尽快递交给国际原子能机构总干事巴拉迪先生。我们的总干事让我转告你，一定要冷静处理好此事，他会慎重地安排好你的工作问题……"我放下电话，感到一头雾水，带着满腹疑问立马走到传真机前拿起随即传来的传真。我飞快地浏览了一下急件，万分惊诧的目光定格在这一句："自今日起一年后，将完全撤销按双方协议而成立的现有的联合国粮农组织/国际原子能机构联合司……"我顿时极度震惊，跌坐在办公椅上，久久说不出话来。我加入联合国粮农组织，并在国际原子能机构总部就任联合司司长刚刚两年，正满怀雄心壮志，准备大展宏图之际，竟遭遇如此惊人的巨变和逆境。更加难以置信的是历经 43 年风风雨雨的联合司将在我的任上终结。联合国粮农组织/国际原子能机构联合司成立于1964 年，致力于核技术在粮食和农业上的应用，涵盖植物突变育种、水土管理、动物生产和健康、食品安全和害虫生物防治等领域，为世界粮食安全和农业可持续发展做出了很大贡献。联合司一直被视为联合国大家庭中独具特色的、深层次合作伙伴关系的典范。就在 2 个月前，双方组织的总干事还相互通信承诺要进一步加强双方的战略伙伴关系，加大对联合司的支持力度。

震惊之余，我清楚意识到，我必须按要求在一年内做好撤销前的善后工作，与此同时，我还必须弄清事变的来龙去脉，厘清思路，确定正确的行动方向。随后，我克服了远离粮农组织总部、信息渠道极为有限的困难，动用了所有可用的途径和方法甚至个人的人脉，从总部收集一切相关信息。但到手的所有信息都无法准确回答为何撤销联合司的问题。唯一清晰的信息是粮农组织总干事根据粮农组织"独立外部评估"的结果，主动做出了撤销的决定。20多年从事管理、外事和外交工作的经历告诉我自己，在情况交错复杂、利益关系模糊迷乱、局势不明的外交博弈场上，必须通过表面现象准确了解事件的本质，把握利益各方的命脉，才能置自己于主动位置以应万变。因此，我反复阅读2个月前发表的"独立外部评估"报告，根据收集到的所有信息，仔细研究"独立外部评估"的背景、动机，各利益集团在这场"独立外部评估"中的博弈过程，以及粮农组织高层领导尤其是总干事的相应行动。经过数周的努力，迷雾层层拨开，来龙去脉逐渐明了。在2005年年初，粮农组织会员国中的若干发达国家对粮农组织的作用、管理、产出以及高层领导等严重不满，便筹措了3500万美元，发起了一个粮农组织史无前例的"独立外部评估"，实际上这是一场改朝换代"逼宫"式的"革命"行动。面对这种乌云压顶的"逼宫"式改革，久经政治沙场的粮农组织总干事迪乌夫，在意识到危机和压力之后，果断采取了以攻为守主动出击的战略。他抛出了他的内部改革方案，打乱发达国家"逼宫"式改革的部署，彻底搅浑搞乱原有各利益集团的立场格局，赢得了大多数发展中会员国的支持。他还成功地把"独立外部评估"拉回到粮农组织理事会主导、所有会员国参与的改革轨道。历经两年的"外部独立评估"，其最终报告于2007年9月底公布，此后整个组织全面改革行动即将展开。在这种临战境况下，总干事再次以攻为守，主动出击，抢先开展改革行动，夺回改革实施的领导权和主动权，以确保其拟保护的组织战略方向或核心利益。此时就不难推断出，在评估报告刚公布不到2个月时，为何总干事决定要主动撤销联合司。我推断，在这场外交和政治博弈的大棋盘中，联合司就是总干事手中的一颗弃子，总干事要丢卒保车，这也是高明军事家和政治家的惯用战术。事后经诸多渠道证实，我当时的推断是完全准确的。

　　在弄清了撤销联合司的政治背景和可能的原因后，我马上召开联合司核心团队会议，分享所有信息，运用集体的智慧进一步分析和验证事件的背景，并确定随后的行动战略及计划。令我欣慰和受到鼓舞的是，整个核心领导团队完全支持我的判断并支持我建议的行动战略：加强交流和宣传联合司的成就与贡献，着重强调联合司在联合国家庭中的战略合作伙伴关系的优势特点，展示粮食未来的发展方向及其潜力；寻求会员国的支持，探讨改变总干事的决定的可能性，力争保留联合司，保住两个国际组织间的战略伙伴关系。

在随后的行动中，我首先立足于团队的力量。在此危急时刻，只有整个团队同舟共济齐心协力，才能实现所指定的目标。在全体职工大会上，我不仅完全分享所有信息，展示整个团队面临解散的危机风险，也提出团队的行动目标以及具体计划，用我的真诚和行动获得了绝大多数职工的支持。在面对整个机构解散的危机中，最终只有 2 个职工自己申请调离了联合司。我不得不承认整个团队同舟共济的精神和齐心协力的共同努力是我成功的基础，更是我成功的最大法宝。

其次，我们将工作的重心放在了以事实和数据为基础上，倾全团队之力，组织撰写各种形式的宣传材料，开展各种形式的全面宣传和交流，展示 40 多年来联合司为整个世界和各发展中国家的粮食安全所做出的贡献和取得的成就，从而突显两个国际组织间战略伙伴关系的重要性。为了扩大宣传效果，我充分利用一切社交活动的机会和各种各样的会议，和会员国开展面对面的沟通和交流。面对绝大多数的国家代表，我可以如数家珍般介绍我们在其国家所开展的项目及其成就，各项目的数据和例子我均可对答如流脱口而出。当然，在此背后是每天最多 5 个小时的睡眠时间和认真刻苦的准备。

在宣传工作中，我特别注重宣传策略和外交手段。面对不同的会员国，有的放矢地进行交流和沟通。比如面对发展中国家，我主要介绍联合司在该国的实地项目如何开展技术推广和能力建设活动并提高当地的农业生产，增加农民收入，促进小农户的最大受益，从而加强当地的可持续农业发展。记得有一次，我对时任 77 国集团主席的巴基斯坦大使介绍我们在亚洲地区的实地项目时，由于我对每个国家合作项目的结果了如指掌，介绍项目犹如讲述精彩故事，2 个小时的介绍让巴基斯坦大使听得完全入迷，甚至忘记了下一个约会。此次的介绍让我们获得了巴基斯坦大使的鼎力支持，在 77 国集团全体成员国一致支持联合司延续的过程中，巴基斯坦大使发挥了至关重要的核心作用。在面对发达国家时，我们不仅宣传我们联合司对发展中国家所做出的贡献，更加着重突出两个国际组织通过建立这种联合机构而强化的合作伙伴关系，从而提高联合国不同组织间的协同效应。时任欧盟小组轮值主席的法国大使特别欣赏我的宣传材料和介绍，她特别邀请我在欧盟小组的全体会议

在会议上

上演讲并回答欧盟各国代表的各种质疑和问题。法国大使的支持和我在欧盟小组的演讲在获得欧盟各国的一致支持上发挥了重要的作用。

最后，我还适时地展示了提升两个国际组织的战略伙伴关系的设想、联合司内部改革和学科重组方案，以及进一步提高联合司对发展中国家贡献的远景和具体行动计划。这种主动改革要求和行动计划也得到了粮农组织高层领导的认可和支持。

在77国集团全体成员国的极力支持下，2008年9月，大多数粮农组织会员国强烈要求粮农组织推迟撤销联合司，以便在同年会员国特别大会上进一步讨论决定。随后在欧盟小组全体成员国书面支持信的推动下，粮农组织的绝大多数会员国在粮农组织理事会和大会上坚决支持加强粮农组织和国际原子能机构的战略伙伴关系，作为这种伙伴关系纽带的联合司不但不能被撤销，相反应当进一步变强。2009年6月初，粮农组织高层领导致信国际原子能机构，取消了原先撤销联合司的决定并提议按照原先的协议，进一步加强双方的合作伙伴关系。历经将近两年的艰难历程，联合司被撤销关闭的危机落下帷幕了。在联合司随后的庆祝晚会上，我含着热泪对联合司所有同事的支持致谢，而联合司几乎所有的同事都特意走到我跟前跟我拥抱一下，许多同事都是流着眼泪真诚地对我说："谢谢你，谢谢你为联合司所做的一切。"这种感人的情景让陪我出席晚会的夫人都流下了感动的泪水……

（二）痛定思痛图变革

在经历了联合司的撤销危机之后，我痛定思痛，深深地意识到联合司不在变革中发展，就势必被前进中的世界所淘汰。在和联合司核心领导团队认真讨论之后，我亲自勾画了改革的基本框架，明确了发展的基本目标，制定了行动路线图以及工作方案。在开始实施行动之前，我深知大家同舟共济、齐心协力是改革发展的成功基础。为此，我首先组织所有职工就联合司内部问题、技术和管理瓶颈、面临的挑战及发展方向开展了为期数周的各种形式的分析和讨论。与此同时，我主动提议并发起了对联合司的外部联合评估，邀请外部不同的技术和管理专家对联合司进行了全方位的深入评估。这种内外结合的分析和评估，不但让全体职工十分清楚地认识到联合司自身缺陷和存在问题以及变革的必要性和急迫性，还为联合司摆脱几十年墨守成规和不图变革的惰性指明了发展方向。

在此基础上，我首选内部机构改革，因为我认为这是联合司发展的瓶颈。联合司自成立以来，是联合国大家庭里唯一拥有自己的研究实验室的部门，在粮食和农业领域中的核技术研究与应用上确实起到了先驱和领导作用。其实验室曾是世界核技术农业应用的起源地和创新中心。但在成立 45 年之后，联合司已经基本失去了世界技术领头羊的优势，其主要原因就是实验室研究工作和会员国的需求脱节严重，内部机构管理极不合理。当时联合司在国际原子能机构总部下辖 5 个处，主管 5 个技术领域的研究管理和技术推广应用工作，而位于维也纳 50 公里外的农业核技术研究实验室由另一个司长独立管理，相当于客户委托研究。这种管理结构被称为矩阵管理。当我提出将实验室整合到联合司统一管理作为第一个改革目标时，所有处长都不约而同地使劲摇头。一个在联合司任职了快 20 年的老处长诚恳地告诉我：梁，你的前任为争此管理权，和主管实验室的司长整整打了近 10 年的架，都无果而终，而且在联合国组织里面搞机构改革，牵一发而动全身，这是难以实现的美好目标……这些忠告不但没有吓退我，反而激起了我"明知山有虎，偏向虎山行"的决心。

我们常说不打无准备之仗，不打无把握之仗，方能立于不败之地。为了做好充足的准备工作，为改革设计好每一步的工作步骤，我每天开车往返近 100 公里的路程，深入每一个实验室了解研究工作的实施和管理，向每一个研究人员求教和交谈，弄清这种矩阵管理的长处和弊端。与此同时，我自学并通过了"项目管理"的课程考试。我投入了将近 2 个月的业余时间，收集并分析了矩阵管理的完整概念、发展由来、具体架构、应用范围，以及目前世界上众多国际企业和国际组织应用矩阵管理模式的成功经验和失败教训。在经过 3 个多月认真和充分的准备之后，我胸有成竹地开始实施行动步骤。

首先，我抓住每一个机会广造声势，在不同会议、不同场合有分寸地指出目前管理结构的弊端，适当地提出一些改革的建议。其次，我特别注重与高级管理人员的沟通，利用一切机会向上级高层人员反映情况，说服他们聆听我的建议。终于，我抓住了一次管理会议的机会，当着时任国际原子能机构总干事巴拉迪先生的面，简要陈述了实验室机构管理的弊端。胆敢当着一把手的面，指出管理上的弊端，确实需要一定的勇气，因为在领导面前高唱赞歌、大唱颂歌是官场上比较流行的潜规则。我不得不说，总干事巴拉迪先生确实是个善于听取部下意见的优秀政治家和管理家。会上，他认真聆听了我的发言；会后，他特意招手让我走到他跟前，又询问了几个关键问题，我简明扼要地准确回答了他的问题。之后在陪同总干事从会议室走回其办公室的途中，他问我对这些存在的问题有什么建议。我脱口而出：“强烈建议组织一次内部高级管理人员的研讨会，讨论存在的问题，如果大家觉得存在的问题确实严重，那就按照正常程序对这个管理结构进行一次全面的审计评估，然后再提出改进的方案。”总干事思索了一下，说道：“这个建议很好。你按正常程序提出一个书面建议，我会支持你。”

就这样，在总干事巴拉迪的支持下，很快我们确定了会议时间。会前，我做了认真且全面的准备，我把我的幻灯片发给我属下的助理及五位处长，认真倾听他们的意见。本着“知己知彼，百战百胜”的方针，我多次主动并坦诚地拜会当时主管实验室的司长，也就是我的最强硬反对者，了解她的管理思路及其反对变革的主要原因和依据。这不仅极为有效地完善了我的改革方案，而且还使我有的放矢地做好会议准备。在此过程中我也深深意识到：对手往往就是你最好的老师。在不到一周的时间里，我的演讲幻灯片就修改了 13 稿。在随后召开的讨论会上，我从科学研究、成果推广、项目管理、人力资源、行政管理以及政治影响等方面，有数据、有实例、提论点、摆论据，图文并茂、条理清晰地举证了现有部门设置及管理的弊远远大于利，且严重阻碍了本组织战略实施和职责履行的事实。在我结束演讲之后，我已经明显感到与会者支持我的倾向性立场。经过激烈而富有实质性的讨论，正当大家准备归纳结论时，主管实验室的司长突然抛出一个极有挑战性的问题：“矩阵管理是管理学上十分著名且有效的机构管理方法，在《项目管理》一书中占有很大篇幅,你不能简单地断定这种管理方法弊大于利。"我微笑着走到讲台前,用我早已准备好的另外 4 张幻灯片,清楚地展示了矩阵管理的来龙去脉、现状及其利弊。不言而喻,这次会议上我的报告及建议获得了所有与会者的认可和支持,就连我的最强硬反对者也不得不认可我的基本论点。最后,大家一致同意这种管理结构弊确实大于利,在经过内部全面评估之后,应制定出机构重组的具体方案。

随后,经过近一年的内部调查评估和多次反复论证,尽管总干事巴拉迪在 2009 年离任,来自日本的新任总干事天野之弥在认真审核之后,于 2010 年年初毅然决定,取消这种矩阵管理模式,将所有实验室全部划归相应技术部门直接管理。就这样,联合司增加了 5 个处级研究实验室,职工人数由原先的 43 人扩增至 120 多人。这为实现联合司进一步发展的宏图奠定了基础。

(三)砥砺奋进展宏图

在 5 个研究实验室划归联合司后,我就马不停蹄地对整个研究实验室进行了研究方向调整和优先领域重设,确定了以会员国需求为导向,以技术创新研究为动力,通过为发展中会员国输送技术、促进技术推广应用和强化发展中国家技术能力建设的手段,可持续地促进世界粮食安全的总体战略。经过全体职工数年的共同努力,联合司的技术优势逐渐凸显,成绩斐然,在诸多发展中国家不断取得令人瞩目的成就。联合司每年均在实地书写 10 多个成绩突出、效果显著的成功故事。在国际原子能机构每年的会员国理事会和大

梁劲(左)和国际原子能机构时任总干事天野之弥在外交宴会上

会上，联合司总是能获得众多会员国的高度称赞和感谢。自 2011 年以来，联合司曾连续 8 年获得国际原子能机构卓越成就团队奖，两次获得粮农组织优秀团队奖。总干事天野之弥曾多次在不同场合感动地说道："我为梁先生和他领导的联合司团队感到无比自豪。"

在此基础上，我不失时机地向国际原子能机构总干事天野之弥提出扩建研究实验室、添置必要的现代化仪器设备、全面提升实验室科研创新能力的建议，并提出要把联合司的研究实验室建设成核技术农业应用一流的研发中心、发展中国家能力建设的平台，以及为最不发达发展中国家提供技术支持的服务站之总体目标。在天野之弥的全力支持下，我带领全体职工采取各种方式，向各国政府和各国大使全方位地开展了宣传造势活动。我们的显著成就和执着追求，感动了众多会员国大使和代表。在 2012 年会员国大会上，77 国集团和中国倡议，美国、德国和俄罗斯等 9 个发达国家联合附议，最后全会一致通过了扩建实验室、改善仪器设备、提升科技创新能力的大会决议。需要指出的是：美国等发达国家联合附议 77 国集团和中国的倡议，是国际原子能机构成立以来的第一次。随后，在天野之弥和其他高层领导的极力支持下，历经近 4 年的坚持不懈和艰难但卓有成效的筹资努力，我们成功地筹集到了 6200 多万欧元。40 多个国家包括诸多发展中国家为实验室扩建项目捐资和提供设备，甚至总干事天野之弥和不少大使、高层领导都以个人名义捐资。2019 年到 2020 年，两栋气势宏伟、拥有现代化仪器设备的崭新的农业研究实验大楼先后落成。为了纪念在任上因病逝世的国际原子能机构总干事天野之

联合国粮农组织 / 国际原子能机构联合司新建的农业研究实验大楼

弥对研究实验室的竭诚支持，会员国一致同意将其中一栋综合实验楼命名为天野之弥实验楼。会员国的尽心支持和殷殷厚望已经化成联合司全体职工潜心研究和矢志奉献的无穷动力。这些实验楼和新置的仪器设备，为未来核技术的创新研发和提高发展中国家的能力建设奠定了基础。

2019年，联合国粮农组织迎来了其历史上首位中国籍总干事——屈冬玉博士。新总干事高瞻远瞩，极为重视联合国系统内的伙伴关系和科技创新的引领作用。他在上任不到半年的时间内就审时度势地提出了提升和强化粮农组织与包括国际原子能机构在内的其他国际组织的伙伴关系的战略思路。在粮农组织新总干事提议下，在国际原子能机构新总干事格罗斯的积极响应和支持下，两位新总干事于2021年年初共同签署了将联合司升格为原子能粮食和农业应用联合中心的新协议。

整整16年过去了，现在回眸走过的历程，我欣慰地发现联合司从几乎被撤销关闭的逆境中崛起，一步一个脚印地砥砺前行，现在已经拥有了一支特别团结奉献的专业队伍，具有相当先进的研究实验室，为世界核技术的和平利用，提高世界粮食安全和实现世界可持续发展目标做出了卓越的贡献。团结和谐的团队是成功的基础，也是保证成功的最大法宝之一。在我就任联合司司长期间，我始终本着以人为本、团队至上的管理方针，潜心尽力打造团结一致、和谐共济的队伍。我十几年如一日，从来没有忘记过120多位职工，包括任何一位实验室清洁女工的生日。不管身处何处，我总是记得给他们发出一封我亲自设计的电子生日贺卡。在此我要特别诚挚地感谢联合司所有的处长、实验室主任和其他所有职工，衷心感谢他们始终一致的鼎力支持。正是他们的奉献，正是他们的齐心协力造就了联合司今日的辉煌！最后我还得衷心感谢我身后始终默默无闻、无怨无悔支持我和帮助我的贤惠妻子。没有她的无私支持，就没有我今天的一切！

五、斐济苏瓦港的枪声

/ 薛玉雪

○ 作者简介

　　薛玉雪，联合国开发计划署前高级别官员，中国教育发展战略学会国际胜任力培养专业委员会委员。1983年毕业于北京对外贸易学院（现对外经济贸易大学），获经济学学士学位。毕业后进入对外经济贸易部工作，其间曾被派驻中国驻埃及大使馆经济参赞处任随员，参与管理中国对埃及经济援助项目。1990年考入联合国开发计划署青年管理培训计划，成为一名联合国国际职员，在联合国开发计划署纽约总部及驻瑞士、德国、斐济、泰国、伊朗、阿富汗、印度尼西亚等多个分部及国家代表处任职近30年，历任项目官员、区域官员、代表处助理代表和副代表、国家办公室高级副局长和局长等职务，两次荣获联合国副秘书长签发的嘉许状。还拥有英国利兹大学亚太研究硕士学位，并且曾就读于美国塔夫茨大学弗莱彻法律与外交学院。

○ 导　读

　　在一些人的眼里，联合国工作"高大上"，其职员通常是坐在窗明几净的大楼里，端着香喷喷的咖啡，生活工作都十分惬意。本文作者与我们分享的2000年斐济政变危机中的亲身经历，生动地告诉人们，真实的联合国工作"充满了不确定性，甚至会面临各种危险和挑战"。故，时刻准备应对突发事件，处理危机，面对挑战，则被认为是一名称职的国际职员，特别是管理人员所必须具备的素质。在面对枪声、抢劫、混乱，安全形势极端危急严峻的时刻，两位顶头上司均在海外，当时作为一名 P3 级的年轻的代理代表，他独当一面，临危不惧，冷静应对，指挥若定，部署周全，确保了员工和办公室的安全，经受了一次重大突发事件的考验，彰显了领导才能，赢得了上下级同事的认可与真心尊重。这为他后来的升迁提拔，担任高级别的领导职务奠定了基础，积累了宝贵的经验。

在联合国任职近 30 年的时间里，我曾先后常驻 9 个国家，从美国到伊朗，从泰国到瑞士，从德国到斐济，足迹遍布世界五大洲。在工作中，我努力用热情对待使命，以担当精神履行职责，不断挑战和锻炼自己，走过了一段让我深感自豪的职业道路，获得了极为宝贵的人生体验。其中，在 2000 年斐济政变危机中的那次经历算是我众多联合国工作经历中的一件"小事"，然而，当时的我是一名刚入职联合国，工作不久、年轻且级别低的管理者，那次事件让我经历了一次难得的职业淬炼，感悟深切，至今难以忘怀。

主持联合国会议

（一）人间天堂，波涛暗涌

1998 年夏，我奉联合国开发计划署（UNDP）总部之命，从德国波恩调往南太平洋岛国斐济，担任 UNDP 驻斐济代表处助理代表，职级为 P3。与大多数 UNDP 国家代表处不同，驻斐济代表处是一个多国家项目代表处，负责

UNDP 在斐济、所罗门群岛、瓦努阿图、基里巴斯、汤加、密克罗尼西亚联邦等 10 个太平洋岛国的国别项目。另外，UNDP 南太平洋地区的区域项目办公室也多设在斐济首都苏瓦，归斐济代表处统一管理。驻斐济代表处负责的项目总体规模不大，但非常多元，涉及减贫、环保、性别平等、善治、防灾减灾等多个领域。驻斐济代表处各类别人员共有近百人，以当地雇员为主，办公室管理层只有三名国际职员，即代表、副代表和我。作为助理代表，我的主要职责是领导相关团队，统筹和管理管辖国家的国别项目及区域项目的规划、制定、审批、实施等。

斐济地处南太平洋中部，是个美丽富饶的小岛国，素有"人间天堂"之誉。我到达斐济后的第二周正值首都苏瓦举办一年一度的芙蓉花节（Hibiscus Festival），又称"红花节"。这是斐济重要的节日，就像中国的春节一样，整个苏瓦市张灯结彩，喜气洋洋。节日期间，市政府还举办各种演唱会、橄榄球义赛、风俗表演、花车游行等活动。花车游行是节日里最受欢迎的活动之一，也是红花节的高潮，一辆辆五颜六色、装饰华丽的花车沿街缓缓驶过，街道两旁人头攒动，欢声笑语。最后出场的是"Miss Hibiscus"（红花小姐）选美比赛的花车，四名决赛选手盛装打扮，分坐在四辆装饰得眼花缭乱的花车上，不断地向路边的群众招手致意，周围的人们欢呼雀跃，不时地抛撒鲜花。那年，参加"红花小姐"总决赛的四位竞争者分别来自四个族群，即土著斐济人、印裔斐济人、华裔斐济人和欧洲白种人，这恰好反映了斐济当地居民的主要民族构成。

说到斐济的民族构成，斐济居民主要是由土著斐济人和印裔斐济人组成的。当年，斐济全国人口约 80 万，土著斐济人约占全国人口的 50%，印裔斐济人约占 40%，剩余 10% 左右的居民由华裔斐济人、拉土玛人及欧洲白种人组成。占人口多达 40% 的印裔人口主要是在 19 世纪后期到 20 世纪初期的几十年间由英国殖民者从印度贩运到斐济种植甘蔗的印度劳工的后裔，如今，他们已经是第四、第五代子孙了。

斐济历史的变迁使得不同民族、文化在这里繁衍，形成了不同的语言、风情、习俗，同时，民族差异也为这个国家的发展埋下了隐患。

初到斐济的日子里，我着实喜欢上了这个充满异国风情的南太平洋岛国。这里山清水秀，碧海蓝天，有得天独厚的自然条件和海洋资源；不论是城镇还是乡下，到处繁花似锦，树影婆娑，红瓦绿树，鸟语花香，洋溢着祥和、恬静、悠闲的气氛。但谁曾想到，此时，在这幅美丽、祥和、恬静的人间天堂画卷的背后，暗流涌动，一场由民族矛盾引发的国家政治危机正在酝酿和发酵中。

1997年，斐济颁布了新宪法，废除了旧宪法中只有土著斐济人才能担任国家政府领导人的规定，第一次从法律上承认其他族裔斐济人与土著斐济人享有同等政治权利。这是居住在这里的其他族裔斐济人，特别是印裔斐济人，几代人不懈诉求的结果。

1999年年初，也就是我到UNDP驻斐济代表处上任后的第二年，斐济举行了1997年新宪法颁布实施后的第一次全国大选，印裔斐济人主导的斐济劳工党以压倒性多数获胜。5月19日，劳工党占多数席位的联合政府内阁宣誓就职，印裔斐济人、劳工党领袖乔杜里宣誓就任斐济新一届政府总理。联合政府上台后推行了一系列改革措施，历史上一直对印裔人心存戒备的土著斐济人认为这些改革损害了他们的权益，尤其对新政府实施的土地改革政策极为不满。自新政府上任以来，土著斐济人怨声载道，全国大大小小的示威、游行等抗议活动接连不断，一场政治狂风暴雨正席卷而来。

（二）危机应对，责任担当

2000年5月中旬，办公室副代表沙洛克正在伊朗休假，代表加西亚临时接到总部指示要去欧洲出差。

加西亚出发前，我对他说："罗米，你确定要去吗？斐济这些日子可有些不稳啊。"

"是啊，我知道。"加西亚回答说，"但这次出差计划已定，推不掉了。"

"不过，我只去一周的时间。这段时间，代表处由你来代理。"他接着说。

5月19日，也就是加西亚走后的第二天，看上去这是一个极为平常的星期五，我像往常一样8点半按时来到办公室上班，批阅文件，与同事商谈工作，答复同事及项目办公室的请示等。由于代理代表的工作，事情比平常多了许多。

10点半刚过，市中心大街上突然聚集起了很多人，似乎又要有示威游行活动了。自前一年新政府上任开始，这种示威游行活动在苏瓦接连不断，就在过去几周也已经搞过两次。因此，开始时大家对此没有特别在意，觉得这可能又是一次例行游行示威，和往常一样，吹吹打打，喊喊口号，然后就会结束。

联合国系统有多个机构在斐济设有办事处，但只有UNDP驻斐济代表处位于苏瓦市中心的位置。UNDP 代表处办公室设在位于市中心的澳新银行大楼三层和四层，楼前就是市中心主街道——维多利亚大道，街道上发生的一切尽收眼底。

没过多久，聚集在维多利亚大道上的人越来越多。从三楼的窗口朝外望去，我心头突然一紧，凭直觉感到今天的游行有点儿不对劲儿。与往常不同，这次游行示威人数之多是前所未见的，游行队伍声势浩大，群情激昂，气势上也与以往大不一样。虽然街道两边有警察维持秩序，但游行队伍后半部分已有些混乱无序，开始失控。看到这些状况，我感觉有必要跟同事们叮嘱一下。我马上打电话给负责办公室行政和安全事务的同事，让他们密切观察游行示威的情况，注意收听新闻广播。

果不其然，刚过半个多小时，负责安全事务的同事打来电话："薛先生，你快过来听新闻！"电话里，她急切地说。

"发生了什么事？"我回问她，心中似乎知道了答案。

"有情况发生。"

听到这里，我放下电话，三步并作两步地来到位于四层的行政处，几位同事正围在一起，收听 96 兆赫电台新闻广播。收音机里传来特别新闻报道："现在再报道一遍，本台记者刚刚得到消息，大约半个小时前，七名蒙面人持枪冲进议会，扣押了正在开会的议员和内阁成员，并封锁了议会大门。从各方面得到的情况来看，很可能刚刚在议会发生了一场政变……"

听到这里，我对行政处的同事们说："很可能是发生了政变。大家不要慌乱，继续密切关注新闻报道，观察局势发展。"

又约莫过了半个小时，其他几家电台也陆续报道了发生在议会的事件。虽然细节仍然不多，但基本可以断定议会发生了特殊紧急情况。此时，可以看出，议会突发事件的消息已经在全苏瓦市传开，市中心开始出现慌乱迹象，有些商铺开始关门，大街上汽车和行人突然多了起来；游行示威的人群返回了市中心，游行队伍已经散乱，示威的人们似乎更加亢奋、狂热。看到这些情况，办公室的一些工作人员也表现出了焦虑不安。要知道，斐济在独立后不到 30 年时间里就曾经发生过两次军事政变，而且看情况，这次事件的后续发展不容乐观。想到这里，我立即与办公室负责安全的同事简短地商量了一下，果断决定马上关闭办公室，安排工作人员撤离。

我把同事们召集在一起，对忐忑不安的同事们说："大家都听到关于议会发生的事情了，现在，外面街道上的情况看来很不好。为了安全起见，我已决定关闭办公室，大家马上撤离办公室，回家听候后续指示。注意安全！"

也许同事们都在等待我这句话，我的话音未落，有些人就起身收拾东西，准备离开。随后，我指示有关同事安排车辆，分批次转移那些自己没有车的同事尽快离开，并通知在苏瓦其他地点的项目办公室尽快安排人员撤离，同时，告知其他联合国机构驻斐济办事处有关苏瓦市中心发生的情况。之后，我回到自己的办公室，拨通了家里的电话，把相关情况告诉我夫人，并让她赶紧去学校接回孩子。挂电话后，我又巡视了整个办公室，指示负责行政和安全的同事联系澳新银行保安部门，请他们在我们的人员离开后务必保护好UNDP办公室的安全。相关同事按照我的指示，迅速地行动了起来，分头落实。安排妥当后，我也开始收拾自己的东西，准备离开。就在这时，办公室总机打来电话。

"薛先生，英国广播公司（BBC）打来国际长途电话，要求采访UNDP的负责人。接过来吗？"总机问。

"要不跟他们说情况紧急，不便接受采访？"总机又说。

我想，一定是BBC听到相关消息了。既然电话已经打到办公室来了，希望采访UNDP负责人，这时就不好推脱了。

"接过来吧。"我对总机说，心想这BBC消息够快的，政变刚刚发生一个多小时，远在千里之外的他们就得到消息了。

"我是BBC，现在从伦敦总部直播室打电话。"电话里传来BBC女播音员的声音。

"我们听说斐济发生了政变，你能证实吗？请讲述一下详细情况。"女播音员说道。

"我们一直在关注新闻报道，目前无法证实任何消息。"我非常清楚，现在情况很不明朗，对媒体讲话要严谨，以防被误解或断章取义。

"请介绍一下详细情况。"对方催促地问。

"情况不详。我想你们最好与斐济政府有关部门或电台联系询问。"我尽量回答得简短，避免谈及实质内容。在这方面，联合国有规定，如果没有相关授权，联合国工作人员不可随意接受媒体采访，发布未经授权或核实的消息。再说，目前整个事件情况很不明朗，作为联合国工作人员，绝不可信口开河，妄加评说。

"为什么发生政变？政变者的目的是什么，有何诉求？"女播音员穷追不舍。

"抱歉，目前我没有什么具体信息可分享。"我回答说。

……

应付完BBC后，我又查看了一下办公室的情况。此时，大部分同事已经离开了，还有少部分同事在等待家人来接。秘书问我什么时候离开，显然她自己有些着急。我说："你回家吧。我等同事们都安全离开后再走。"

随后，我朝窗外望了望，维多利亚大道上已经混乱不堪，游行示威人群中有很多人手里挥舞着棍棒、砍刀等，朝市中心商业区冲去。我再朝商业区方向望去，有几处地方已经冒起了浓烟，显然，商业区遭到了打砸抢烧。此时，已近下午一点，最后一批员工也已经离开。我拿起包，与最后几位同事一起锁好大门，准备离开办公室。在楼梯口，澳新银行大楼的保安人员见到我们要出去，赶过来说："前面的大街上已经乱了，你们从后门走吧。"这时，我们才发现，澳新银行大楼前一片混乱，浓烟滚滚，愤怒的人群挥舞着棍棒和砍刀，大喊大叫，到处乱窜；澳新银行的保安人员堵住大楼营业厅入口处，情况十分危险。我和几名同事以及澳新银行的几位高管在保安人员的引导下，快速从后门逃离。我边走边想，幸亏提早决定撤离员工，否则，此时再安排大批员工撤离的话，困难太大，也太危险了。

当我们一行几人从澳新银行大楼后门出来时，我看到后街也开始涌入抗议的人群，街道混乱不堪，汽车喇叭声、人们的喊叫声不绝于耳；街道另一侧的礼品店已被哄抢、点燃，熊熊大火映红了澳新银行大楼玻璃外墙；远处站着几个赤手空拳的警察，愣愣地看着周围，一副不知所措、无能为力的样子。所幸的是，后街虽然混乱，但还可以通行，我开着车，拐来拐去，尽快离开此地，真担心此时有抗议人群围堵上来，堵住去路。看着汽车反光镜里折射出车后的滚滚浓烟，我使劲踩下油门，径直朝着离斐济议会只有百米距离的家飞驰而去。

晚上，斐济电视台的新闻报道了白天市中心发生的打砸抢烧的情况，现场景象触目惊心。电视画面里，打砸抢烧的人群从一处涌向另一处，无所顾忌，人群中还有一些未成年人，看了让人伤心。夜幕降临，苏瓦商业区大街上一片狼藉，到处都是散落的货品、纸箱、杂物、食品、垃圾等，路边停放的汽车被砸或损坏，多家被焚烧的商铺余烟袅袅，场面让人心痛。

晚间电视新闻证实了议会发生政变的消息，并报道了白天议会里发生的情况：上午 10 点钟左右，工党领袖及政府总理乔杜里和他的劳工党联合政府内阁部长们正在举行庆祝执政一周年活动。这时，破产的斐济商人斯贝特与另外 6 人持枪冲进议会，以维护土著斐济人权益之名，劫持了所有内阁成员和在场的议员，并将他们作为人质关押起来。显然，上午城里举行的示威游行是协同呼应，为政变打掩护，可谓精心策划，精准实施。

当年，通信很不发达，UNDP 应急通信管理依靠基于固定电话的"电话通信网"（telephone tree），通过一传十、十传百的方式传递信息、部署安排。晚上，我启动电话通信网，与所有 UNDP 员工取得联系，并确认安全，但是，依然无法与代表加西亚取得联系，我估计他还在飞往欧洲的途中。随后，我把当天发生的情况及相关新闻消息，整理成一份简报发给总部，并与总部亚太局主管处长通了电话。

第二天，正值周六，联合国安全系统通知所有驻斐济员工尽量待在自己家里，注意安全。斐济军方出动了大批士兵，包围了被政变者占领的议会，大街上三步一岗，五步一哨，戒备森严。我担心办公室的情况，驱车到市中心查看。澳新银行大楼周边的许多店铺遭到了严重破坏，幸好澳新银行保安措施严密，逃过一劫，UNDP 代表处办公室也因此未受到破坏。据说，那天全市共有几十家商铺遭到不同程度的打砸抢烧，其中，多数是印裔斐济人开的，还有一些民众在骚乱中受伤。

晚上，我正在汇总一天发生的情况，突然，外面传来几阵急促的枪声：砰！砰！砰！嗒！嗒！嗒！夜深人静，枪声异常清晰刺耳。我家离议会很近，不难判断，枪声是从议会方向传来的。由于议会里政变的情况依然不明朗，谁也不知道接下来会发生什么事情，此时，如此密集的枪声无疑让本来就很担心的人们更加不安。没过多久，办公室负责安全的同事打来电话说，刚才在议会周围发生枪战，有人硬闯议会大院，与包围议会的士兵发生交火。同事还说，有传言说守在议会里的政变支持者有几百人，他们有可能会在夜里强行突围；如果他们突围的话，除了可能与包围议会的士兵发生冲突，混乱失控的人群还可能冲击周边的居民区。

这个消息确实让人非常担心，很多联合国同事都居住在议会周边区域，我家离议会就只有一箭之地，如果真像传言说的那样发生骚乱，后果将不堪设想。我又一次启动了安全电话通信网，通知员工当晚要特别保持警惕，尽量不要出门,注意安全。指令一级一级地传达下去,又一级一级地反馈上来……消息最后全部反馈上来时,已是午夜时分了。

骚乱发生后的第四天,代表加西亚风尘仆仆地回到斐济。原来,他刚到达欧洲,从酒店电视新闻里看到斐济发生政变的消息,就立马返回机场,改签了回程机票。见到我,加西亚说:"玉雪,辛苦你了。感谢你出色的工作,积极应对突发危机,安排员工撤离,保护员工和办公室的安全。" 后来,UNDP总部局领导也特地致电对我表达赞许,办公室的同事也因这次事件更加信赖我和支持我的工作。那年,我由P3级提升至P4级,我在这次危机事件中的表现还被总部当作一项"关键事项"(critical incident)写入提职报告中。

在这之后的几周里,政变事件持续发酵,斐济军队接管国家政权,相关各方展开拉锯战谈判;联合国秘书长特使德迈洛飞临斐济进行斡旋(2003年,德迈洛先生在联合国驻巴格达总部大楼遭炸弹袭击事件中不幸遇难);议会周边枪击、交火情况不断,人员伤亡时有发生;联合国系统安排国际职员及家属撤离苏瓦,我主动要求作为联合国安全管理小组成员继续留守苏瓦,协调联合国危机应对工作……这些都是后话。7月上旬,危机出现转机,事件各方终于达成一致,签署了《莫尼克协议》,政变者上缴武器,释放被扣押了56天的人质,政变者头目被逮捕并受到法律的审判。至此,这场旷日持久的政变危机终于结束,斐济表面上又恢复了昔日的宁静。2001年,斐济再次举行大选,土著斐济人恩加拉塞领导的团结党获胜,恩加拉塞当选总理。

2001年,薛玉雪(左)与斐济新当选总理恩加拉塞合影

(三)深自砥砺,笃定前行

联合国的工作充满了不确定性,甚至会面临各种危险和挑战。回想那几天发生的一切,驻在国突发重大危机事件,情况危急,安全形势严峻,代表处代表和副代表均在海外,我作为一名年轻的代理代表独挑大梁,临危不惧,冷静指挥部署,确保员工和办公室的安全,经受了一次重要的领导力考验。这为我后来担任高级别领导职务,带领团队应对和管理更严峻、更危险、更

签署联合国伙伴关系框架文件

复杂的危机事件及困难挑战，积累了宝贵的经验。联合国组织文化要求领导者具有出色的领导力、判断力、管理能力和责任担当。这次经历让我深切地体会到，优秀的领导者要精于判断，长于决策，敢于作为，勇于担当，善于发挥团队的能动性，建立尊重和信任，越是在危险和挑战面前就越要表现出应有的责任担当和领导力。

　　记得早年在刚入职联合国工作时，有位上级领导对我说过一句话："Respect is earned, not given."（尊重是通过努力赢得的，而非不劳而获的。）微言大义，感同身受，我有幸在这样一次严峻的突发危机事件中经受了考验，得到了锻炼，赢得了同事们的尊重和信任。

六、我的南南使命——服务"我联合国人民"

/ 周一平

○ 作者简介

　　周一平,复旦大学毕业,澳大利亚堪培拉大学研究生学历。1985 年进入联合国,曾担任联合国开发计划署南南合作特设局副局长和局长、联合国南南合作办公室主任、《南南合作》杂志总编、全球南南发展博览会秘书长、联合国南南合作高级别委员会秘书处秘书长、联合国发展集团南南合作协调委员会首任主席、联合国秘书长南南合作特使,以及上海社会科学院国际丝路学院院长。现担任中国国际经济交流中心上海分中心特邀研究员、中国和联合国共建"一带一路"创新研究国家重大专项研究首席专家、景德镇国际丝路学院院长、中国民营经济国际合作商会高级顾问、《管理观察》杂志总顾问、上海老科学技术工作者协会首席顾问、世界妇女组织首席顾问兼总干事特使、联合国全球契约中国网络主席团成员、"联合国工发组织产业技术创新与国际合作倡议"国别顾问等职。

○ 导　读

　　本文作者在文中分享了如何从一个 P3 级的初级人员,一步一个脚印,靠实力晋升为被广泛认可的司级(D2)高管和联合国秘书长南南合作特使的生动故事。在联合国 30 年的职业生涯中,作者基本上就干了一件事——传承万隆精神,创新南南合作。他从执行南南合作项目开始,到提出建立南南合作特设局和联合国南南合作办公室、推动转型升级,再到用智慧促成联合国通过 58/220 号决议，把每年的 12 月 19 日（后改为 9 月 12 日）定为联合国南南合作日，把联合国的南南合作计划提升为一张闪亮的名片。作者在主动开拓进取的过程中，曾身兼双职，却不计报酬，双倍努力，无怨无悔，甚至出现了"到手"的局长位置却被人家"偷走"的"奇葩怪事"。但是，"是金子总要发光的"，他最终靠竞争上岗，成为局长，并被联合国秘书长任命为南南合作特使。这些故事真实生动，反映了在多元文化环境中，中国职员所体现的开拓、进取、宽容、厚道的中华优秀道德品质，读后令人肃然起敬。

谨以此文献给关心联合国的读者们。在这里，我将与你们分享我的一些有趣的职场经历。

2010 年 11 月，第三届全球南南发展博览会在国际劳工组织总部举行。左起：博览会秘书长、周一平、智利前总统米歇尔·巴切莱特、国际劳工组织总干事、巴西外长、南非外长

（一）从万隆会议到联合国南南合作

在联合国任职 30 年，我有三分之二的时间都在坚持做一件事——传承万隆精神，创新南南合作。很多读者可能对南南合作这个概念感到陌生，根据联合国的定义，南南合作是指发展中国家在政治、经济、技术、社会、文化和环境等领域的互利合作，因为这些国家在地理上大多位于南半球和北半球的南部，故此得名。

南南合作概念的雏形最早诞生于 1955 年 4 月 18—24 日在印尼万隆召开的

亚非会议，又称万隆会议（Asian–African Conference / Bandung Conference）。来自 29 个亚非国家和地区的 340 多位政府代表出席了会议。会议在周恩来总理提出的和平共处五项原则的基础上宣布了万隆会议"十项原则"，这些原则后来也成为联合国南南合作的基本原则。

万隆精神在很大程度上加速了民族解放运动的进程和发展中国家之间谋求集体自力更生的愿望与信心。从 20 世纪 60 年代初到 80 年代末，南南国家区域间和全球性的合作组织如雨后春笋般涌现。这些区域间和全球性经济组织的建立，凸显出发展中国家努力摆脱殖民统治、争取民族独立、探索抱团取暖、合作自强的拼搏精神，也为日后联合国的南南合作奠定了强有力的思想与组织基础。

（二）南南合作办公室

1974 年，代表 130 多个发展中国家的 77 国集团向联合国提案举办推动发展中国家间技术合作大会，联合国大会（简称"联大"）决议委托联合国开发计划署（UNDP），为筹备技术合作大会成立一个发展中国家技术合作特别工作小组。1978 年 9 月 18 日，138 个联合国会员国在阿根廷首都布宜诺斯艾利斯召开了首届联合国发展中国家间技术合作大会并通过了《布宜诺斯艾利斯行动计划》成果文件。该计划首次为联合国的南南合作提供了一个比较完整的政策框架，它既弘扬了万隆精神，也使得以"和平共处五项原则"为核心的万隆会议"十项原则"成为指导联合国多边南南合作的基本原则。该行动计划经联大决议通过后成为联合国南南合作的纲领性文件，也被誉为南南合作的"圣经"。原来的特别工作小组便顺势"转正"成为发展中国家技术合作特设局。从技术合作特设局到南南合作特设局，再到联合国南南合作办公室的转变，体现了发展中国家和联合国系统对南南合作愈加重视和支持的过程。

到我离任时，南南合作办公室已成为联合国发展系统南南合作的核心协调机构，独立于其他部门，受联大和联合国南南合作高级别委员会（简称"南南高级委员会"）政策指导，业务上对联合国秘书长负责，行政和财务上则委托 UNDP 管理。南南合作办公室的主要职能是整合与协调联合国系统内各个机构及其他国际组织的南南合作，调动一切可调动的资源，包括发达国家的资源，促进南南国家间的互利合作和经济社会可持续发展。

　　南南合作办公室的政策平台是联大下的南南高级委员会；它的机构间协调平台是联合国发展集团（UNDG）下的南南合作协调委员会（我是首任联席主席）；它的舆论宣传平台是联合国南南合作日；它的主要业务平台包括全球南南发展学院、全球南南发展博览会和南南全球技术产权交易所等；它的资金主要来源于联合国的正常方案预算、联合国南南合作基金、印度－巴西－南非合作基金、印度－联合国南南合作基金。在我任内，中国一直是联合国南南合作基金的最大捐助国。

2012 年 11 月，联合国全球南南发展博览会在联合国工发组织总部举行，图为颁奖仪式。左起：周一平、日本对外援助署副总裁、中国国际经济技术交流中心主任姚申红、肯尼亚经济计划部部长

（三）被"挖走"——身兼双职飞速晋升

　　1985 年我加入 UNDP 项目办公室，当时的职级是 P3，1990 年我又经过竞选调任去了该署的亚太局工作，职级晋升为 P4。1995 年，发展中国家技术合作特设局要招聘一名高级政策和协调主管，时任特设局局长对我的能力和为人早有所闻，他惜才如命，亲自找我谈话，希望我能去特设局帮他，将我的职级升为 P5。当时我觉得这个岗位很符合我的职业规划，因此接受了局长的邀任。时任 UNDP 亚太局局长兼联合国助理秘书长是一位风趣幽默的缅甸人，他既是我的上级也是我的朋友，对于我的"人才流失"深表惋惜，他甚至当面和特设局局长抱怨这件事，说后者"挖墙脚"，实在不是君子所为。

这件小事说明，好的领导都非常惜才，希望自己能留住好员工。

在我入职特设局一年后，即1996年，局里专门负责亚太区域方案的高级主管突然因病离世，而当时联合国恰逢财政困难，没有充足的预算补录新员工，局长便找我谈话，希望我能身兼双职。这个安排在当时看来似乎对我很不公平，因为已经离世的高级主管职级也是P5，如果答应承接下他的工作，相当于我的工作量要增加一倍，这对于原本工作已相当饱和的我来说是个不小的考验，并且职级上、薪资上不会有任何提升。

经过深思熟虑后，我答应了局长的安排，两个人的活由我一个人干。这个决定在UNDP内部引起了不小的轰动，甚至惊动了我的前上级即亚太局局长来为我抱不平："你的局长也太没有人情味了吧，先是不动声色把你从我这里挖走，现在还要让你干两份P5的工作，不像话，应该给你升到'P10'。"升到"P10"当然是句玩笑话，P5往上是D1，哪来什么P10呀。

这项工作安排，看似需要我"无偿"付出双倍的劳动，但却加快了我的职业晋升，让我在特设局有了更宏观的工作视野。我对发展中国家未来应当如何进行区域性、全球性和政策性的合作做了系统的规划，以实现资源融合与经济发展的目标。1997年，我入职特设局不到两年，就火速晋升成为此时的南南合作特设局副局长，职级升为D1，在特设局站稳了脚跟。

（四）所谓的南南合作特设局"独立运动"

1997年升任南南合作特设局副局长之后，我向局长提出了特设局转型升级的设想，并协助局长做了系统的规划。当时计划中最重要的一条就是将UNDP领导下的南南合作特设局"升格"成为相对独立的联合国南南合作办公室，简而言之就是在"特设局"前冠上"联合国"三个字，并将"特设局"改为"办公室"，受秘书长直接领导，使其成为名副其实的联合国南南合作办公室。我的建议还包括将原联大机制下的发展中国家高级别委员会升级更名为联合国南南合作高级别委员会，将特设局重新定位为其新的高级别委员会的总秘书处，全面接手编写秘书长呈交联大的《南南年度报告》。因为当时特设局仅负责联合国系统内的南南技术合作（technical cooperation among developing countries，简称TCDC），而南南经济合作（economic cooperation among developing countries，简称ECDC）则是由联合国贸易和发展会议（UNCTAD）负责的，秘书长每年向联大提交的南南报告也是由UNCTAD提交，南南合作特设局只是"配角"。后来 UNCTAD 由于资金短缺等问题，撤销了负责 ECDC 的部门，南南合作计划的"半壁江山"成了无人看管之地。我的建议在当时确实惹恼了不少人，包括 UNDP 的主要领导，他们开始攻击特设局和我本人，说是要闹"独立"。但会员国都清楚我的初衷是要全面振兴联合国的南南合作，大都表示欢迎和支持。

1998 年年初，时任 77 国集团轮值主席的印尼常驻联合国代表主动邀请我去他的官邸喝咖啡，他问我印尼能在担任 77 国集团轮值主席期间为组织做些什么有意义的事。我当时半开玩笑地说，其实他什么多的都不必做，只做一件事就能让他本人和印尼政府作为万隆会议的东道国"名垂青史"：我建议他代表 77 国集团向联合国发起设立"联合国南南合作日"或者"联合国南南合作 10 年"的倡议，并提醒他这是一件政治敏感、程序复杂、路途艰难的大事，可能在他任期内无法完成，但是他的继任者如果可以再接再厉、锲而不舍、持之以恒，就一定能够以联大决议的形式得以实现，那便是将万隆精神传承给了联合国的南南合作。他听到后激动地从沙发上跳起来，拍手叫好，说："我们就干这件事！"他没有食言。同年 10 月 7 日，在联大纪念《布宜诺斯艾利斯行动计划》通过 20 周年的会议上，印尼代表 77 国集团和中国正式提出了"联大应该设立一个联合国南南合作日"的倡议。虽然联大没能就该倡议马上做出决定，但这在会员国之间已经激起了对南南合作议题前所未有的热议。这个倡议被写入 2000 年在古巴举行的首届"南方首脑峰会"上通过的《哈瓦那宣言》，2001 年又被写进在伊朗召开的 77 国集团发展中国家经济合作政府间协调委员会第 10 届大会通过的《德黑兰共识》。我有幸参与了这两个文件的起草工作。功夫不负有心人，联大终于在 2003 年 12 月 23 日的 58/220 号决议中宣布每年的 12 月 19 日为联合国南南合作日。首个联合国南南合作日活动在 2004 年我当南南合作特设局局长的两个月后，在纽约联合国总部隆重开启，安南秘书长亲临指导并致辞。由于原定的日期正值圣诞假期，南南合作日的影响力严重受损，联大在 2011 年 12 月 22 日决定，自 2012 年起，联合国南南合作日改为每年的 9 月 12 日。

（五）为完成使命，忍辱负重顾全大局

2001 年，南南合作特设局老局长退休，局长一职的竞争十分激烈。当时，我担任副局长才 3 年多，自认资历尚浅，但老局长却坚定地对我说："一平，

你必须去竞争局长一职，只有你才能引领联合国南南合作走向新的巅峰。"
在老局长的鼓励下我参选了。当时有来自系统内 D1 级别以上官员和有关国家
常驻联合国代表团的副大使级的 100 多人竞聘。经过层层筛选，我进入了 3
人的短名单，参加了面试。有一天，我在联合国经社理事会开会，常务副秘
书长悄悄叮嘱我接下来的两周内不要安排出差，因为对我的局长任命书快要
下来了。一周后任命书确实下来了，但新局长不是我，而是非洲某国的一个
前部长。她既没有走法定的竞聘程序，也没有参加面试，就直接被"空降"
到局长的位置。这个结果在联合国总部引起了一片哗然，大家一边议论这匹
"黑马"的来头，一边为我抱不平。时任联合国秘书长安南为此特意派他最
信任的政治秘书来讲事情的原委和秘书长的难处，并表示如果我愿意，秘书
长可以安排我去其他部门任 D2。我对这种做法虽表不满，但对他的难处表示
理解，对他的决定表示尊重。我婉言谢绝了秘书长安排我去别处任 D2，决定
留下继续做特设局副局长。我的考虑是，第一，这毕竟是秘书长的决定；第二，
虽然聘任程序不合理，但她毕竟是特设局历史上首位来自非洲的女性局长，
也是联合国女性领导人的代表；第三，我相信新局长会诚恳地支持我的工作，
我们会相互配合让南南合作事业进步；第四，也是最重要的原因，南南合作
正处于发展的转折点，我必须顾全大局，不能被个人情绪左右而忘记自己的
使命和入职时我对祖国许下的诺言——让万隆精神的旗帜在联合国永远高高
飘扬。

　　国内有关领导知道此事后，也十分关心我，对我的决定予以了肯定并鼓
励我要克服艰难时刻，振作精神，牢记使命，继续在联合国这个"特殊的环境"
里为祖国和世界人民更好地服务。

　　我的这个决定，让安南秘书长很是感动，从我身上他看到了中国人的大
局观和宽广的胸怀，他为有我这样优秀的高级国际公务员感到骄傲。在日后
的工作中，他和他的继任者潘基文秘书长都对我倍加信任，对于我提出的诸
多重大改革均给予全力支持。

　　然而这位新局长实在不争气，上任仅两年就因为严重的贪污腐败而被悄
无声息地辞退了。联合国花了一年多调查她的贪腐案，我作为副局长，也被
牵连"调查"了，所幸调查结果证明，所有与该案相关的邮件或者文件材料
都没有经过我的签字，我与她的贪腐案毫无任何关系。我的廉政勤政有目共睹。

（六）为重振南南合作，当仁不让

局长的贪腐案让南南合作特设局面临前所未有的挑战。一方面，南南国家本身都是发展中国家，没有充足的资金、技术和人才支持特设局的工作；另一方面，发达国家并不希望发展中国家团结自强，对南南合作并不支持。加之该局长的严重腐败和工作上的不作为，许多联合国的会员国对特设局失去了信任与信心，甚至私下议论应该撤销特设局。联合国内部也出现了不利风评，甚至对特设局的职员产生了偏见，说我们"过气且朽木不可雕"。当时的特设局可谓是内忧外患，加之周围的流言蜚语，整个团队士气低落，失去了工作的方向和动力。

2004 年年中，我第二次参加南南合作特设局局长的竞聘。这次竞争相比3 年前的竞争还要激烈，参加竞聘的人数多达 120 多位。经过层层筛选，我成功进入终面，当时的面试团由三位助理秘书长和人事局局长组成。

我是第一个接受面试的。面试正式开始后，面试团先恭喜我从 120 多位候选者中脱颖而出进入三甲。一番寒暄后，一位助理秘书长（美国人）突然用似乎严肃的口吻问我："一平，今天是我们面试你，还是你面试我们？"他手中所拿，是我为南南合作特设局做的一个方案，我称它为"一核两翼、四梁八柱"。"一核"就是以《联合国宪章》宗旨和原则为核心；两翼是两个相辅相成的总目标，即共同实现联合国千年目标和联合国多边南南合作目标；"四梁"就是四大创新，即南南理念创新、动能创新、模式创新和机制创新；"八柱"就是围绕"两翼"和"四梁"推出的八大系统工程，即制度建设、机制建设、团队建设、智库建设、平台建设、市场建设、方案建设与财源建设。

还没等我回答，他就笑着说："你的材料我们都看了，太震撼了，我们能想到和没想到的问题，答案都在你的材料里了。如果其他两位候选人看到你的材料，估计要退选了，这次面试更像是我们来听你上课的，或者说是你来考我们的。"说完大家都笑了，在面试团爽朗而充满善意的笑声中，我感受到了一种肯定、一种包容、一种友善。虽然这几位面试官没有参与 2001 年的第一场局长选拔面试，但是他们都知道我当时所经历的一切和我的决定。他们对我的心胸和能力是由衷敬佩的。

面试按照程序继续进行着，我有问必答。我感觉整个面试更是在讨论如何实施我的计划，他们还时不时地为我"出谋划策"。

　　我在面试中唯一碰到的"苛刻"问题来自其中的一位助理秘书长。他首先表达了对我的方案的欣赏，但也直言不讳他和面试团的顾虑，即方案的可实施性。南南合作特设局财力、物力、人力等资源都非常有限，按照目前的情况要落实我的计划很难，他们担心我的计划会很"烧钱"，怕到时候我问组织要钱要人要政策。我斩钉截铁地和他们保证，特设局所有政策资源都会来自会员国以及其他国家资助，不会动联合国其他部门的"奶酪"。我借机澄清了关于特设局员工的谣言，我说我对特设局的所有员工的能力和为人以及他们的家庭情况都了如指掌，我认为他们和系统内的其他职员一样优秀，是我们组织的宝贵财富；在我的领导下，他们每个人都会发挥出自己的才能。最后我承诺 3 个月后会给组织呈现一个充满活力的特设局团队。听罢我充满激情的承诺，四位面试官彼此确认了眼神，对我会心一笑。当我走出面试房间的瞬间，我听到面试官们半开玩笑地说："看来我们没有必要面试另外两位候选人了。"

2013 年 11 月，第六届全球南南发展博览会揭幕剪彩仪式举行。前排左起：联合国驻内罗毕总部副秘书长、联合国环境发展署署长、肯尼亚环境部部长、联合国常务副秘书长、周一平

（七）打造属于"我联合国人民"的"南南帝国"

　　2004 年 10 月，我正式就任 UNDP 南南合作特设局局长一职。上任 2 个月后，我在 77 国集团及中国的大力支持下亲自筹划并成功举办了第一个联合国南南合作日的活动，安南秘书长还亲自致祝贺词，这也成了继任秘书长的一个惯例。3 个月后，我以秘书长报告的形式，将我面试时提出的"一核两翼、四梁八柱"编制为《联合国南南合作 2015 年愿景与战略框架》，经过 UNDP 执行局的审议，提交给联大并顺利通过。在合作框架通过前有一个小插曲。当大会主席正要落锤宣布全票通过我的方案时，某国代表团突然要求发言说："局长先生，我们着实被你的这个方案惊艳到了，我们还从来没有看到过其他部门能写出如此雄心勃勃的方案。但是，凭特设局目前的人力、物力和财力，我们很难相信你能兑现方案里的所有计划，虽然我们都很喜欢你的方案。"接下来的问题才是他的关键："你不会明天就来向我们要人要钱吧？"好家伙，这是要"砸"我的场子呀！我觉得这个问题很耳熟，对，这是面试时那位助理秘书长的问题，一模一样。我完全明白了，坚定而充满自信地回答："阁下的问题是个十分严肃和非常重要的问题！这个方案非举全系统之力是不能完成的！但是，只要阁下和大会给我三样东西，我保证绝对不会再向阁下和大会多要一条新政策，多要一个人，多要一分钱！我要的东西是：一、会员国和秘书长的信任；二、允许我在《联合国宪章》宗旨和原则以及联合国现有法律法规框架内，大胆创新；三、希望阁下和会员国对我们方案的实施进行全程跟踪、评估和监督！"听完我的答复，他说："局长先生，我们服了你了，我们支持你！"这句话引起了全会场雷鸣般的掌声。

当年安南秘书长第一次看到我的方案时，就诙谐地对我说，你是要打造一个"南南帝国"呀。我说是的，我要为会员国打造一个属于"我联合国人民"的"南南帝国"。

古人云，人无信不立。知必言，言必信，信必行，行必果，实乃君子也。我呕心沥血三十载，为弘扬和传承万隆精神，牢记使命，守正笃实，勇于创新，兑现诺言，终于通过联合国的南南合作，打造了一个秘书长和会员国所期待的真正服务于"我联合国人民"的"南南帝国"。

七、怀家国天下，逐多彩人生

/ 王 粤

○ 作者简介

　　王粤，1969 年年底刚满 15 岁就参军入伍，在中国人民解放军这座大熔炉里淬炼了 16 年，将一生最宝贵的青春时光奉献给了国防事业。1985 年转业回到北京后，先在中央统战部二局从事民族宗教领域的统战工作，不久后调入中国国际经济技术交流中心，开启了与联合国多边发展系统合作的长达 30 年之久的工作历程，直到 2014 年从商务部退休。在索马里撤侨行动中表现英勇，做出了突出贡献，荣立一等功并获得"优秀共产党员""全国模范军队转业干部"等光荣称号。在近 50 年的职业生涯中，曾先后两次进入联合国机构，总共工作了 10 年，曾任联合国开发计划署驻华代表处助理代表兼经济体制改革处处长、联合国项目事务署亚太区域办主任等职。

○ 导　读

　　本文作者长期从事经贸领域的多边合作工作。文中娓娓道来的是他两次进入联合国工作的经历、趣事和感悟。初入联合国，会遇到各种挑战，作者遇到了"知识结构和学习能力的考验"与"在中外夹缝中寻求共识和达成谅解"的困难。凭借着经验、毅力和勤奋，他找到了"速成入门"的锦囊妙计。他曾二度进入联合国机构，还担任了项目事务署亚太区域办主任。用他的话说，该机构的工作是"既上'神坛'又下'地狱'，冰火两重天"。即便如此，当作者看到大桥竣工、道路通车、灾民和难民分到食物、孩子们在新教室里上课等场面时，总是心生豪迈之情，成就感满满。作者在文章最后谈到"机构文化""继续学习"和"维护中国利益"的三点感悟和体会，很值得深思。这是一篇充满智慧、幽默诙谐、实战指导的佳作！

（一）初入联合国

第一次进入联合国是 1995 年至 2000 年，我受组织上的派遣，到联合国开发计划署（UNDP）驻华代表处担任助理代表兼经济体制改革处处长。这个时期恰逢中国当代发展史中极为重要的历史时期，也是中国与联合国开展经济技术合作的鼎盛时期。为了促进经济体制转轨，在外汇储备极为贫弱的情况下，我国政府审慎地向 UNDP 开放了当时仍属敏感的经济体制改革领域。我能在这一重要的历史时期担任 UNDP 的经济体制改革处处长，亲身参与一系列极为重要的合作项目，实属幸运和荣幸，此外我也面临着多重考验和挑战。

最直接的挑战是对我的知识结构和学习能力的考验。经济体制改革的范畴涉及很多重要的领域和宏观经济管理部门，联合国以 5 年为周期的战略合作框架必须与中国的国民经济 5 年计划紧密结合。我们的任务是如何从来自四面八方的大量合作需求中，按照其战略重要性、紧迫性和逻辑优先顺序，遴选出最为关键的方案和项目，将有限的财政资源用对、用好。虽然我在国外留学的专业就是经济政策管理，但我对宏观、微观经济学理论的掌握还只停留在书本上，没有在经济管理部门工作的实践经验，对国情的了解也很有限。因此，唯一的办法就只能是以勤补拙，抓紧一切时间和机会恶补相关知识。幸运的是，我在工作中打交道的多是政府各部门的司、处级官员和我国顶级的专家学者，这为我提供了得天独厚的优质资源，让我受益匪浅。我在工作实践中渐渐地摸索出了一套行之有效的临时抱佛脚的速成入门法。每当遇到一个陌生的新领域，我就先请专家推荐一本权威的基础教科书，买回来如饥似渴地猛读、猛琢磨，尽快对该领域有一个概括的了解。同时利用参加政策研讨会和考察调研的机会向政府部门的领导请教有关国情、现状和改革中的热点、难点问题。凭借着这种努力和方法，再加上有抓起电话就能问的人脉网络，我在短时间内就进入了角色。

另一种挑战是如何在中外夹缝中寻求共识和达成谅解。联合国虽然是多边的政府间国际组织，秉承《联合国宪章》和政治中立性，可实际上由于战后国际关系安排和国际政治等历史原因，西方的意识形态、价值体系和发展理念占主导地位。在中国刚刚审慎开放的宏观经济体制改革领域，双方的合作当然不会一帆风顺，最主要的分歧和争议体现在如何将有限的资源用到最为优先重要的关键领域，即重点合作领域的确定及与之契合的项目清单的选择。一方面，我国政府坚持"以我为主"的原则，牢牢地把握住项目的"建议权"；另一方面，UNDP 则秉持其全球宗旨、目标和战略原则，握有对项目建议的"否决权"。即便是双方都同意的项目建议，在具体项目设计和编制过程中，双方经常会发生较大的异议和争执。因此，如何排除障碍，达成双方都可接受的共识，是双方共同面临的挑战。我觉得，这恰恰是这份工作最有意思、最令人兴奋和最有成就感的魅力之所在。有时我一天要开好几个会，涉及的领域十分宽泛，往往前面的会议谈扶贫，后面的会议则可能谈金融/财税体制改革、社会保障、环境保护等等。身为 UNDP 驻华代表处的经济体制改革处处长，我理所当然地应该发挥桥梁和润滑剂的独特作用，尽管有时也会受些"夹板气"。与此同时，我当然也会注意判别哪些是真正的中方利益，哪些不过是部门或地方利益，耐心地向中方的政府官员深入介绍联合国的宗旨、国际惯例及先进的管理理念和方法，千方百计地在双方的主张中找到共同之处，避开过于敏感、不切实际或条件尚不成熟的内容，求同存异，灵活务实，有时甚至利用中英文在文字表述方面的玄妙，力求最终达成双方都可以接受的共识。在那个 5 年合作周期中，我亲身参与和见证了许多重要的，甚至极具开创性和前瞻性的合作项目，许多重要成果为今天的全面改革顶层设计奠定了基础。在改革的大潮中，我作为千军万马中的一卒和成渠之水中的一滴，有理由感到自豪。

（二）再入联合国

我第二次加入联合国是 2008 年至 2013 年，在联合国项目事务署（UNOPS）担任亚太区域办主任（办公地点位于泰国曼谷）。如果说以前在 UNDP 驻华代表处的工作只能算是半个国际职员的话，那么这一次则是名副其实地进入了联合国机构，成了一名真正的国际职员。我深知，能获得这一职位，离不开强大祖国日益增长的国际影响，离不开组织上的推荐和支持。我对这个机会非常珍惜，把它视为整个职业生涯的收官里程，为能在退休之前投身于国际发展合作和人道主义援助的崇高事业而倍感庆幸和自豪。现在回想起来，我在 UNOPS 工作的 5 年可谓经历多多、锻炼多多，给我留下了十分深刻和难忘的记忆。

UNOPS 是联合国系统内一个十分特殊的机构。自 1995 年经联合国大会批准从 UNDP 内部独立出来后，它承担着为支持联合国履行维护和平、人道主义援助和发展合作等使命提供项目管理服务的职能。与其他联合国机构不同的是，UNOPS 没有被赋予任何领域的政策性职能，没有会员国缴纳的会费资源，更没有联合国体制内的经费预算，其自身的生存和发展完全依靠为客户提供项目管理、公共采购和基础设施建设等综合服务。经联大批准，UNOPS 除了为联合国系统内各机构提供服务外，它的服务对象涵盖国际金融机构、会员国政府、区域性国际组织、民间机构、公益基金会和私有领域，是一个实行财政"自收自支"（非营利）的联合国机构。机缘巧合，UNOPS 的这种特性与我曾任职的中国国际经济技术交流中心的机构性质和宗旨高度近似，甚至可以将其视为在联合国这个世界舞台上的放大了的交流中心。正因如此，凭着长达 20 多年管理联合国发展业务的实践历练和担任交流中心主要领导 8 年之久的管理经验，我对做好这份工作很有底气和信心。由于 UNOPS 实行自收自支、靠项目创收赖以生存，所以它的机构文化具有非常浓厚的企业色彩，层层有明确的任务指标，有一套严苛的绩效考核评估系统，甚至与员工的饭碗直接挂钩。任何级别的办事处或项目办，只要连续亏损，说关门就关门，说裁员就裁员，头悬三尺剑，压力山大，工作气氛比较紧张压抑。

在 UNOPS 工作的 5 年间，我承受的精神压力主要来自两方面。一是来自每年必须完成的执行总额、成本和纯收入三大指标，就像背负着三座大山。路数都一样，指标年年递增，层层加码，鞭打快牛，年初签下任务承诺书，立下军令状，秋后算总账，绩效考评，奖盈罚亏，未达标的还可能面临冷酷的裁撤。总体看来，我这 5 年的成绩喜忧参半，既有东南亚战线的开疆拓土，也有南亚地区的损兵折将，3 年大盈利，2 年小亏损，功大于过，勉强及格吧。

另一种精神压力来自各种突发事件。在联合国工作，并不是人人都在"高大上"的总部写字楼里上班；对那些在艰苦边远地区从事发展援助和在战区、灾区从事人道主义紧急救援的联合国职员来说，具备非常强大的抗压能力和心理素质是必须的。正如一位在联合国索马里营地工作过 6 年的中国女士所说，她所认识的联合国不是在神坛之上，而是在战火硝烟、断壁残垣和贫困饥饿里。我在 UNOPS 的工作，既上"神坛"又下"地狱"，冰火两重天：既有西装革履在纽约总部出席会议、在各国外交官中间游说拉票的觥筹交错，又有顶着安全头盔在斯里兰卡项目工地深一脚浅一脚的艰难跋涉；既有警车开道在各国首都拜会内阁部长的威风，又有乘着防弹车被巴基斯坦的愤怒抗议群众误以为是欧美人而尾追的狼狈不堪；既有出席泰国王室节日庆典的盛大恢宏，又有在缅甸飓风灾区目睹大自然肆虐后的满目疮痍；既有工程奠基或竣工移交的隆重庆典，又有在直升机上目睹滔滔洪水将我们的大桥冲垮的悲哀无奈。我们的项目分布在十几个国家，有些属于安全风险等级高的地区，不少项目是在战后或灾后地区修建难民营、学校、医院、监狱、路桥等基建工程，施工现场经常会发生各种死伤事故，不得不处理善后。此外，最令人头疼的是各种奇奇怪怪的突发事件：今天巴基斯坦的员工被塔利班绑架，明天斯里兰卡的员工被北方猛虎组织抓走当壮丁，后天我们的项目办被政府军反恐火箭弹误中死伤多人……公家配发给我的黑莓手机必须 24 小时开机，最怕半夜三更电话响，真乃人近花甲心未死，生得一头烦恼丝。话虽如此，我还是非常喜欢和享受在 UNOPS 挽起袖子脚踏实地搞项目的工作。每当我看到大桥竣工、道路通车、灾民和难民分到食物、孩子们在新教室里上课等场面时，总是心生豪迈之情，成就感满满地感叹：这才是发展，这才是国际主义、人道主义！

2008 年，向东帝汶政府移交桥梁工程。前排右二为东帝汶总统，右一为王粤

2009 年，视察缅甸飓风灾区

（三）两则趣事

1. 上任之前初露锋芒

我于 2008 年 6 月获得任命，应于 8 月 1 日到泰国曼谷走马上任，可以利用近两个月的时间履行国内人事任免程序、交接工作。6 月上旬的一天，我突然接到 UNOPS 总干事的电话，说他们例行的"全球高层管理年会"即将在丹麦哥本哈根的总部举行，届时总部各职能部门的高管、五大洲区域主任、驻全世界 70 多个国家的国别主任将齐聚一堂共商大事。我作为候任的亚太区域办主任，虽尚未履新，但可以借机结识总部的高管，全面了解机构整体战略和熟悉业务情况，实在是一个绝好的机会。因此，总干事强烈建议我以观察员的身份列席大会，我便欣然接受了邀请。一想到即将在整个 UNOPS 全球团队面前首次亮相，我自然不敢掉以轻心。可令我难忘的不是这次大会的内容本身，而是会议期间的一场业务考试。

既然是以观察员身份列席会议，我本应没有任何精神压力，可在浏览会议日程安排时，我忽然注意到最后一天闭幕式之后，将进行一场全体参会者都必须参加的所谓"PRINCE2"考试。出于好奇，我立刻上网查找，才知道 PRINCE2 是世界三大项目管理体系之一，起源于英国，流行于欧美和亚太地区，被世界 500 强企业公认为项目管理首选方法论和"王者认证"，被联合国推荐为最佳实践标准，全球持证人数已超过 200 万。以项目管理为核心职能的 UNOPS，为了占据竞争高地和提高专业水准，决定率先在联合国系统内正式推行和采用 PRINCE2 标准，要求包括中高层管理人员在内的所有员工在一年之内通过考试获得证书，并将此列为将来职务晋升和合同续约的硬性条件！我马上给总干事打电话询问，他让我完全不必担心，因我尚未正式入职，这次不用参考，一年之内考下即可。吃下定心丸之后，我想既然早晚都要考，不如早点开始熟悉一下内容，便下载打印出一整套 PRINCE2 教程，足足 200 多页！在飞往哥本哈根的航班上，我躺在公务舱座椅里，漫不经心地翻阅教程，粗粗地扫读了一遍。

大会闭幕后，PRINCE2 认证考试如期举行。我本可以回房间休息，一看时间尚早，便头脑冲动，要求参加考试，权当实战练兵。经总干事与资质监考官商量同意后，我也拿到了一套试卷。说实话，试题还真有些难度，冥思苦想，连蒙带猜，苦苦挣扎了 2 个小时好歹交卷后，我很后悔不该不知深浅。要是考个倒数第几名，自己露怯事小，影响中国形象事大！当晚餐厅入口处便张贴出考试结果，我简直不敢相信自己的眼睛。我竟然得了 61 分，通过了！更有意思的是，仅有 1/3 的人通过了考试，五大洲区域主任当中我是唯一通过的。后来，在一次高层会议上，总干事说这个结果令人汗颜，四位在 UNOPS 混了多年的大区主任都没能通过，反倒让一位几天前还不知道 PRINCE2 为何物、仅仅在飞机上浏览了一下教程的新人考过了！

2. 与朝鲜有关的往事

总部位于瑞士日内瓦的全球基金（The Global Fund）是专门致力于帮助发展中国家消除和防治疟疾、结核以及艾滋病的公益基金组织，资金雄厚，覆盖面广，援助模式简捷高效。UNOPS 在许多国家为全球基金提供项目管理服务，将这些国家视为重要的战略伙伴和业务来源。为了争取拿到该基金会在朝鲜的结核病防治项目，我于 2009 年 4 月陪同全球基金的重要人物访问朝鲜，期望尽早与朝鲜政府达成合作协议。在联合国驻朝系统和朝鲜卫生部的安排下，考察进行得比较顺利。可就在马上要正式签署协议的关头，朝鲜卫生部突然对由 UNOPS 担任执行机构表示质疑，理由是 UNOPS 在平壤没有常设代表处，对朝鲜的情况不熟悉，因此他们希望联合国考虑由其他在平壤有办事处的机构执行。就在代表团诸位要员迟疑不决时，我认为朝方的语气并不是坚决反对，只是表示质疑和有所顾虑，一息尚存，不应放弃，应再做一次努力。于是，我登门拜访了朝鲜卫生部，向他们详细介绍了 UNOPS 的综合情况和比较优势，力争打消其顾虑。听完后，朝方官员未置可否，只答应向上级报告后再定。"仁至义尽"后只能听天由命了，我也做好了最坏的心理准备。

当晚，朝鲜卫生部部长亲自出面宴请代表团一行，派头十足，阵仗很大。

席间气氛热烈，宾主频频举杯。随着酒过三巡，桃花上脸，渐入佳境的人们越发轻松随意，话题越谈越多。轮到我致辞时，我指着朝鲜官员胸前的金日成将军像章问，能不能送我一枚，因为我曾有幸亲眼见过金日成将军，还为他站过岗！众人都愣了，表情将信将疑，纷纷让我详细地讲讲经过。于是，我便讲述了27年前的一段往事。

1982年9月，金日成同志正式访华，随后应邓小平同志邀请，一起到他的家乡四川转一转，考察一下农村改革的情况。考察行程包括参观举世闻名的都江堰水利工程，第一站就是在位于二王庙半山处的观景台眺望都江堰工程的全貌。为了加倍做好安全保卫工作，有关部门精心组织，从成都市金牛宾馆到都江堰沿途50多公里布置了一个团兵力的警戒，并决定从我们部队抽调15名政治可靠的连级干部担任观景台周围的警卫。我荣幸地被选中了，更为惊喜的是，我居然被分派到了最为重要的位于观景台入口处的一号哨位，邓小平同志和金日成同志将会与我擦身而过，零距离！在动员会上，上级首长反复强调此次警卫任务在政治和外交上的重要性，嘱咐大家务必坚守岗位，恪尽职守，万一遇到突发险情或紧急情况，一定要奋不顾身，不怕牺牲，誓死保卫中央首长和外宾的安全！这么一说，战友们不由得紧张严肃起来，纷纷表明了态度和决心。作为最靠近首长的我，在坚定地表明了决心后，又半开玩笑地向领导提出一个问题："我离得最近，万一出现险情，肯定第一个冲上去，但我应该先保护邓小平同志呢，还是先保护金日成同志？"……这次访问很顺利，没出任何状况，任务完成得很圆满，我也荣幸地目睹了两位伟人的风采，亲耳听到了邓小平同志操着四川口音、金日成同志略带东北口音的对话。这段特殊的经历让我回到部队后吹牛吹了好久好久。

我在宴会上讲这个故事的时候，朝鲜同志听得非常专注，尤其是当我讲到提出应该先保护谁的问题时，他们的表情有些复杂，既迫切地想知道上级是如何反馈的，又担心结果令他们失望。此时此刻，久经沙场、富有外交意识的我，演绎了一下剧情，说："上级的反馈是，一旦发生险情，应首先保卫金日成同志的安全！！！"听到这个结果，朝鲜同志脸上露出了高兴、满意和感激的笑容。随后包括部长在内的所有在场朝鲜同志轮流向我敬酒。宴会结束后，部长与我热情握手拥抱，执意亲自把我送到电梯口。没过几天，我们收到朝方确认，同意由UNOPS担任项目的主要执行机构。谢天谢地。这个决定与我的故事之间是否有因果关系，我不得而知，也可能是巧合吧。

（四）点滴感悟和体会

1.关于机构文化

在联合国这种典型的多元文化工作环境里，我的体会是，根本就没有管理学教科书里所描绘的理想的机构文化。联合国系统内机构庞杂，管理理念和规章制度大同小异，每个具体单位的微观环境和工作氛围则往往在很大程度上取决于一把手领导的情商和个性。既然我是办公室的一把手，影响力就不一样了。一方面，联合国基本的规章制度和规矩必须严格遵守，在原则问题上绝对不含糊；在此前提下，另一方面，饱浸于亚洲东方文化和中华文明之中的我，在最大程度上实行的是有中国特色的仁政和德政，宽厚待人，从善如流，赏罚分明，一视同仁，设身处地地理解和体谅员工的苦衷，从未当众批评呵斥过员工。对不同的宗教信仰和文化理念，可以不认同，但起码要尊重和包容；对天下时政，求同存异，避谈敏感话题，恪守联合国应有的中立。总体上说，在我领导下的这几年，我们办公室的工作气氛十分轻松，大家和睦共事，团结合作。

2.关于继续学习

关于如何当好国际职员，简单地说就是要解决如何进得去、如何扎下去和如何升上去三个问题。第一个问题解决后，要把重点放在第二、三个问题，尤其是第二个问题——如何扎下去。既然走上了这条路，就要有长期的职业规划，就要有知识储备，就要设法不断充实、丰富自己的知识结构，以无愧于在自己的名片上冠以联合国的标志。

从务实层面说，一名合格的联合国职员除了做好本职工作外，还应该大致了解关于项目管理的基础常识，因为项目是国际发展合作领域以及各国政府在公共领域所采用的通用形式，也是联合国系统各机构在方案国开展工作的最基本的形式。除此之外，公共采购在整个公共领域无处不在，但凡公共机构都会涉及采购商品或第三方服务，熟悉公共采购的基本知识可以大大地提升一名国际职员的职业竞争力。即便你的工作中不直接涉及采购，也应该了解公共采购的公开性、公正性、竞争性、廉洁性的基本原则、流程和绿色采购的准则标准。总之，机会是留给有准备之人的，复合型人才更容易在联合国这片职业土壤中深扎猛长。

3. 关于维护中国利益

中国籍的联合国国际职员，尤其是有政府背景的国际职员，都会严肃认真地思考一个问题，即如何在自己的工作中维护中国的发展利益。联合国虽然秉持政治中立，但政治无处不在，有时隐藏在后面，有时十分突出。作为国际职员，头脑中应该有政治意识和敏感性，但也没必要将弦绷得太紧，更不必过度敏感、小题大做。这个问题可从两个层面来看。

从微观层面看，中国籍国际职员首先要有很强的代表意识，即自己代表中国人的形象，要靠自己的出色表现、专业素质、团队精神和个人魅力赢得同事的尊重和信任。职位不保，别的都无从谈起，能够长期稳定地在机构中站稳脚，这本身就是中方的利益所在。在提升话语权和维护利益问题上，必须讲究策略性，因为《联合国宪章》明确规定，国际公务员最高、最根本的行为标准是对联合国忠诚。

从宏观层面看，联合国职员既要做好本职工作，又不能仅仅局限于自己的专业领域，除了要有家国情怀之外，更要有天下情怀，将自己视为国际公务员，是推动人类发展的国际主义者，要有大视野，关心时政和天下大事。在绝大多数国际问题上，中方利益往往与其他发展中国家利益紧密相连，在多数情况下则高度一致。中国在经济规模上虽然是世界第二，但始终坚持保持发展中国家的地位，这是有重大战略意义和现实政治、经济利益的。国际职员应熟悉和了解贫富国家阵营之间在一系列国际重大和热点问题上的主要分歧，了解什么是中方和其他发展中国家的主要立场和诉求，要在更高的层面、更广的视野，从人类命运共同体的层面上看待中方利益。毕竟，在全世界建立一个和平、安全、稳定的政治局面和发展环境，构建一个合作共赢、共同繁荣的国际经济新秩序，才是中国最根本、最长远、最重大的利益所在，才是中华民族伟大复兴和实现中国梦所最需要的。

第二篇

激情燃烧

一、深耕能源区域合作，推动可持续发展目标实现

/ 刘鸿鹏

◉ 作者简介

　　刘鸿鹏，在可持续能源领域拥有 30 多年的工作经验。现任联合国亚洲及太平洋经济社会委员会（亚太经社会）能源司司长，带领亚太经社会能源团队，促进能源区域合作，重点是实施可持续发展目标 7，推动实现《2030 年可持续发展议程》和《巴黎协定》，包括开展政策研究，组织政府间会议／政策对话以及为会员国提供咨询服务，加快亚太地区能源转型和可持续发展。2003 年加入联合国，曾任联合国亚太经社会环境与发展司能源处、绿色发展处能源经济事务官员，能源与水资源处处长；1985 年至 2003 年任农业部能源环境司主任科员、国家经济贸易委员会资源节约综合利用司新能源处处长及环境处处长。中国科学院博士、英国萨赛克斯大学硕士、河南农业大学学士。

◉ 导　读

　　作为一位踌躇满志的国家部委的处长，本文作者出于探索世界的想法，抱着出去"闯一闯，走出去海阔天空，只要有能力，到哪里都能施展才华"的初心，接受了联合国亚太经社会的一个能源领域 P3 级别的职务。他从较低级别做起，一步一个脚印，直至成为能源司司长（D1 级），印证了通过实力用业绩赢得认可的道理。他到联合国的第一个具体任务是负责在印尼建立一个村级小水电，解决贫困户用电问题。由于他为人谦和、吃苦耐劳，

深入第一线，与合作方密切沟通合作，最终把小项目搞出了大成果，引起了印尼总统的重视与肯定。他担任司长后，考虑更多的是如何基于中国的工作经验，提出有利于发展中国家开展合作的政策。他鼎力推动亚太经社会通过《亚洲及太平洋开展区域合作实现能源转型以迈向可持续和有复原力的社会部长级宣言》，就是一个经典案例。

我曾在中国政府工作多年，在农业部负责农村可再生能源发展政策制定与项目实施，在国家经济贸易委员会负责可再生能源产业、环保产业和市场政策与规划。我有幸组织开发实施了当时全球最大的由联合国开发计划署、世界银行和全球环境基金支持的可再生能源项目。在这个过程中，我与联合国和世界银行来自不同国家的国际职员有了深入接触和交流。他们虽然有不同的文化和教育背景，但都对工作充满热爱和激情，一丝不苟，认真负责，善于听取不同的意见，把新的思维和理念以及他们认为国际上成功的发展案例充分展示和介绍给中国，为项目在中国的成功实施发挥了积极引导作用。从他们身上，我看到了国际公务员帮助发展中国家的专业奉献精神。和他们的日常工作与交流，也激发了我对加入联合国的向往，使我萌发了加入联合国的念头。

（一）从心动到行动

慢慢地，我开始留意联合国相关机构的招聘信息。2002 年冬天，一则联合国亚太经社会招聘能源经济事务官员的信息引起了我的注意。这个职位主要负责在亚太地区开展区域能源合作，特别是在发展中国家推广可再生能源和农村能源，和我从事的工作非常接近，我也非常感兴趣。加之该职位的工作经验和年限、业务和教育背景等基本要求我都符合，抱着试试看的心情，我通过联合国招聘网站提交了申请。没想到一个多月后，我竟收到了面试通知，很是惊喜。那时候我对联合国面试的过程和要求基本不了解，也没有参考资料，为准备面试，我就仔细研究招聘信息，将职位的具体工作和我的背景及工作经历相对照，找出亮点，重点准备。我还记得面试时，我后来的司长和处长问得最多的问题就是如何把中国可再生能源特别是农村能源开发利用的经验在亚太地区其他发展中国家传播，以及要求提供好的建议。至于现在联合国面试经常提到的核心能力（core competencies），我当时没有专门准备，也不知道如何准备，只是根据问题尽量全面回答。作为最大的发展中国家，中国能源事业的发展举世瞩目，特别是在解决边远地区无电人口用电问题、提高能源效率和开发利用可再生能源方面取得的成绩，为发展中国家解决能源短缺问题起到了积极的示范作用。传播中国经验也是当时面试时，联合国亚太经社会同事和领导对我的期待。

面试以后，我也没太当回事，工作也照常繁忙，很快就忘了这个事情。大概 2 月春节前后，我收到了电子邮件，通知我已被录用，并说合同和相关材料已经邮寄出来，要求我在 3 个星期内回复确认。我一方面很高兴，感到我的努力没有白费，另一方面，心中忐忑不安，对能否胜任联合国国际职员心中没底。我向圈内对联合国机构有一定了解的同事和朋友请教，意见也截然不同。一部分朋友说中央国家机关的综合部委（当时正值 2003 年年初机构改革，我所在的司整建制合并到国家发改委）的处长去当能源经济事务官员（P3 级），大材小用（over qualified）。另一部分人鼓励我去闯一闯，走出去海阔天空，只要有能力，到哪里都能施展才华。

我自己也做了认真的思考，在国内的事业已经有了好的基础，和领导同事在工作上的配合都轻车熟路，在行业里也建立了网络和信誉，按部就班发展前景可期。加入联合国，一切要从头开始，多元文化、新环境、新同事、新的运行机制，加上语言、生活和夫人工作、女儿上学都要发生变化，值得一搏吗？出乎我的预料，夫人和女儿都很支持我，这也使我增强了信心。

（二）初识联合国

当时亚太经社会在能源领域的工作由环境与发展司的能源处负责，处长萨哈是孟加拉人，电力专家，平常不苟言笑，对下属要求非常严格。2003 年 5 月 20 日报到那天，我先去了人事处办理入职手续，随后就在萨哈办公室第一次和他面对面进行入职谈话。他首先欢迎我加入能源处，给我介绍了亚太经社会的职责和主要工作领域、环境与发展司和能源处的重点工作领域以及我的具体任务。接着就马上给我布置工作，希望我负责发展中国家可再生能源和农村能源合作，还交给我一个具体项目，在印尼建立一个村级小水电，解决贫困户用电问题。随后，他给我介绍了能源处其他同事，并带着我到环境与发展司另外两个处与同事见面。我感到在他威严的面孔下，还有一丝丝亲切感。同事来自许多国家，顿时我感到了文化差异：有的热情奔放，第一次见面就像老朋友，握住手说个不停，有的文质彬彬，还有的高冷威严。我在联合国的第一个工作日就在懵里懵懂之中度过了。

头几个月我最大的挑战就是公文写作，虽然有在英国留学的经历，在国内工作时负责国际合作也经常用英文写作，但是支持联合国这个庞大机构运行的公文名目繁多，格式要求严格，用词有具体规定，确实需要相当长的时间来熟悉和掌握。粗粗地算一下有几十种公文，例如日常邮件、工作层面的信件、给会员国使馆照会和大使以上级别的正式公函，政府间会议需要的会前背景文件、会议报告、决议、部长宣言、政府间协议、会议会谈纪要、合作备忘录，项目管理方面的项目建议书、项目文件、进度报告、总结报告、专家聘用告示、人事招聘通知，新闻宣传（网站、社交媒体）稿件，领导讲话、会谈发言要点、演讲稿，年度计划、工作总结、出差汇报、研究报告、年会旗舰报告，等等。有些公文有固定的套路、格式和模板，我就尽量收集这些格式和模板，包括认真阅读了解其他同事以前准备的类似文件，慢慢学习和熟悉套路。有些公文基本靠经验和积累，我便在日常工作中边学边积累，积极参加相关培训。日积月累，我很快掌握了各种公文写作方法，逐步感觉到了工作得心应手。

（三）勇闯第一关

第一次出差是入职一个月后萨哈处长带领我到印尼支持建设一个村级小水电项目，解决未通电贫困人口的用电问题。这是荷兰政府援助的项目，主题是"通过公私伙伴关系为贫困人口提供基本服务：亚太经社会对可持续发展世界首脑会议的后续行动"，包括能源、水和公共卫生等内容，由亚太经社会不同的部门负责实施。解决贫困人口用电问题由能源处来负责。2003年时，亚太地区大约有7亿人口还没有电力供应，大多数在发展中国家农村贫困地区。因地制宜利用当地的可再生能源是解决贫困人口电力供应的有效手段，而最大的困难是资金短缺。

农村小水电技术已经很成熟，也在很多发展中国家推广应用。印尼有丰富的水电资源，小水电发展基础很好，但进展不理想，主要原因是缺乏建设资金，政府有意愿支持，但是没有足够的资金。这个项目的创新点是 Pro Poor Public-Private Partnership，简称 5P，也就是现在经常听到的 PPP（公共部门与私营部门合作共建基础设施项目或提供公共服务）加上扶贫。主要做法是政府与拥有资金和技术的私营企业建立伙伴关系，政府提供小部分种子资金和优惠政策，企业出主要资金，受惠的村民提供土地和无偿劳力。项目建成后，电力公司提供 15 年购电协议，全额优惠电价收购，收入的资金用于解决贫困无电户接入电源。因为这是一个新思路，在印尼农村小水电方面还没有 PPP 的经验，更不用说将扶贫结合起来的 5P 了。政府部门虽然积极支持，但对是否有私营单位愿意加入持怀疑态度。

萨哈此行的主要目的是介绍我与印尼的合作伙伴认识，拜会能源部等相关政府部门，相当于把这个项目的实施交给我负责。和在国内开展过的项目相比，这不是一个大项目，但是实施的复杂性和难度都超出我的预料。首先是要在印尼选择可靠的合作单位，其次是要得到能源部和地方政府以及电力公司的支持，最重要的是选择项目落地的村庄。幸运的是，一个扶贫和支持农村发展的非政府组织"以人为本的商业经济研究所"（IBEKA）对此项目非常感兴趣。IBEKA 的负责人普妮女士和丈夫成立这个非营利机构的主要目的就是通过开发小水电资源，推动乡村脱贫与发展。普妮有非常广泛的社会网络，既熟悉政府部门官员，又和许多地方政府以及村镇有联系。我们交流了项目实施的计划和预计目标后，普妮表示非常期待和我们一起实施这个项目，萨哈也对会谈结果很满意。普妮安排我们与能源部相关官员进行了会谈，他们初步同意了项目总体思路，也明确支持亚太经社会在印尼开展小水电 5P 的示范，并表示会协调电力公司对购电协议予以积极考虑。

萨哈处长两天后就回曼谷了，留下我继续和普妮讨论项目选点和具体实施安排。根据普妮的建议，我们一起考察了几个村子，最后确定选择距雅加达 3 个多小时车程的西爪哇省的新塔美卡村作为项目所在地。我收获满满地回到了曼谷，第二天一上班就抓紧给萨哈做汇报。他对我落实了项目实施的村落很满意，要求我抓紧时间准备一个 storyline，马上向司长和项目管理司汇报，以便尽快开展实施。我听后对 storyline 的概念感到比较模糊，但还没来得及再问他具体内容，他说要去参加一个会议就走了。我回办公室后左思右想，感觉应该是项目实施计划，但由于还有很多具体行动不太清晰，需要进一步研究。此时政府部门已落实，用户也有了，可最重要的私营伙伴还没确定，实施路径和时间框架不能确定。我根据了解的情况和自己的一些想法，准备了一个稿子，可是萨哈处长看了不太满意，特别是项目的运行机制和如何通过提供电力使贫困家庭受益，以及项目结束后保持可持续运行，没有体现出来。经他这样一点拨，我茅塞顿开，对 storyline 的字面意思和内涵有了新的理解，修改补充了相关内容，既有实施计划，也有预计效益和机制设计，很快得到了司长和项目管理司的认可和批准，进入了具体实施阶段。

然后我又和普妮沟通，一起商议私营伙伴的选择，很快确定了一个愿意出资的小水电发电机公司。我很佩服普妮的社会活动能力，她与村长协商多次，最后成立了一个合资注册公司，由小水电发电机公司、新塔美卡村委会和IBEKA共同出资，作为项目实体开展小水电建设，小水电发电机公司提供设备、设计和运行培训；亚太经社会投入的种子资金作为村委会的资金入股，土地和劳力都由村委会提供；IBEKA负责环境社会影响评估和项目进展监测。

这个消息很快在新塔美卡村传开了，许多家里没有通电的农户非常希望能得到支持尽快通电。我们一起挨家挨户动员村民开会协商如何确定支持的优先顺序，村民们非常渴望该项目尽快实施，以获得电力，帮助他们改善日常生活。通过问卷调查、现场讨论的方式，我们确定了支持通电的优先顺序，张榜公布，程序透明。项目进行期间，我多次去新塔美卡现场，吃住在山村，条件比较艰苦，被蚊虫叮咬，皮肤过敏，吃了不少苦头。普妮也多次说不用每次都到现场，他们可以介绍项目的进展情况，但我总觉得到现场看到实际进展才踏实。通过大家的努力，小水电按期完工，100多户贫困户用上了电。能源部、当地政府和电力公司非常认可这个示范项目。时任印尼总统苏西洛还亲临现场视察，对5P的模式给予了充分肯定。他认为该项目没有给政府增

2003年，刘鸿鹏（右一）在新塔美卡村小水电

加财政负担，解决了贫困户的供电问题，希望推广这样的模式。

10 多年后我又有机会带领其他国家的同仁到新塔美卡村参观，小水电运行良好，收益偿还小水电公司的投资后，还设立了一个村委会基金，用于支持村里的基础设施、医疗卫生设施和学校的建设。我亲眼看到村子面貌出现了大变化，为能有机会为贫困人口改善生活质量感到欣慰。这个项目是亚太经社会在 5P 概念上的首次示范，取得了很好的效果，得到了同事和领导的认可，多次在不同场合得到介绍展示。在此基础上，我又与联合国在非洲、欧洲、拉美和西亚的其他 4 个区域委员会合作，提出在解决贫困人口能源供应时，推广 5P 模式，并从联合国总部发展基金争取到资金支持。这是我加入联合国后的第一个小目标，也大大增强了我当好国际公务员的信心。

之后，我在不同的发展中国家实施过各种可持续能源项目，新塔美卡村的小水电项目和村民通电后充满喜悦的面容仍深深地印在我的脑海里。我庆幸能成为联合国一员，每天醒来，知道自己的辛勤工作正在改善这个地区一些人的生活，这是一种令人愉悦的感觉。这也激励我不断努力前进，从而帮助发展中国家开发新能源和可再生能源，为可持续发展做出贡献，为改善人民生活做出努力。

在取得进步的基础上，我也得到了锻炼，在激烈竞争的环境中，不断争取到升迁的机会，于 2011 年担任能源与水资源处处长，并于 2017 年通过竞争上岗，被任命为新成立的能源司的司长。随着职位的升迁，肩上的担子越来越重，责任越来越大。

2008 年 1 月，刘鸿鹏（左）与联合国秘书长潘基文在曼谷

（四）全球议程区域推动

2015 年 9 月，联合国大会通过了一项新的突破性的议程——《2030 年可持续发展议程》，以指导 2015—2030 年的全球可持续发展工作。该议程明确了 17 个可持续发展目标（SDGs）以及 169 个具体目标，构建了一个旨在消除贫困并确保可持续发展的全面行动计划。鉴于能源在可持续发展中的重要性，《2030 年可持续发展议程》首次纳入了全球能源目标——可持续发展目标 7

（SDG7）及其 5 个关于能源可及性、能源效率、可再生能源和相关执行手段的具体目标。

联合国亚太经社会在能源领域的工作重点是通过加强各会员国之间的政策对话和建立区域合作框架，以加强能源安全，促进更大程度地利用可持续能源，包括能源可及性、提高能源利用效率和扩大可再生能源的使用，特别是通过数据和政策分析、信息交流和最佳实践案例分享以及帮助发展中国家开展能力建设活动。

2018 年 4 月 5 日下午，第二届亚洲及太平洋能源论坛（部长级）在泰国曼谷联合国会议中心落下帷幕，出席会议的部长和代表们以热烈的掌声通过了《亚洲及太平洋开展区域合作实现能源转型以迈向可持续和有复原力的社会部长级宣言》（简称《部长宣言》）的草案。我是以亚太经社会能源司司长的身份担任论坛秘书的，很高兴看到《部长宣言》的草案通过，但想到实施和落实，感到肩头的担子更重了。同时，兴奋的心情难以平复，从开始准备论坛，到闭幕日凌晨会员国代表的激烈讨论和磋商，一幕一幕呈现在眼前。

亚洲及太平洋能源论坛是联合国亚太经社会委员会会员国一致同意建立的部长级平台（亚太经社会委员会第 67/2 号决议），旨在促进区域合作，以加强亚洲及太平洋的能源安全和能源的可持续利用。这也是迄今为止联合国在亚太地区政府间能源合作唯一的部长级论坛。

第二届亚洲及太平洋能源论坛的重点是推进该地区实施 SDG7，确保所有的人都可取得负担得起的、可靠的、可持续的现代能源，以实现《2030 年可持续发展议程》。论坛针对亚太地区在应对能源安全挑战方面取得的进展进行讨论，提出促进该地区实现 SDG7 的政策选择。论坛还评估了 SDG7 与其他可持续发展目标之间的相互联系，强调在区域一体化背景下实现能源互联互通的潜力。

2018 年 4 月 3 日至 5 日，论坛在泰国曼谷举行。前两天的高官会进展还算顺利，基本按日程安排进行。但是，另一间会议室里，各国代表还在对最后一天会议要审议通过的《部长宣言》的草案进行紧张的磋商。

4 月 4 日夜幕已深，联合国所在的泰国政府行政区白天的车水马龙逐渐稀疏，喧嚣的大街已经安静，联合国会议中心内依旧灯火辉煌。各国代表们依然在对第二天要通过的《部长宣言》的草案进行磋商。由于对几个关键段落和表述存在不同意见，会议室的气氛也不同寻常。

在一般情况下，这类草案都是委托秘书处起草，再交给会员国代表（高官）协商，达成共识后由部长们审议通过。为准备这届论坛，我在 2017 年能源司的工作计划中就起草《部长宣言》的草案做了安排。在征求会员国意见的基础上，提出召开亚太能源委员会的专家工作组会议，听取专家意见。并在年底召开论坛筹备会议，充分听取各会员国对能源论坛成果的意见和建议。

为了更充分地得到会员国支持，《部长宣言》草案的起草过程得到了联合国亚太经社会常驻代表和经社会成员指派的其他代表咨询委员会成员的支持，此外还专门成立了非正式磋商工作组，邀请所有成员参加。

代表咨询委员会的某大国代表提出了不同看法，主要是针对互联互通内容，认为能源委员会的互联互通工作组包容性不够，提出的制定跨境能源电网互联互通路线图的建议没有得以充分讨论，反对将此内容写入《部长宣言》的草案。以中国为主的一些发展中国家坚持将能源互联互通作为推进区域经济一体化、实现能源可持续发展目标的重要途径，特别是亚洲及太平洋区域经济合作和一体化部长级会议通过了《亚洲及太平洋区域经济合作和一体化曼谷宣言》，指出通过区域合作提高能源互联互通和增强能源安全的各种机会，对于支持经济增长具有根本意义。

已经快半夜了，磋商陷入了僵局。我和召集人商量建议暂时休会，给相关代表团成员一些时间，小范围讨论商量。我也同召集人与中方和某大国代表分头讨论，看看有没有妥协空间。但由于时差关系，该代表说要等首都的回复。这表面上是技术问题，实质上是双方在区域互联互通中影响力的角逐。特别是中方提出的"一带一路"倡议，致力于促进各国互联互通、推动共同发展，在理念、目标和举措方面与《2030 年可持续发展议程》高度契合。这一倡议推动政策沟通、设施联通、贸易畅通、资金融通、民心相通五大领域的合作，同《2030 年可持续发展议程》的 17 个可持续发展目标相辅相成。联合国亚太经社会是第一个和中国政府签署"一带一路"合作文件的联合国机构，该文件于 2016 年 4 月由时任联合国副秘书长兼亚太经社会执行秘书阿赫塔尔女士与中国国务委员兼外交部部长王毅签署。亚太经社会政府间合作机制也成为推进"一带一路"倡议的有利平台，中国政府多次组织相关活动，宣传"一带一路"倡议，展示"一带一路"倡议实施的成果，邀请更多会员国参与这个惠及发展中国家的倡议。

短暂休会后，中方代表动情地讲到互联互通对发展中国家发展经济、促进跨境基础设施建设、改善民生和推动区域经济一体化的重要性，获得了绝大多数代表的支持，孟加拉国、不丹和印尼的代表也发言支持《部长宣言》中涉及能源互联互通的内容。僵持到最后，某大国代表表示收到了首都的指示，对此条内容继续保留意见，但不反对提交草案并在最后一天能源论坛部长会议上由部长们审议。

磋商结束时已经过了半夜，同事们心中忐忑不安，担心在通过《部长宣言》草案时会出现困难和意外。我心中也在打鼓，不过表面上还是安慰同事们抓紧时间好好休息。我同时也在考虑各种不同的对策和预案，与负责准备第二天会议主席的主持稿的同事商量，尽量考虑到可能出现的各种情况及应对策略。

部长会议的主席是时任巴基斯坦电力部部长，非常有主持会议的经验，第二天议程进展得比预想的顺利。通过《部长宣言》草案后，某大国代表要求发言，遗憾地宣布该国代表团不赞同宣言。该代表解释说，代表团不能接受宣言中的一些表达，特别是宣言中有关区域能源互联互通的措辞，还表示不支持在宣言中提及技术转让，并且反对其代表团认为有损知识产权的措辞。该代表重申，秘书处采取的行动应反映其成员的协商一致而非大多数或多数成员的意见。

中国代表也做了针对性发言，指出这是一个重要里程碑，有助于继续推进亚太能源区域合作，也提到中方注意到某大国代表提出的疑问、具体意见和建议，表示中国代表团感到遗憾，因为这些问题在该文件谈判期间并未提出。

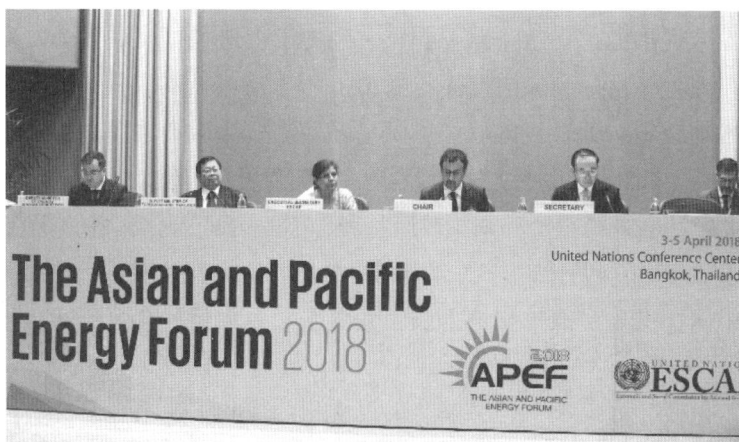

2018年，第二届亚洲及太平洋能源论坛通过《部长宣言》草案。右二为刘鸿鹏

中国代表指出，亚太经社会在其第 73/8 号决议中设立了两个侧重能源领域的工作组，并重申中国对按照会员国的商定意见参加这两个工作组，包括制定区域电力互联互通路线图的工作的承诺。此外，参加论坛的国家有丰富的知识产权和能力推进创新，并且中国将实施具体的创新政策，包括加强、保护和应用知识产权。中国深入参与了亚太经合组织和 20 国集团范围内关于能源问题的讨论。中国代表还强调指出，亚太经社会的会员国中包括了不属于上述机制的发展中国家和最不发达国家。对这些国家而言，亚太经社会开展的工作尤为重要，因此中国将继续脚踏实地与所有会员国开展合作，以实现包容各方的发展。

亚太地区国家经济发展水平不一，能源资源分布不均，能源互联互通对消除亚太地区国家之间在地理、文化和经济发展方面的差距，以及优化资源配置十分重要，也是促进亚洲及太平洋区域经济合作和一体化的重要内容。《部长宣言》草案通过后，我带领团队加快实施步伐，在征求会员国意见的基础上，制定了电网互联互通路线图，重点是促进提高可再生能源在电网中的比重，加快电力行业实现低碳可持续发展。该路线图在 2021 年 2 月召开的第三届能源委员会会议上得到了会员国的一致支持通过，并在 4 月召开的亚太经社会第 77 届年会上获得了确认。

岁月打磨，光阴塑造。从 2003 年加入联合国至今已经 18 年了，我的初心依然不变，在不同的岗位上用自己的热情、知识和经验，为实现《联合国宪章》的宗旨，维护世界和平与安全，发展以尊重各国人民平等权利及自决原则为基础的国际友好关系，进行国际合作以解决国际经济、社会、文化和人道主义的问题。

二、我在联合国教科文组织的一些经历

/ 韩群力

○ 作者简介

韩群力，1980 年从中国科技大学无线电电子学系毕业后加入中国科学院自然资源综合考察委员会。1989 年 1 月从该委员会以借调专家身份到联合国教科文组织自然科学部工作，负责地理信息技术应用项目。1990 年 8 月通过竞聘成为联合国教科文组织国际职员。从入职的专业岗位（P2 级）做起，经历总部和地区办事机构 P3、P4、P5 和 D1 等各级岗位，在该组织服务28 年。2017 年 8 月退休回国。2017 年 9 月进入由国际科学理事会和联合国减灾署联合发起的灾害风险综合研究计划国际项目办公室任执行主任至今。

○ 导　读

这是一篇述说中科院一位青年科技人员如何在联合国从初级技术人员成长为高级管理官员的故事。作为一名新职员，作者在负责发展中国家生态领域的合作项目中，大胆探索将信息技术引入传统生态科学研究的可行性；支持东亚五国建立了东亚生物圈保护区网络；帮助东亚和东北亚相关国家开展生态综合研究与构建能力建设的平台，从而找到了适应本地区的合作模式，促进了"人与生物圈计划"东南亚、中亚、南亚和太平洋小岛国家的区域网络的建立和发展，使联合国教科文组织在生态科学计划平台上拥有了更为强大的科学资源和科学话语权，夯实了其在全球生态系统保护和可持续管理体系中的科学地位和价值。

作者的工作轨迹，深深印着中国职员的"专业、勤奋、务实"六个字，对年轻技术人员如何实现"进得去，做得好，有影响"的理想，具有很好的教育与参考意义。

我是 1989 年从中国科学院自然资源综合考察委员会进入联合国教科文组织（UNESCO）工作的。此前在中科院时，与国外的交往局限在双边学术交流、培训、进修等活动，对国际组织所知甚少。进入 UNESCO 工作对个人来说是全新的挑战。

（一）初入 UNESCO

我作为遥感与信息系统方面的青年专家进入 UNESCO 自然科学部生态科学处工作，第一个任务是探索将信息技术引入传统生态科学研究的可行性。20 世纪 80 年代，计算机、数据库和遥感制图发展迅速。UNESCO 自然科学部考虑在地质、生态和水文三个方向引入这些新的技术和方法。我的任务是与荷兰国际航空航天测量和地球科学学院（ITC）合作，在世界生物圈保护区中开展地理信息系统应用试点。这项工作在当时还只是 UNESCO 的一个初步想法，其业务前景并不可知，一切要看工作的进展和结果。

经过与 ITC 的专家在非洲和亚洲的联合调研，半年之后，我们选定肯尼亚的安波塞利国家公园、印尼的格德潘格朗戈国家公园和中国的武夷山自然保护区作为项目试点区，并随即在这三个地区建立了研究团队，展开了初步研究。根据我之前在中科院时在新疆自然资源数据库开发中得到的经验，建立本地专业能力是保证这类新技术应用项目不会变成由外部技术和资金驱动，一旦项目结束就会人走政息的关键举措。为此，我从 UNESCO 方面积极推动在这个多边项目中加强人才培养的内容，与荷兰政府国际奖学金机制结合，在 ITC 为中国、印尼、肯尼亚和泰国这四个国家（原定泰国清迈也选一个点，但后来修改项目规划为只做培训）从事自然保护工作的青年专家提供进修和实践机会。这个项目 1989 年启动，至 1993 年结束，在中国、印尼、肯尼亚三个试点区应用新技术改进生态系统研究和可持续管理方面均取得了重要经验，同时，也为参与国培养了 20 多位遥感和地理信息系统应用的硕士生，其中一些人在后来的工作中成为各自国家生态保护领域的重要专家。这项工作的顺利展开让生态科学处确认了这个新的工作方向，我也在 1990 年下半年通过竞聘正式成为 UNESCO 的一名国际公务员。

不久，我决定探索开拓信息技术在其他方向上的应用。我注意到，UNESCO 管理大型科学网络很大程度上仍在采用传统文件管理方式，这无疑是一个短板。自 1992 年起，我和"人与生物圈计划"（MAB）秘书处青年同事们共同编制了生物圈保护区基础信息手册，同时和英国的世界自然保护监测中心（WCMC）对多年累积的生物圈保护区资料进行文档数字化。以这些文件为基础，我们在 1993—1994 年开建了 UNESCO 第一个官方网站。如今互联网已经是人们日常工作生活的一部分，但在约 30 年前，互联网应用特别是网站即便在欧洲也还是新生事物。没有便利的开发工具，开建网站和整合数据需要编写大量代码，想获得总部通信技术部门给予开发的数据和带宽支持也很困难，但是我们的坚持与努力获得了成功。在 1995 年西班牙塞维利亚第二届世界生物圈保护区大会上，我们向全球参会者演示了现代数字技术在生态方面应用的最新成果，包括通过地理信息系统示范应用和通过网站链接各个国家和生物圈保护区信息的进展，从此开启了基于互联网的 MABnet 建设进程。

（二）跨越专业的挑战

跨越自己的专业领域工作是大多数进入联合国工作的人所必须经历的过程。正式进入 UNESCO 生态科学处工作意味着个人需要从一个技术专家转变为国际科学合作项目的组织和管理者。这要求我必须超越自身的专业，成为生态科学领域的内行。得益于在中科院参加过的青藏高原、新疆、黄土高原等大型综合性科学考察项目，近距离观察了解过各学科的科学家工作，我早年零散的积累在新的岗位派上了用场。我在 UNESCO 的同事和在各国的合作伙伴多是生态、水文和地学方面的专家，机构拥有大量的科学文献，只要肯下功夫学习，自然会有收获。到 1998 年离开总部去雅加达的亚太地区科学办公室工作之前，我基本上完成了专业角色的转变，可以独当一面地担负起亚太地区 UNESCO 科学项目的计划、组织和实施了。

MAB 是 UNESCO 于 1971 年启动的大型政府间科学计划。到 1989 年我参与这项工作时，该计划已经有近 20 年的发展历史。MAB 立意高远前瞻，在各个类型的生态系统，包括森林、山地、干旱半干旱、淡水、冰冻圈、草地、湿地、滨海区和城市生态等都有基础性工作并由国际知名专家领军，特别是美国和欧洲的科学团队力量强大。作为一个后来的研究人员，在这个大型的国际科学平台上如何做出新的贡献，是我从一开始就在思考的问题。

2007 年，贵州荔波小七孔，东南亚生物圈会议，与中国、印尼、越南三位杰出的 MAB 国家委员会秘书长合照。右二为韩群力

（三）开拓区域科学合作

　　一个重要的突破口是区域合作。1992 年联合国里约环境与发展大会签署了《生物多样性公约》《气候变化框架公约》和《防治荒漠化公约》这三个环境公约，将可持续发展推入全球发展合作阶段。这个变化使得地区间的发展差异与合作的重要性凸显了出来。1994 年，我与雅加达办公室的同事伊什瓦兰博士配合，帮助东亚五国（中国、日本、韩国、朝鲜和蒙古）建立了东亚生物圈保护区网络（EABRN），并通过 1994 年、1995 年和 1996 年在中国四川卧龙、吉林长白山，韩国的雪岳山以及蒙古博格达汗等地举行的系列研讨会，确定 EABRN 重点研究和交流新形势下各国的自然保护政策、生物圈生态旅游发展和跨界生态保护。此后，由于 EABRN 合作成果的曝光度逐年提升，俄罗斯和哈萨克斯坦国家委员会相继申请加入，同时 EABRN 也成为 UNESCO 在东北亚开展生态综合研究与能力建设的一个重要平台。这个区域合作网络触发了 MAB 东南亚、中亚、南亚和太平洋小岛国家的区域网络的建立和发展。

　　我们在 EABRN 的工作模式上做了改革。此前，MAB 的科学研讨会多是在大城市举办，比较流于形式。我强烈主张 EABRN 所有的会议要尽量靠近野外现场，在科学研讨交流的同时下现场考察、学习、交流和评估，通过"解剖麻雀"，加深对特定生态系统特点的认识以及所面对问题的了解，探讨如何将 UNESCO MAB 的科学理论和方法付诸实践。这个模式后来成了 EABRN 和亚太地区 MAB 区域网络的经典会议模式。

超越科学的接触与对话。在布局 EABRN 网络建设中，一个没有公开提及的工作是为朝韩双方的科学家开辟一个环境科学研究与自然保护的对话渠道。囿于大环境的限制，朝韩科学家缺少直接沟通的平台。朝鲜的生态科研和保护工作没有在国际上得到应有的认知和支持。在 1995 至 2005 年间，我曾多次前往朝鲜和韩国磋商沟通，提出具体合作方案，并通过 EABRN 平台提供资金，完成并出版了朝鲜野生植物和野生动物红皮书以及金刚山生物多样性等调查报告。在 EABRN 的支持下，朝鲜相继申报并建立了九月山、七宝山、妙香山、金刚山等世界生物圈保护区。每次 EABRN 会议也成为各国科学家特别是朝韩两国科技人员沟通交流的机会，那些在野外携手同行互助、同桌畅谈畅饮、彼此以歌舞祝福的经历，增加了各国同行之间的善意与友谊。EABRN 推动的工作成果之一是支持科学家们积极探索横贯朝鲜半岛非军事区的生态现状，提出了开展有限科研和自然保护合作的方案和长期愿景。这些生态科学家的合作成果和探索将为未来朝鲜半岛的环境与发展，为人民间的沟通和最终的和解起到积极和正面的作用。

推动东南亚生态科学合作。2000 年左右，我看到东盟国家的全方位合作势头，与相关国家商议并取得共识，推动东南亚国家从得到日本长期资助的 MAB 生态过渡带的研究（MAB Ecotone Studies）合作转向面向重要生态保护与发展示范地的东南亚生物圈保护区网络（SeaBRnet）构建，并起草通过了 SeaBRnet 章程。这个网络采用了类似东盟和中日韩合作的 10+ 模式，使得中国、日本、马尔代夫、尼泊尔、不丹、斯里兰卡可以正式成员或观察员身份参与。

在 SeaBRnet 平台上，我们陆续在柬埔寨的洞里萨湖区（也是东南亚最大的淡水湖），在缅甸茵莱湖和因吉多湖流域，在老挝湄公河沿岸兰普拉邦和南部帕克赛地区的两个支流流域的森林生态系统，在马来西亚半岛部分塔色克其尼湖泊流域，在泰国、菲律宾和越南的滨海地区特别是红树林生态地区与河口区，在印尼的火山和海岛等地开展工作。这些工作的成果，使得东盟国家在 UNESCO 生态科学计划平台上拥有了更为强大的科学资源和科学话语权，也永久标定了这些生物圈保护区在全球生态系统保护和可持续管理体系中的科学地位和价值。

SeaBRnet 发展过程中具有重要价值的工作之一是推出了越南的坎造红树林生物圈保护区。这片面积约 7 万公顷的红树林是胡志明市（原西贡市）的"绿肺"。越南战争期间这里曾经是美军轰炸机返程降落前的弃弹场所，被多年反复轰炸。为消灭红树林里的抵抗运动营地，美军曾经对整个红树林系统播撒落叶剂，将整个红树林毁掉。战后 30 年间，胡志明市政府和群众持续在此种植红树，恢复生态。人工修复和自然恢复相结合，逐步形成了 3 万公顷左右的生机盎然的红树林。然而，一个重建的生态系统就其保护价值而言是否可以成为 UNESCO 世界生物圈保护区，当时是很不确定的，也没有先例。对这个申报案例，我从生态恢复的角度给予了全力支持，强调自然保护不应该只关注原生生态系统的价值，生态恢复和重建也应该获得高度的重视。坎造红树林的实践表明人类行为可以导致生态系统的毁坏，而正确的政策与实践也可以对毁坏的生态在一定程度上进行恢复和重建。这一点对于广大发展中国家追求可持续发展，恢复生态家园尤为重要。在 2013 年我接手 MAB 秘书长工作后主持制定的《MAB 2015—2025 战略》和世界生物圈保护区网络《利马行动计划 2016—2025》中都对生态恢复和重建给予了强调。我也非常高兴地看到在联合国面向 2030 可持续发展目标之目标 15 "陆地生物"中，生态恢复被提到了和自然保护几乎同等的高度。这个新的全球发展共识里面也有我们曾经付出的努力。

（四）主动应对紧急事件

2004 年 12 月 26 日，当地时间早上 7 点 58 分，印度洋板块和欧亚板块海底交界处突发错动，引发里氏 9.3 级的强烈地震。地震释放出的巨大能量引发了海啸，摧毁了印尼的班达亚齐这个城市的大部分建筑以及沿海村镇。地震产生的能量通过海洋传播，相继在泰国、斯里兰卡、马尔代夫、印度、东非的印度洋沿岸国家引发海啸。灾后统计共有大约 22.8 万人在此次海啸灾害中丧生，包括大量各国度假游客，印尼约有 16 万人因灾死亡。粗略估计，印度洋地区因海啸导致的经济损失超过 100 亿美元。这次海啸成为过去 200 年间造成最大损失的一次海啸灾难。

灾害发生后，联合国立刻开始部署海啸应灾救援的紧急行动。UNESCO 驻雅加达代表斯蒂文希尔由于身体原因无法返回岗位，我便作为 UNESCO 雅加达办事处副主任代表机构参加救灾工作。联合国团队每天上午下午两次召开内部信息交换和工作部署会议，印尼政府方面也有大量联络会议，同时我还要调度 UNESCO 办公室团队的工作，包括筹集资金，采购救灾物资，向灾区运送物资，搜集班达亚齐教育系统损失数据，整合梳理地震和海啸的科学数据。每天我还要按巴黎时间向总部汇报当日情况，日夜运转，很少休息。

灾后初期，巴黎总部给我的指示是 UNESCO 不是联合国救灾的主要机构，要严格控制参与力度。但我在前方看到的情况和以往应灾情况非常不同。海啸巨灾所造成的空前损失引发了国际社会的巨大同情和施以援手的强烈意愿，联合国系统全方位介入，联合国秘书长救灾的紧急呼吁当时也正在准备中，各个机构都在行动。UNESCO 在灾后恢复中将有大量工作可做，特别重要的是，我知道联合国教科文组织政府间海洋学委员会（UNESCO IOC）自 20 世纪 60 年代起就在太平洋海啸预警系统方面有成功的工作，对此次联合国应灾工作有特别的意义。

随着联合国秘书长安南推动联合国系统对这次灾害的全方位深度介入，各会员国持续表达关切，特别是印尼总统宣布于 2005 年 1 月 6 日在雅加达举办东盟领导人海啸应急特别会议后，总部迅速做出调整，授权我协调 UNESCO 参与联合国的应急行动。同时总部指示由我代表 UNESCO 参加东盟领导人特别会议，务必将海啸预警系统这个重大问题以及 UNESCO IOC 在该领域的工作通报给联合国应急团队和各国参会领导人。但是峰会是国家和政府领导人的会议，联合国方面只有安南秘书长和联合国机构在驻在国的总协

2005 年 4 月，在印尼班达亚齐开展 UNESCO 海啸灾后恢复工作。左三为韩群力

调人（UNRC）参加，各机构代表均不能参会，我本人无法参会完成这个使命。

1月3日接到指示后，我立即告知总部关于参会的限制，建议总干事给安南秘书长和所有参会领导人直接发传真信件说明海啸预警系统工作的重要性和UNESCO可以做出的贡献。建议立刻被总部接受了。同时我安排连夜赶印UNESCO IOC在2002年前后出版的太平洋海啸预警系统材料，并收集整理了UNESCO在海啸预警系统研究与应用方面的背景文件。1月4日，我带着我的同事、海洋生态专家杨－斯特凡博士参加联合国机构应灾联席会议，抓住会上的简短发言机会，通报UNESCO IOC在海啸预警方面有长期工作积累，并预计在两天之后的领导人会议及随后的记者会上，关于海啸预警及联合国在该问题上的角色必定是会员国关注的核心问题之一。这个发言引起了联合国秘书长灾害工作特别代表的高度重视。在会后进一步了解情况以后，她向安南秘书长做了报告，并要求我们参加秘书长发布联合国救灾援助紧急呼吁的新闻发布会，就海啸预警系统做好应对媒体就技术问题提问的准备。同日，我请求并得到了印尼教科文全国委员会的协助，紧急联系到峰会东道主印尼总统的办公室，获准把紧急赶制的海啸预警系统的材料带入峰会会场。1月6日，为确保任务完成，我打破外交惯例，通过印尼方面安排，前往领导人会场，在现场与峰会秘书处协调，最终将这份重要材料直接送达了所有参会的各国领导人手中。

这些迅速和紧急的建议与行动取得了良好的效果。如我所料，6日下午联合国救灾援助紧急呼吁的新闻发布会上，媒体头两个问题都是和海啸预警系统相关的，安南秘书长就此给出了清晰明确的答复。几个月之后在雅加达举行的联合国救灾联席工作会议上，安南秘书长几次提到UNESCO在海啸预警系统方面的贡献以及在应灾工作中的表现。以此为开端，印尼的海啸预警系统全面建设也在UNESCO雅加达办公室正式立项，成为在世界主要海域长期开展的海啸预警系统建设的重要组成部分。

救灾行动期间，我组织办公室团队在灾后第一时间安排员工捐助并向灾区运送救灾物资，开展了班达亚齐基础教育系统和文化机构灾害损失评估与恢复计划的准备，发起了班达亚齐海岸带生态恢复和灾后本地公共信息传播的专题项目。这些行动保证了UNESCO在印尼有效地加入联合国团队整体灾害响应和灾后恢复的进程。UNESCO在此次海啸巨灾之后总结经验，在机构内形成了应对巨灾和冲突动乱等紧急事态的共识，并建立了长效的灾害和冲突后响应机制（PCPD）。2005 年之后，UNESCO 积极介入了世界上所有巨灾的联合国救灾行动和灾后恢复工作。

（五）迎接新的挑战

2007 年 7 月，UNESCO 总部任命我出任驻伊朗与土库曼斯坦两国的代表和德黑兰地区（伊朗、土库曼斯坦、阿富汗和巴基斯坦）办事处主任。那完全是与以往不同的工作。

伊朗当时处于多重国际制裁之下，阿富汗战乱未息，工作环境困难复杂。在推进 UNESCO 教育、科学、文化、社科与传媒等业务工作的同时，我需要面对和处理复杂棘手的国际政治和外交问题。在德黑兰的 4 年，极具挑战的工作让我收获甚多，也为 UNESCO 在伊朗和土库曼斯坦赢得了良好的声誉。这段经历为我 2011 年 7 月回到巴黎负责 UNESCO 自然科学部整体执行工作，以及领军 UNESCO 生态与地学，特别是 MAB 科学计划做了重要准备。

从事 MAB 的生物圈研究与保护需要大量时间跑野外，在多数情况下，野外考察工作是艰苦并充满风险的，当然也是极为有趣的。在我的业务生涯中，我先后去过亚洲、欧洲、非洲、南美洲和北美洲的 50 多个世界生物圈保护区

2004 年，在智利鲁滨逊岛考察胡安·费尔南德斯生物圈保护区。前排左二为韩群力

和世界自然遗产地。从俄罗斯白海的绮丽光影到辽阔的东非稀树草原，从南美安第斯山脉的雪线到南太平洋的鲁滨逊岛，从青藏高原的高山峡谷到宽广的湄公河三角洲，从中、蒙、俄广袤的森林和草原到北非的尼罗河流域、苏丹的红海沿岸，从俯视波斯湾的扎克罗斯群山到卡拉库姆沙漠，从太平洋上星罗棋布的小岛生态到东南亚各国无比珍贵的热带雨林和滨海湿地，UNESCO的科学工作使我有机会领略这个世界无比壮丽的自然奇景，接触千姿百态、多元多样的人文社会，有机会向世界著名的科学家与青年研究者请教交流，增长学识，与政府高层机关和生态保护管理的基层部门探讨、沟通、争论、谈判，合作落实 UNESCO 的科学与发展理念，也有机会访村入户，与世界生物圈保护区和世界自然遗产地的社区群众交流，了解他们的生活和关切，尝试换位思考，并从传统知识和文化与现代科技的交汇中求索绿色发展的脉络。

　　长期从事野外工作当然也有风险。一路走来，我曾有同事和朋友为事业付出了生命的代价。我个人也曾数次身临险境，所幸无伤。这份经历千金难求，万分幸运。我对我曾有幸参与并为之服务的 UNESCO 和 MAB，对曾经指导和支持过我工作的同事们，对曾经合作过的各国科学家和业内朋友的信任、友谊永怀感激之情。

三、风雨兼程，点滴回顾——在国际劳工组织的20年

/ 李东林

○ 作者简介

　　李东林，英国工商管理硕士，国家高级工程师职称，现任国际劳工组织驻缅甸国家局局长，华东理工大学兼职教授。1987年由国家公派到美国库柏大学进修一年；1993年由国家公派到英国海瑞－瓦特大学攻读工商管理硕士学位。加入国际劳工组织之前，曾在劳动部锅炉压力容器检测中心工作，担任过中心检验室主任、劳动部国际合作司副司长、中国四达国际经济技术合作公司总经理、劳动和社会保障部国际合作司司长。还先后担任国际劳工组织亚太局局长特别顾问，国际劳工组织驻巴基斯坦国家局局长、驻斯里兰卡和马尔代夫两国国家局局长，以及国际劳工组织驻太平洋局局长，管理协调斐济、巴布亚新几内亚等11个海岛国家的劳工事务。个人和所带领的团队曾获巴基斯坦总统勋章和国际劳工组织优秀团队奖。

○ 导　读

　　本文作者在加入联合国之前就有着丰富的经历。在近20年的国际劳工组织工作中，他彰显了中国人勤劳、善良、聪慧和友好的美好形象。2010年8月被巴基斯坦授予总统勋章，这是联合国历史上第一个中国籍官员获此殊荣。作者认为，自己的进步与中国实力的不断增强、对国际的影响加大是分不开的，但更重要的是有一种使命感、管理才能和应对危机的领导能力。作者通过自己的工作事例，说明提升联合国核心胜任力，包括战略眼光、

创新思路和卓越领导力的重要性。作者还在文中分享了对幸福的理解："幸福就是干自己喜欢的事，尽力帮助他人，扶弱济贫；幸福就是无论你在哪里，人人都说你是个好人；幸福就是每当你回忆往事，你能感觉到的满足感和成就感。"他的文章不仅感人、励志，还是对到联合国任职的年轻人如何培养使命感、担当精神和奉献精神的参考指南。

时间过得真快，掐指一算，我已在国际劳工组织工作近20年了。我的经历还算是比较丰富的，下过乡当过知识青年，做过工人，上过大学，当过高级工程师，任过国企老总，还兼任两个大学的客座教授，最后还在政府部门担任过司长，在美国做过一年的访问学者，又在英国拿了工商管理硕士学位。但我事业上真正的挑战期和高峰期，还得算这20年在国际劳工组织的工作历程。

（一）终生难忘的2003年非典历险记

我的好朋友派克·阿罗先生是芬兰人，担任国际劳工组织技能开发司司长，是一位著名的就业培训专家，对中国非常友好，对中国人民充满敬意。他在2003年因公访问中国期间不幸感染非典去世，享年52岁。我至今仍然清晰地记得，从2003年3月22日派克在我曼谷的家中一起共进晚餐，到第二天一起飞往北京，再到4月6日他病逝那难忘的两周所发生的一切。每每想起，就像是发生在昨天，往事历历在目，让我泪流不止，悲痛在心。我想借用讲述国际职员故事的机会，再现这段不能忘却的历史。

我和派克于3月21日周五在曼谷见面，与亚太局局长一起商议筹备中国政府和国际劳工组织将于4月初在北京联合举办的中国就业论坛。这次中国就业论坛意义非凡，是首次在中国举办，届时世界各国的劳工部长都将来北京参加会议。派克作为总部代表，我作为亚太局局长特别顾问代表亚太局，我们在曼谷亚太局会面后飞往北京，代表总部和地区局与北京局一起商讨筹备此次重要论坛的事项。

3月22日周六傍晚，我邀请派克到我家，品尝我夫人做的家常饺子，派克当晚非常开心，他喜欢中国饮食，也试着包了几个饺子。我们一起饮酒，吃手工制作的水饺，一起聊中国文化和他如何喜欢中国。我们约定，从北京成功举办中国就业论坛回来后，我将邀请他和另一位同事一起来我家再聚。谁也没想到，这竟然是我们在曼谷的最后一次聚会。当晚送他离开时，我们相约第二天在曼谷国际机场办登机手续的柜台见，一起乘 3 月 23 日周日的泰航 TG614 航班去北京。

不巧的是，当晚由于美国攻打伊拉克的战争爆发，我看电视看到很晚，第二天也就起晚了，到达机场办理登机手续时已马上到登机时间了，派克没有在候机厅等到我，就登机了。我几乎是最后一个登机的，然后看到他坐在第一排靠过道的位置，坐在他旁边的是一位看上去很疲惫的中国男士。我和派克打招呼时看见那位男士拿毛毯盖着头，我也没有看见他的模样。因我登机晚，所以坐在派克后面第四排的座位上。由于前晚没有休息好，航行途中我都在补觉，没有和任何人聊天。在飞机抵达北京机场后，派克说到后面看过我，见我睡得很熟，也就没有打搅我。后来才知道坐在派克旁边的乘客在曼谷开会时已感染上非典病毒，在飞行期间传染给了派克。

我们抵达北京的第二天，就投入了紧张的筹备工作。在此期间，我们除了和国际劳工组织北京局举行内部会议外，还与劳动和社会保障部就业培训司、国际合作司多次商议筹备工作，日程非常繁忙。

我记得 3 月 28 日周五早上，我们在国际劳工组织北京局开例会时派克说他有些肠胃方面的问题，还给远在欧洲的夫人打过电话。派克的夫人是名护士，建议他吃些肠胃炎方面的药品。派克全天在办公室和我们开会，直到下班后才到北京国际救援中心开了些药。29 日和 30 日是周末，他住在酒店，没有休息仍在工作。31 日周一上午，他到办公室待了 2 个多小时，因感觉有点高烧，中午便去国际诊所开了些退烧药，当时他的症状并没有引起任何人对他感染非典的怀疑。4 月 1 日，派克感觉高烧不退身体虚弱，再次去国际诊所打点滴。我和刘进昌（国际劳工组织高级就业专家）还去看望他并和他握手，嘱咐他好好休息。4 月 2 日下午，我、刘进昌和张国庆（中国驻日内瓦代表团劳工参赞）一行三人，买了一束鲜花再次去看望他，那时候国际诊所已将他诊断为疑似非典病例，因此未能见到他。我们当时要求国际诊所立即将派克转到当时治疗非典条件最好的北京地坛医院。在劳动和社会保障部主管外事的李其炎副部长等人的协调下，4 月 2 日当晚，派克住进了地坛医院。入院后，地坛医院随即调集了所有资源，包括请到了北京许多其他医院的呼吸科名医会诊。派克的病情也得到了当时国务院副总理吴仪的亲自关注。派克进入地坛医院后，我们也不能去探视，但我每天晚上都会用手机与派克通话。最后一次与派克通话是 4 月 5 日下午，也就是派克生命中最后的日子。我告诉他：派克，我们大家都在为你祈祷，为你加油，你会很快好起来的。派克用非常微弱的声音断断续续地回答说：谢谢你，东林。我当时能够感觉到他呼吸已经很困难了，我忍着泪挂断了电话。4月6日凌晨，派克被非典夺去了生命。

派克作为一名联合国高级别官员患非典去世的消息在整个联合国系统和全球引起了振动，世界卫生组织发出了旅游警告，中国政府高度重视并马上宣布取消了即将召开的中国就业论坛。4月24日，全国防治非典指挥部在京成立，吴仪副总理兼任总指挥。随即，中国进入了全民动员抗击非典的斗争中。

派克去世后，我作为最密切接触人员居家隔离两周。万幸的是，我身体一直非常健康，其他在北京和派克密切接触过的人员几乎无人感染非典。我因居家隔离，很遗憾未能参加4月9日下午在八宝山举行的追悼会。派克的追悼会由李其炎副部长亲自主持并致悼词。芬兰驻华大使、联合国驻华机构代表、外交部、北京市政府和北京地坛医院的代表都出席了追悼会，表达了我们所有人对派克去世的深切哀悼。

时隔一年，我又回到北京，参加了2004年4月28日至30日在人民大会堂举办的因非典推迟一年的中国就业论坛。这是1919年中国作为创始国加入国际劳工组织以来首次举办的该领域的国际论坛，除了来自中国政府、工会和企业家协会的400多名高级别官员外，还有近30个国家的劳工部长参加。中国就业论坛的成功举办也表达了人们对派克的纪念和敬意。

（二）荣获巴基斯坦总统勋章

从2004年8月起，我被国际劳工组织任命为驻巴基斯坦国家局局长。我是该局自1970年成立后的第11任局长，也是国际劳工组织历史上第一个担任国家局局长的中国人。这个局共有100多名雇员，除了少数国际雇员外，绝大部分雇员是巴基斯坦人。该局有15个国际合作项目，合计2000多万美元的援助资金。我们在巴基斯坦的6个城市建立了自己的分支机构。其实我们的工作并不复杂，主要是为巴基斯坦提供就业培训、技术援助，协调政府、雇主和工会三方的社会对话，帮助建立和谐的产业关系以及促进体面工作。我们不仅需要经常与巴基斯坦的高官打交道，更需要与基层普通百姓对话，并且要熟悉巴基斯坦的风土人情。尽管我局办公室设在首都伊斯兰堡，但我还要常常奔走于卡拉奇、拉合尔、白沙瓦、克什米尔地区之间，到各个项目执行办公室去视察和协调工作。

从雇员以及与国际劳工组织合作的巴基斯坦三方（政府、企协、工会）的反馈来看，我在历任的 11 任局长中口碑是最好的。同时我的工作也得到了巴基斯坦劳工部部长、巴基斯坦企协主席以及工会总书记三方代表在国际劳工大会上的高度评价。在国际劳工大会这种正式场合，能够得到三方如此一致的好评，这在国际劳工组织历史上都是比较罕见的。由于巴基斯坦三方代表的一致推荐，我在 2010 年 8 月被授予巴基斯坦总统勋章，成为联合国驻巴基斯坦 20 多个机构中第三个获此殊荣的人，也是联合国历史上第一个获得巴基斯坦总统勋章的中国籍官员。

2011 年 3 月 23 日，李东林（发言者）在巴基斯坦驻斯里兰卡大使馆参加巴基斯坦总统勋章颁发仪式

一些朋友祝贺我并问我，作为一名中国籍官员如何在国际舞台上获得成功，如何能够做得好，影响大，我会认真地告诉他们以下几个原因。

其一，祖国实力的不断增强加大了其对联合国机构的影响。随着我国的国际地位上升和经济实力的不断增强，我国在联合国机构和国际组织的话语权、影响力逐渐加大，在联合国工作的中国雇员也多了起来，许多还占据了重要岗位。如果没有祖国的强大和我国国际地位的提高，国际劳工组织是不会把国家局局长这么重要的位置交给一个中国人的。

我国是世界上最大的发展中国家，联合国机构的工作对象主要是发展中国家，而发展中国家又是我国外交工作的基础，我国需要在国际组织中发挥与其国力相符的角色，也需要有相应的高级别官员。更多的中国籍高级官员在联合国机构工作可以影响国际组织的政策导向，维护我国和发展中国家的利益，并且能够提升中国人在国际事务中的正面形象。

我在巴基斯坦工作 6 年有余，对此有切身体会，特别是我们在国际组织工作的中国籍官员都有一种为国报恩的思想，我们既坚守联合国的诚信和道德操守，又有中国国际公务员的使命担当。2005 年汶川大地震时，我们在巴基斯坦工作的中国籍联合国官员踊跃捐款，我一人通过使馆捐了 3000 美元，还组织了联合国在巴基斯坦的 20 多个机构负责人去我使馆参加悼念活动。

其二，中国的传统文化为我们提供了工作的良好基础。尽管我们是联合国公务员，在为联合国做事，但是因为我们是中国人，巴基斯坦各方为我们提供的便利和工作配合，远远超过了在国际组织工作的其他国籍官员。说实在的，英语不是我们的母语，我是到了成年阶段才开始学习英语的，英语水平肯定不如我的欧美籍前任，但我作为中国人的亲和力却远远超过他们。当然我受人尊重的地方也包括我受过的传统教育，为人诚恳善良谦顺，有职业道德和敬业精神，更重要的是我彰显了中国人勤劳、善良、聪慧和友好的美好形象。巴基斯坦人对中国人有着出于本能的亲近感，他们热爱中国，热爱中国人民。每当我到巴基斯坦各地检查工作时，"巴中友谊万岁"的口号可以在我所到之处随时听到，尤其是我到边远地区访问时，他们会以最隆重的礼仪接待我，给我戴上为最尊贵客人准备的花环。我知道他们不仅仅因为我是联合国高级官员才以隆重礼仪接待我，还因为我是中国人。我记得我们一家人到巴基斯坦著名佛教圣地塔克希拉旅游，中途车子爆了胎，我们又不懂如何修理，路边一批互不相识的巴基斯坦朋友不约而同地跑过来帮助我们换胎。他们不知道我是联合国高级官员，仅仅因为我是中国人就热心地帮助我们，换完胎还请我们到他们家里喝茶。他们说，中国人是朋友，为你们做点事我们心里高兴。我当时非常感动，尤其感受到中巴友谊植根于巴基斯坦普通人内心的那种深度。我已访问过许多国家，我自己亲身的经历证明"巴铁"名副其实。

其三，将中国的传统文化和管理理念融入联合国的日常管理工作，使我们具备多元文化环境下的团队合作能力。作为联合国的国际公务员，需要诚信、具备专业精神，且尊重多样性，特别能在三观不一致的多元文化和多元宗教环境下做到包容、理解、欣赏。

我在严格执行联合国的规则制度的同时，也把我们许多好的传统和管理理念引入了国际组织的日常管理，把东方的人性化管理与西方的规则管理相结合。比如说，许多联合国机构对我的人性化管理模式非常称道，那就是创造一个家庭式的工作环境，同事之间互相视为兄弟姐妹，互相帮助，互相学习，互相尊敬，互相包容。正是因为我管理有方，雇员们私下评价说："李先生在历任 11 位局长中是最受雇员欢迎的一位。"

2005 年，与访问巴基斯坦的联合国秘书长安南及其夫人合影。右一为
世界卫生组织驻巴代表，左一为李东林

　　在联合国工作，往往会面临一些项目办公室的裁减和撤销，这就牵涉一大批巴基斯坦本地员工的切身利益，是个非常棘手的工作。我充分运用我们中国文化"和为贵"的理念，以及以人为本的管理经验，一切从巴基斯坦员工的实际利益出发，尽自己所能为他们争得最大的合法权益。2009 年，由于安全形势恶化，我们不得不关掉白沙瓦一个有 10 个员工的办公室。如果按联合国传统做法照章办事，毫不通融，铁面无私，其结果会使人感到不近人情，引起员工的抱怨。由于我在精简工作中做得细致周到、合情合理，使员工的权益得到了有效保护，没有引发任何纠纷和后遗症。联合国机构的一位负责人说："李先生把非常棘手的员工遣散问题处理得如此圆满，是出乎我们预料的最佳结果。"这不仅让我获得了上下一致的好评，也为联合国机构处理减员问题提供了良好案例，同时为在联合国工作的中国籍官员赢得了声誉。

　　其四，要有一种使命感和应对风险和危机的能力。我在巴基斯坦的 6 年中经历了无数次危机，但我都处理得非常及时和到位。2007 年 12 月，巴基斯坦前总理布托遇刺身亡一事震惊了全世界，随即巴基斯坦全国也陷入了持续不断的动乱，恐怖袭击、自杀性炸弹爆炸事件时常发生。联合国粮食计划署办公室遭到自杀者攻击，5 名雇员死亡，联合国儿童基金会一名菲律宾雇员遇袭身亡。由于我采取了许多事先的预防措施，在危机时能够果断决策和临危不惧，使得国际劳工组织驻巴基斯坦局的 100 多名雇员没有发生过任何事故，我们自己的办公大楼也没有任何损失。

巴基斯坦在 2005 年发生了大地震，近 8 万人死亡，10 万人受伤，300 万人无家可归。我们局在联合国机构中最先在抗震救灾的前线建立了紧急就业介绍所，组织灾民开展生产自救，参加短时间培训后去盖简易房安置灾民。时任巴基斯坦总统穆沙拉夫曾多次在不同场合点名表扬我们国际劳工组织的救灾工作。

（三）国际视野与大国情怀

具有国际视野能够使人站得高，看得远，同时具有大国情怀，不妄自菲薄，能使人干得好，有影响。联合国有 193 个会员国，其秘书处有许多直属机构和专门机构。联合国会议多，文件多，程序多，《联合国 2030 年可持续发展议程》共有 17 可持续发展目标、169 个具体目标、230 个指数，这是所有联合国机构工作的中长期目标，所以我们必须熟悉它。联合国也是国际游戏规则的制定者，我们必须懂得国际规则并且参与国际规则的制定过程，才能不断扩大国际视野，争取更多话语权。同时我们通过联合国参与全球治理，贡献中国智慧。以国际劳工组织为例，由政府、雇主和工会三方参加的劳工大会批准的国际劳工标准包括 190 个公约、206 个建议书、6 项议定书，我亲身经历过的几次大型罢工事件大部分是由公司老板对国际劳工标准不熟悉所致。我们在推行国际劳工标准的同时，又借鉴中国经验，帮助许多发展中国家制定国家就业政策，加强培训、职业安全卫生、劳动监案政策，以及促进青年创业、消除童工政策和行动计划。

2014 年我在斯里兰卡任国际劳工组织驻斯里兰卡国家局局长时，协助斯里兰卡政府举办了第 15 届世界青年大会，有来自世界各地的 1500 名青年代表参加，多数年龄在 18—29 岁，联合国大会主席和秘书长青年特使做了讲话。我在充分就业和青年创业的专题讨论会上讲了话，并就中国"开始你的创业"（SYB）的项目做了经验介绍。会议通过了《科伦坡宣言》，内容包括青年领导力、消除贫困、均等教育、充分就业和青年创业，以及青年权利与参与等。这个宣言成为各国制定把青年融入《2030 年可持续性发展议程》的国家政策的指导文件。

在履行联合国职责和义务的同时，我们也能够利用我们的身份去合理维护国家利益。例如，2019 年年初，我和联合国驻太平洋岛国协调员谈话时得知，太平洋岛国首脑邀请联合国秘书长访问太平洋岛国考察气候变化并参加于 2019 年 8 月在图瓦卢举办的太平洋岛国论坛首脑峰会。图瓦卢有所谓的"台湾使馆"，没有和我国建交，可以想象如果联合国秘书长造访会造成很大的国际影响。从维护联合国的立场出发，我建议联合国驻太平洋岛国协调员提醒纽约总部有关联合国恢复中华人民共和国在联合国的合法席位、中国台湾地区代表团退出联合国及其所属一切机构的第 2758 号决议，并详细给他介绍了 2018 年 9 月在另一个和我国没有建交的岛国瑙鲁主办的太平洋岛国论坛首脑峰会所发生的外交风波。最终，联合国秘书处以秘书长个人行程安排为由和太平洋岛国首脑协商，将太平洋岛国论坛首脑峰会提前到 2019 年 5 月在斐济召开，专题讨论气候变化。联合国秘书长在这次峰会上做了重要讲话，会后，秘书长搭乘专机在去瓦努阿图访问途中在图瓦卢短暂停留了几个小时，以示对这个小国气候变化影响的重视。我对这个结果感到非常欣慰。由于对政治事件的高度敏感，我及时发现问题并通过合理途径维护了联合国一个中国的原则，也尽了一个联合国国际公务员的责任。

联合国的工作对象主要是发展中国家，特别是那些自然灾害频繁、内战持续不断、恐怖势力抬头的国家。我曾在曼谷任国际劳工组织亚太局局长特别顾问 2 年半，任国际劳工组织驻巴基斯坦国家局局长 6 年半，任斯里兰卡和马尔代夫两国国家局局长 5 年半，任太平洋局局长 3 年，现已在缅甸 2 年时间，我亲身经历了许许多多的危机：地震、洪水、战乱、恐怖袭击、登革热、非典、新冠肺炎、2021 年缅甸的军管紧急状态和联合国撤离在缅甸的国际官员家属。

虽然经受了很多艰辛、困苦甚至生命的考验，我同时也享受和体会到了付出努力、取得成绩、获得肯定后的喜悦和成就感。我在 2010 年获得巴基斯坦总统勋章，在 2019 年和我的同事获得国际劳工组织总干事颁发的优秀团队奖，还有那么多一起工作过的领导和同事在我每年年终总结报告上热情感人的评语，就是对我的最好肯定和安慰。

2019 年，国际劳工组织驻斯里兰卡国家局全体员工欢送李东林赴太平洋岛国任职的横幅

　　人的一生应该有一种使命感、一种担当精神、一种奉献精神。这么多年在联合国工作，我觉得过得很充实，很幸福。幸福就是干自己喜欢的事，尽力帮助他人，扶弱济贫；幸福就是无论你在哪里，人人都说你是个好人；幸福就是每当你回忆往事，你能感觉到的满足感和成就感。让我们一起去追求和欣赏这种精神层面的幸福吧！

四、在联合国艾滋病规划署的点滴感受和体会

/ 孙　刚

○ 作者简介

孙刚，现任联合国艾滋病规划署总部高级顾问。1991年毕业于北京医科大学公共卫生学院，加入北京协和医学院基础部从事流行病学教学和有关艾滋病的研究工作。1995年在英国伦敦卫生与热带病医学学院、卡迪夫大学及荷兰阿姆斯特丹市卫生局进修。1996年加入联合国艾滋病规划署驻中国办事处，任国家项目官员。2003年入职位于印度新德里的联合国艾滋病规划署南亚次区域办公室，任国家间项目顾问，开始了国际公务员的职业生涯。2004年转入位于泰国曼谷的亚太区域办公室，任地区项目顾问。2008年起先后出任联合国艾滋病规划署驻缅甸和驻博茨瓦纳国家代表，主要工作领域涉及国家及国际艾滋病战略规划的制定和督导、宣传倡导、资金动员、社会参与和卫生系统建设。

○ 导　读

本文作者在大学受到了良好的公共卫生和医学专业的训练，1996年加入联合国艾滋病规划署之前积累了科研和现场工作经验。从在该署驻中国办公室工作开始的20余年中，他的足迹遍及南亚、东南亚、非洲南部和欧洲，为艾滋病的防治奉献青春、力量和智慧。本文围绕着"服务意识""敏锐的视角和坚定的信念""不断创新""团队建设"等联合国核心胜任力，分享经验和感受，是一篇关于项目管理、政策制定、扩大检测和治疗、多部门合作、资金筹集、社区督导的科普教程。作者特别强调"要有坚定的信念，在遇到困

难时不轻易放弃努力"，并强烈鼓励年轻专业人员拥有家国情怀，努力投身于联合国的工作中。作者为年轻人展现了一幅脚踏实地、辛勤劳作、默默奉献而广受认可的优秀画卷。

（一）强化服务意识

服务意识是国际公务员的基本素质之一。

联合国的工作不是高高在上指手画脚，而是要在了解会员国政府、群众团体和合作伙伴需求的基础上提供有益的服务，来帮助会员国在和平发展的道路上取得更好的成就。

2008年，我被选派到缅甸担任联合国艾滋病规划署国家代表。当时的缅甸为低收入国家，处在西方国家的联合制裁当中，缅甸国民人均享有的海外发展援助资金是柬埔寨的1/7、老挝的1/9，为全球低收入国家当中的最低水平。当时缅甸有亚太地区第四多的艾滋病感染人口，而该国艾滋病治疗的覆盖率不到5%，2009年至2013年的艾滋病防治资金缺口高达需求量的60%到80%。如何将抗击艾滋病、结核病和疟疾全球基金（简称"全球基金"）引入缅甸是当务之急。这也自然成为联合国艾滋病规划署驻缅甸办事处当年的工作重点，即如何以联合国的中立地位，帮助缅甸及早受益于全球基金的资助，包括帮助缅甸政府了解全球基金的资助条件，在相对保守和封闭的政府管理体系下，最大限度地满足全球基金对资金开放透明的使用和监督要求，以及完成和完善基金申请和执行督导所必需的国家协调机制的建立。

这既要用足政策空间开展预防干预项目，完成大量的数据分析和预算，提出有理有据的项目申请，更要和卫生部和其他政府部门沟通，并获得其对未来全球基金在项目点访问督导的授权。这期间，我和缅甸卫生部疾控局局长和其他关键政府官员建立了彼此高度信任的工作关系，定期和卫生部部长会晤沟通，并通过他向缅甸政府高层决策人提出建议。

保证艾滋病感染者和易感的弱势群体能够真正参与并受益于基金的资助，也是我们工作的一个重要方面。他们最需要的往往就是要了解全球基金资助了哪些领域的工作，哪些人能够受益，以及如何改进这些项目，使需要帮助的人更容易获得服务。为此，我要求办事处中负责社区和群众团体工作的项目官员，积极根据感染人群的需求提供帮助。比如艾滋病感染者代表对于复杂的会议文件和统计表不了解，部分代表不能熟练掌握英文（国家协调机制会议官方语言），我的同事就在协调机制会议之前把他们组织起来，以缅甸语分项解释会议要讨论的议题，帮助他们安排参加会议所需要的食宿和翻译。这样他们在国家协调机制会议上可以表达他们自己的意愿，并以此为开端参与健康治理。我还指令办公室帮助缅甸建立了国家协调机制网站，将主要会议纪要、决议和秘书处联系方式公布于众，用以最大限度地促进缅甸国家项目协调机制公开透明的运转。

经过近半年的努力，缅甸在全球基金的申请中交出了合格的答卷，3 种疾病共申请到超过 3 亿美元的项目资助，其中一半用于艾滋病防治，而且艾滋病防治项目申请被评为高水平的一类申请。在我离任的 2012 年，缅甸的艾滋病治疗覆盖率达到 44%，接近亚太地区平均水平。可以说这笔资金为将缅甸艾滋病防治工作推向新的高度发挥了重要的作用。此外，虽然缅甸的国家协调机制从 2008 年才开始重新建立，但其在 2010 年基金总监察长办公室调查评估中被认为是运转最好的国家协调机制之一。在离任前，我又帮助推动将这一国家协调机制的工作范围从 3 种疾病扩大到包括妇幼卫生领域。鉴于我们的办事处在帮助缅甸申请资金、协调全球基金与缅甸政府和其他伙伴的沟通中发挥了无可替代的作用，全球基金时任主管亚太项目的负责人温 – 托马斯专门致信我的地区主任饶，对我们的服务意识与扎实的工作成效表达感谢。

（二）锻炼敏锐的视角

联合国的工作环境也和许多职场工作环境相似，建立自己的信誉是在职场上继续发展的基础。其中一个重要的要求就是要在工作中有敏锐的视角，并且要有坚定的信念，在遇到困难时不轻易放弃努力。一旦确立了工作目标，就一定要想方设法高质量按约定时间完成工作，这样信誉就会自然而然地建立起来。

例如在总部工作期间，我根据在国家工作的经验判断，在艾滋病防治战略规划制定过程中需要一个简要可行的参考工具，而该工具也应该能够容易地将使用者引领到从艾滋病治疗到预防的各个领域最新的联合国技术标准和规范上。于是，我就设计了一个艾滋病国家战略规划参考检查单，邀请总部各个技术部门的同事提供在其各自的工作领域中国家战略规划应该考虑的最核心内容以及标准，并在清单相应部分提供最新的联合国技术指导文件的链接。一些同事一开始并不看好这项工作，但我能够坚持工作方向，和同事们一对一地、一个版本一个版本地修订完善。在一些应该由其他联合国机构领导的技术领域，如艾滋病与性病和肝炎项目的整合，我联络到世界卫生组织总部的技术专家，请他们提供基于这些方面最新技术标准的检查单。在定稿之前，我邀请了部分国家和地区的同事参与评议和提出修改意见，并最终完成了这一规划检查单的制定。这项工作填补了联合国艾滋病规划署过去近 10 年在这一领域的空白，英、法两个语言版本的文件也已分发到全球各办公室供同事和工作伙伴参考使用。

2020 年年初，新冠肺炎开始全球大流行。预见到各国家办事处会遇到前所未有的挑战，我马上主笔编写了联合国艾滋病规划署国家办公室应对新冠肺炎流行和在该情况下保障艾滋病项目执行的工作指南。

鉴于我能够几次从国家办公室和国家需求的视角来确定工作方向，负责项目的副总干事和我协商，委派我协调总部几个部门（项目规划、战略信息和督导、筹资、社区能力建设和预算财会部门），负责整合一个新的工作领域——"社区督导"。我由此组建了一个跨总部有关部门和地区办公室的协调工作组，组织编纂了国家办公室项目操作指南，为参与这一工作的国家办公室工作人员举办网络培训，编纂针对项目伙伴和群众组织的指南以及常见问题和回答，将这些指导性文件以英、法、俄、西四种语言发布到各国家办事处，并建立全球"社区督导"技术指导伙伴论坛。这些努力使得原本职责不清、各种错误理解并存、较为混乱的执行状况变成总部、地区和国家三级意识统一、与资助机构以及技术指导团体良好合作的工作状态。

鉴于这些有始有终的工作和可见而且有用的"产品"，总部又让我作为共同领导，制定规划工具，帮助国家办公室实施全球艾滋病策略中的核心主题"平等权利"。这些工作并不是被动等来的，而是通过一步一步逐渐建立高层领导和同事们对我的信心而获得的。

（三）引领不断创新

联合国的工作中要有开放的思维，工作方式并不是一成不变的，需要不断地根据实际情况发现机遇，找到适合的解决办法。

2012 年我被派往博茨瓦纳任联合国艾滋病规划署国家代表。博茨瓦纳位于南部非洲，面积比中国四川省大，人口大约只有四川省的 1/40，约 200 万。博茨瓦纳还是全球艾滋病感染率最高的国家之一。我看到该国虽然在艾滋病防治的很多领域已取得了显著的成绩，但是仍有些问题需要解决。例如，通过多年的努力和投入，该国在艾滋病服务供给方面的能力和条件有了很大提高，检测和治疗服务都是免费的，但是在增进需求方面做得不够，很多人不愿意参与到这些来之不易的艾滋病检测和治疗当中。要知道艾滋病感染者的早期治疗既可以最大限度地延缓疾病的发展，保障感染者的基本健康和生存能力，同时也可以最大限度地降低他们把病毒传染给其他人的可能，但是治疗一旦开始是要终身服药的。如果艾滋病病毒感染者没有意识到检测和治疗的重要性，不能坚持治疗，这既会对其自身健康产生威胁，也可能会通过无保护的性行为把病毒传染给其他人，而中断治疗也会大大增加产生耐药的概率，会大大增加由于被迫使用二线三线药物所需要的资金投入。

什么人能够在最基层的社区有真正的影响力来感召群众积极参与艾滋病的预防检测和治疗工作呢？我们在村里搞活动时注意到，当介绍到部长和高级官员的时候群众会鼓掌欢迎，而当介绍到当地的酋长时，所有村民都会起立并鼓掌致意。通过了解，我知道虽然酋长制度是从原始的氏族制度发展演变而来的，但这些大多是世袭的酋长到现在还决定着他们所管辖范围内大大小小的事情，极受尊重并具有绝对权威。全国最高级别的酋长，也就是大酋长，是这一与国家司法系统平行体系中的最高领导，相当于议会议长。这也给了我们一个启示，即应该考虑利用酋长的影响力来推进艾滋病的防治工作。由此我在 2015 年领导开发了一个以酋长为中心来促进社区发展的试点项目（Community Act Together to Control AIDS，CATCH）。这个项目的核心，就是培训由酋长指定的社区志愿人员，让其通过对村民进行访谈来了解村民最想解决的问题，之后由村民来提出解决办法，通过项目帮助他们联络有关部门，在酋长的协调下帮助他们实施自己找到的解决方法。我向大酋长、国家艾滋病机构负责人介绍了项目的想法并取得了他们的支持，随后指派办事处的项目官员对执行项目的群众组织和试点村子提供技术支持。我们在不预先规定艾滋病防治活动的前提下，以完全开放的心态听取村民的意见。

在几个月的试点工作中，1500 多个家庭和超过 3000 个社区成员接受了项目志愿人员的访谈。而几个项目点不约而同聚焦在艾滋病和另外两个议题上。依据社区讨论的解决办法，酋长们亲自邀请艾滋病检测队伍到社区，组织村民来做检测，这样就最大限度地调动了村民的自主性和积极性，大大提高了艾滋病检测效率，还在检测结果为阳性的感染者和治疗服务机构之间建立了紧密的连接，以顺利及时地开始治疗。除了艾滋病有关服务，项目还引进了针对年轻人的生产生活技能培训。村民们建立起社区自己的督导公告牌，随时了解社区服务的进展。这积极地改变了村民的态度，从"要我做"逐步转向"我要做"。这个试点的成功在很大程度上满足了当地政府和村民的需求。国家艾滋病防治机构依此投入后续资金并扩大了项目的覆盖地区，将工作领域扩大到整个卫生服务和发展领域。可以想象，强化了的酋长影响力在解决家庭暴力和童婚问题，甚至在应对新冠肺炎流行中都可以发挥应有的作用。

社区项目督导公告牌

2017 年 2 月，孙刚（右一）在 CATCH 项目小结会后与博茨瓦纳拉莫茨瓦女酋长赛博可（前排中）合影

（四）加强团队建设

联合国的工作很少由个人单独作战，在绝大多数情况下工作要以团队的方式开展，而这样的团队是由多文化、多种族、多国籍的成员组成的。如何整合并融入这样的一个团队环境，尤其是作为一个团队领导如何让每一个团队成员都发挥其最大的作用，并协助他们之间的合作达到预定目标，是团队建设重要的考量内容。

2008 年，我刚到缅甸仰光时接手的团队是一支有 15 位工作人员的队伍。这在艾滋病规划署系统里算是大的。职员国籍分别为澳大利亚、美国、白俄罗斯、泰国、瑞典、瑞士和缅甸。我和团队见面的第一天正是中秋节前夕，那一天我特地带了一盒月饼和大家分享，并讲述了月饼背后的中国传说故事和每逢佳节倍思亲的寓意，这样我和团队的第一次接触就是在轻松和谐的气氛中进行的。之后我每半年举办一次团建活动，活动中的不同部分由团队成员分别设计和带领，这样就调动了团队成员的积极性和归属感，我也从中学到了不少东西，包括一些活泼而颇有创意的"破冰"游戏（旨在增进团队成员互相了解和活跃气氛的团体活动）。为保证团队成员周知优先工作领域并保证进度，我每周组织例会，之后以电子邮件简要记录和分享办公室行动安排、时间表以及对此负责的同事，在后一个周一的例会上共同回顾工作进展并进行必要的调整，这样团队几个部门相互协调并能以较高效率运转。办事处的负责人不必是所有领域的专家，但是要有全局观念，为团队工作人员提供好的工作支持和条件，建立有效的工作程序，并在对内对外的各种场合对负责相关领域工作的同事所取得的成绩给予足够的承认和表彰。

作为联合国艾滋病规划署国家代表，我不光要管理好本组织的团队，更要建立和协调各联合国组织中涉及艾滋病工作的人员、项目和资源。我们称这个工作平台为"艾滋病联合工作组"。这是联合国系统内一个很有特色的工作机制，也是联合国系统改革的一种尝试。我作为艾滋病规划署的国家代表，并不是联合国其他组织工作人员总体工作表现的评估人。这样，要使联合工作组的成员能够在统一的工作框架下自觉自愿地贡献他们的力量，我所做的首先是和工作组所有的同事建立信任的关系，尊重并支持他们各个组织的项目，并有力地推行在联合国工作框架（如千年发展目标以及近几年的国别可持续发展目标合作框架）下最大可能的合作。我能提供的是一个服务平台，除了组织常规业务讨论，还组织了以不同业务专题为主题的午餐工作会，由不同机构来分享最新的信息和技术指南。这样的一个平台也被用来邀请政府官员、非政府机构和发展组织伙伴共同参与讨论联合工作组的工作方向，对联合工作组的工作方式提出建议。联合国机构人员调动和流动频繁，遇到有老成员离任或新成员加入，我都举办活动并以此为契机加深同事间的了解和感情。

这样一个开放的平台是对联合国驻在国协调员（resident coordinator）领导下的联合国国家工作组（country team）的有力补充。经由我协调的两个国家的艾滋病联合工作组都被认为是推行联合国一体化执行模式（UN deliver as one）的范例。完成这一工作不是靠额外的资金投入，而是靠领导力、团队活动能力，以及我和办公室同事的专业知识加上判断。

2019 年 11 月，我在总部的工作岗位发起并组织领导了在西非塞拉利昂的多机构社区卫生工作人员国家项目评估，参加单位有世界卫生组织，联合国儿童基金会，世界银行总部、地区和国家办公室人员，全球基金以及塞拉利昂卫生部和地方行政事务部官员。活动开始之前，我和这些机构的人员并没有很多个人接触，而这些机构或者是这一领域的技术标准制定单位，或者是资金提供单位。如何能够把这样一个多机构官员和专家组成的团队组织好，在一周内完成对政府部门、群众团体、国际发展机构的大量访谈和现场访问，并提出有益的建议是一个不小的挑战。受益于自己多年在联合工作组和国家工作的经验，我能够很快进入角色，认真听取每一个团队成员的意见，合理安排时间和进度，在活动第三天的夜里综合已有信息，和全球基金的同事一同在凌晨1点完成主要建议起草，并交小组成员讨论改进。评估工作结束后，卫生部部长对小组提出的建议给予了高度评价。作为执政党召集人的议员要求卫生部提出具体的预算需求，以支持评估小组所提议的改进活动。这为提高塞拉利昂在全民卫生覆盖框架下，以初级卫生保健为基础的社区卫生工作人员的能力建设做出了一点有益的贡献。

2019年11月，多机构社区卫生工作人员联合评估小组在工作结束后与塞拉利昂总统事务部部长筠克拉（左五）、多数党议员罗杰斯（左四）和卫生部部长乌列（右三）合影。右二为孙刚

（五）提升沟通能力

联合国的工作中有很多文件的形成都要通过反复协商、切磋和妥协达成共识，这对参与这些工作的工作人员来说也是锻炼沟通表达能力的最佳时机。要培养这样的能力，语言过关是一方面，了解工作同伴的表达方式也是很重

要的。比如在工作讨论中，要多从对方的角度考虑，理解其所表达意思的背景和要表达的潜在意思。自己发言时观点要明确，但是不必锋芒毕露，往往可以从前面发言人的话题中找到一个切入点或共同的关注点，认可对方观点的可取之处，再过渡到自己所要提出的关键内容。发言的时候要有理有据，注意逻辑。当与同事观点各异、难以取得共识的时候，要尽可能将目光放远，暂时搁置争议，提出可行的分步、分阶段讨论的方案。同时既要使观点不同，也要尽力理解观点背后的背景考量，并给予同事们应有的、足够的尊重。

举一个我遇到的例子：艾滋病工作和全面卫生覆盖常常被认为是卫生健康领域中的一对矛盾体，其中一个被视为垂直的工作领域，另一个则是横向的工作领域，两个领域的工作人员对对方也有或多或少的成见。2019 年，在艾滋病规划署董事会期间，我有机会组织为期一天的艾滋病和全面卫生覆盖的专题会议，其间难免和世界卫生组织，以及联合国儿童基金会、开发计划署、人口基金会等组织总部的官员们有很多沟通、争论和协商。这些官员多是这些领域的顶尖专家，在一次会议关键文件的准备过程中，一个组织的官员从一开始就明确提出我们文件准备的方向太过防御，不够开放，缺乏合作性。这导致讨论似乎出现了难以解开的死结。怎么办呢？我提出先不急于做出这样宽泛宏观的判断，而是就文件草稿中一个个具体问题来探讨意见分歧在哪里。这样，在联合国可持续发展目标"不让任何一个人掉队"的精神指导下，艾滋病领域的特殊、高危人群的需求不应该被常规卫生服务所忽视这一观点得到了该官员的认可。同时她也承认在常规卫生服务的实际操作中确实存在着歧视和不注意特殊人群需求的情况，也同意不可以将现在的艾滋病垂直管理的项目以一刀切的方式停止。同时我也提出，仅注重垂直管理、缺乏横向联系的做法也无助于艾滋病病人享受到其他更广泛领域的医疗服务。通过这样的沟通和讨论，我们自然而然地找到了不断扩大的共识，解决了所谓的结论性偏见，并逐步形成了大家都可以接受的观点，即全面医疗覆盖是帮助结束艾滋病流行的一个重要的贡献力量，而艾滋病的防治工作应该逐步被纳入普遍卫生服务的领域。这样，文件的准备得以顺利向前推进直至定稿，该文件最终也得到了董事会成员们的好评。

在有效沟通中，中国语言和形象思维可以帮助我们较好地阐述观点。1996 年 8 月，联合国艾滋病规划署成立后的第一个区域管理会议在泰国清迈举行。这次会议汇集了执行主任皮奥特博士、总部所有司长、区域办公室和国家办事处主要工作人员。会上讨论了联合国艾滋病规划署的主要工作领域，即领导全球艾滋病工作的方向，协调联合国各机构的艾滋病工作，提供技术指导，帮助开发资金，等等。考虑到这样的描述比较抽象，也没有准确反映出联合国艾滋病规划署虽然协调各方技术力量和资源，但并没有可观的资金投入这一特点，我在会场上做了即兴发言，谈到联合国艾滋病规划署应该发挥以下事物的作用——磁石、催化剂、泉水、窗口和桥梁，并在投影板上写下汉字，同时以英文标注。在场所有同事对此都留下了深刻的印象，以至于在那以后的会议讨论中，大家时不时提及这五种作用以及如何发挥这样的作用。

人的生命是短暂的，尤其是可以在专业领域能够有所贡献的时间一般也就是三四十年。回想自己从 30 岁入职联合国工作，至 2021 年已执行国际公务员任务 18 年，这段经历成了自己职业生活的主要部分。这是一个不断学习、不断进步和不断完善自我的过程。这期间我把自己在国内所学习的知识和经验带进了联合国系统的工作中，并在工作实践中不断吸收新的知识，应对新的挑战，尤其是能够通过联合国的平台为不同国家和不同的弱势群体提供帮助，其中的愉快和成就感是独特和难以替代的。为此，我强烈鼓励年轻专业人员拥有家国情怀，努力投身联合国的工作，包括寻找机会多在国家和基层层面参与实际的工作。联合国的广阔天地正等待着你们展翅翱翔，有所建树。

五、却顾所来径——在联合国环境规划署的几桩往事

/ 王之佳

○ 作者简介

王之佳，南开大学外文系英语专业学士，武汉大学国际环境法专业硕士。现为中国联合国协会理事、中国教育发展战略学会国际组织人才培养工作委员会理事委员、同济大学顾问教授、浙江大学学生国际化能力培养基地校外特聘导师、南京大学国际组织人才培养工作特别顾问、中国人民大学国际组织学院特聘顾问、中国光华科技基金会光华研究院首席专家、中国青少年研究会国际青年研究国家委员会委员等。自 1976 年起在国家环境保护部门从事国际合作工作，曾任国家环境保护总局国际合作司长。2003 年起在联合国环境规划署任国际公务员，曾任联合国环境规划署区域合作司副司长、联合国环境规划署特别协调员、联合国副秘书长兼环境规划署执行主任特别顾问。曾出版《中国环境外交》等著作，到访过南北极和全球近 90 个国家。2014 年年初退休时，获联合国环境规划署首次颁发的、由联合国副秘书长施泰纳签署的荣誉证书。

○ 导 读

本文作者在加入联合国环境规划署之前，已经是一名"驰骋疆场"的政府部门外交官。出于对全球环境问题的关注，他走进联合国环境规划署，开始了探索奉献全球环境治理的新生涯。刚到内罗毕时，他感受到：联合国的门槛还真的"有点儿高"。在身处困境时，

他总能尝试换一个角度、方式去思考和应对新问题。面对着环境规划署的复杂使命以及机构内的激烈竞争，他常常仰望非洲湛蓝的星空，思索如何摸着石头，尽快"蹚过联合国这条河"。他善于思考，敢于请教，勤于实践，乐于进取，结缘交友。一路走来，既有坑洼荆棘，也有收获喜悦。虽身在海外，但心系祖国。他主动利用自身的背景优势，不断推动联合国与中国的合作，特别是促成环境规划署率先表态，澄清事实，说服执行主任亲自参加奥运火炬接力，支持在北京举办的第29届奥运会，彰显了作者在机构内的影响力。

"却顾所来径，苍苍横翠微。"这是李白的千古名句，我很喜欢它，于是将前半句引用来作为本文的题目。虽然我与诗人在回顾过往时的心境或有不同，但我对在联合国工作的那些日子的留恋不舍，恰如李白对终南山的悠悠余情。

（一）联合国的门槛有点儿高

我走进联合国的故事要从1993年说起。那年，联合国环境规划署（简称"环境署"）决定世界环境日纪念活动的主会场设在北京，我那时担任国家环境保护局国际合作司的副司长，负责这项活动的具体事务。那场活动由于领导的重视、北京市政府的支持、大家的共同努力，举办得非常成功。为感谢联合国环境署执行主任多德斯维尔女士对中国的友好和支持，时任国家主席江泽民在中南海接见了她。

之后不久，我去芬兰出差，接到联合国环境署执行主任办公室的电话，问我是否有兴趣出任环境署亚太办事处主任一职（D1级）。电话中说如有兴趣，请于某月某日到纽约参加面试。考虑到兹事体大，我即向领导请示，经批准，我如期赴纽约参加了面试。面试结束时，多德斯维尔女士问我何时能到任，这给我的印象是竞聘基本成了。可是回国后，任职一事却一直没有消息。直到新上任的亚太办主任访华，我才知道此事已经翻篇了。这件事使我感到联合国的门槛有点儿高，不是轻易能挤得进去的。在国际场合要把自己手上的事情做好，还要注意自身的形象，有人会注视着你的言谈举止。这当然并不是说要刻意表现自己，那样太累。另有一点体会就是，求职者在收到录取通知书之前，一切都可能变。联合国只通知获选者，不发拒信。

一晃到了2002年，在上海的一次国际会议期间，联合国一位负责人问我是否有兴趣到联合国去工作。究其缘由，一是联合国环境署总部高级职位中没有中国籍职员；二是在1996年至2002年间，我曾数次率团参加联合国多边环境公约政府间谈判委员会大会，并担任大会报告员或副主席，在环境界有点儿知名度，因而联合国秘书处的人对我的能力和为人也有所了解。经我所在部门同意和推荐，我通过了联合国的竞聘考试，2003 年 4 月，我收到了联合国环境署区域合作司副司长职位（D1 级）的录取通知书。

这次应聘成功，体会就更多了：在国际谈判中，在维护国家利益的前提下，要注意与对手沟通的方式方法，尊重对方的立场；不同的意见有很多表达方法，得理也要让人；还要积累人脉。竞聘联合国 P5 级以上的高级职位，通常要求在政府或国际组织担任高级职务的年限最少为 15 年。这意味着需要有阅历和经历积累的过程，要做很多准备工作，付出很多的努力。以一位美国籍伊朗裔的司长为例，她得到司长的高位，与 20 多年来她一直为联合国做咨询专家，写大量文章的长期积累是分不开的。她熟悉联合国的政策、战略、规划、优先领域和相关人员，所以竞争时很顺利地就获得了那个司长位置。

2003 年 4 月 5 日，我迈过了联合国的门槛。

（二）蹚过联合国这条河

刚入职那段时间，环境署总部仅我这一位中国籍职员，遇事没人可商量。过去在工作中结识的某些联合国官员，此时视我为新的竞争对手。我那时的处境可想而知。有多少个夜晚，我坐在自家门前的台阶上，望着非洲夜空中的月亮，心中回荡着国内那个经典名句："摸着石头过河。"

怎么过联合国这条河？先拜"码头"。我拜访了过去结识的几位老朋友，也有选择地结识了一些新朋友。熟人和朋友有别，这里指的是可以信赖的朋友。其中印象最深、收获颇丰的有两次谈话。

一次是与内阁大主管的谈话。联合国环境署的核心部门是内阁办公室。它秉承执行主任的理念，管理机构内的日常运行，包括人事和财务。内阁大主管一定是执行主任信任的，一般都是能力超群的人物。这位大主管叫布那朱提，肯尼亚籍意大利裔。我们的初次交流是在 1993 年 2 月，那时就中国申办世界环境日主场活动一事，我和他交涉过，因双方意见各异，说理不遂，情绪失控，演化成面红耳赤的争吵。后来，我们再见面时和好如初，成了朋友，似乎从未有过什么芥蒂。我很庆幸在职业生涯中遇到了他。若换一位鼠肚鸡肠的小人，不知会平添多少麻烦。他担任大主管一职，曾服务过三任执行主任：托尔巴（埃及籍）、多德斯维尔（加拿大籍）、特普菲尔（德国籍）。此人格局大，智商、情商超群，值得交往。按约好的时间，我来到他办公室，在他办公桌对面的椅子落座后，开门见山地说："兄弟初来乍到，兄长有何指教？"他靠在座椅背上，略做思考，说出了以下几条在联合国行事的忠告：

为人坦诚，表里如一。（Be honest, speak about your mind.）

不要在背后讲别人坏话。（Do not say bad things behind the person concerned.）

忠诚。（Loyalty.）

看到别人做错事，不要袖手旁观，要劝阻。（Do not stand aside when you see somebody is doing the wrong thing, please advise him or her.）

你可以和高官抗争，但绝不要和下属争斗。不要伤害弱势群体。（You may fight with the senior people, but absolutely not with the junior ones. Never injure the weak people.）

要谦卑。（Be humble.）

建立信任。（Build trust.）

这是他的实践与体会，可操作性强。在联合国，或者说在任何职场，和人打交道都是门学问，不可不察。

另一次是在这之后不久，我去曼谷出差，借机拜见早先结识的 H 先生，他时任联合国粮农组织助理总干事、粮农组织亚太地区总代表。H 先生设午宴盛情款待我，对我的困惑倾心相解。他将联合国行事的重要经历与忠告娓娓道来，让我获益匪浅，我至今仍保存着当时做的笔记。他的做事与为人都堪称典范，他后来能做到粮农组织常务副总干事确是理所应当的。

我能在联合国站住脚，益友的忠告起了很大的作用。孔子曰："益者三友，损者三友。友直、友谅、友多闻，益矣。友便辟、友善柔、友便佞，损矣。"布那朱提和 H 先生真是我的良师益友。他们的深情厚谊，我至今感念于心。

在联合国其实和在国内工作一样，难过的沟坎经常遇到。我常去联合国内罗毕办事处的冥想室。联合国纽约总部也有冥想室，是联合国第二任秘书长哈马舍尔德提议设立的。中国的先贤曰：静能生慧。冥想助我厘清思路，撇开干扰，扬长避短，在干好本职的同时等寻机遇。

2004 年 12 月，印度洋发生海啸。在环境署灾后重建计划的资金分配过程中，我拿出已征得各方同事认可的项目建议书，一举促成了在刚果（布）建立环境署－中非环境中心。从此，我在环境署站稳了脚跟。

（三）心系祖国做点事

在联合国任职，应该遵守联合国的规矩和入职誓词。作为一个中国人，虽身在海外，但心系祖国，这与国际职员的身份不矛盾。自己的背景优势正可促进联合国与中国的合作。

驹光过隙，在环境署站稳后，我就可放手做些事情了。到了2006年，除了日常分工管理的"柴米油盐"几件事，我首先想到的是如何推动环境署与北京奥组委合作。

关于奥运会，不少国人可能还记得1908年《天津青年》杂志的"世纪之问"："中国，什么时候能够派运动员去参加奥运会？我们的运动员什么时候能够得到一枚奥运金牌？我们的国家什么时候能够举办奥运会？"百年历史，沧海桑田。国人对奥运会的期盼只有中国人自己才能体会得到。身为海外游子，何尝不是这样呢？我当时心心念念的就是促成环境署与北京市政府的合作，为北京奥运出力！

怎样出力呢？联合国的行事套路，特别是决策方式是自下而上的，这与多年在国内工作所熟悉的"顶层设计"正好相反。在联合国议事，大家都畅所欲言，发表自己的意见，没有一言堂，而要集思广益。要办成事，就得按联合国的程序推进。那么，如何说服联合国环境署的同事，与北京奥组委在环境领域开展合作？

我找到有关司办的同事，针对大家的关切问题逐一沟通，很快达成了共识：第一，参与全球性盛会中与环境有关的活动是联合国环境署的职责，不论在哪个国家举办，奥运会都是全球性大事。第二，环境署的参与，在全球范围内可见度高，影响大，有利于提升环境署的声誉。第三，环境署参与北京奥运会的相关活动是应北京奥组委的邀请，是会员国的请求，并得到了总部在瑞士洛桑的国际奥组委的支持，这符合联合国的规矩。第四，参与北京奥运会环境合作的切入点是北京大气环境质量，这也是环境署的优先领域。

环境署内部意见统一后，我起草了环境署与北京市政府的谅解备忘录。文件中明确了双方合作的领域、机制、内容、方式和对接人。该备忘录于2006年4月由环境署执行主任特普菲尔和北京市副市长刘敬民签署。

此后，在环境署的主导下，北京市政府聘请了国际专家团队。在与北京奥组委合作的过程中，我这个联合国里的"中国专家"起到了重要作用。我

2006 年 4 月，环境署与北京市政府举行签字仪式。后排左七为
王之佳

特别关照团队留意：文件的起草和分发，内部要对路，主送和抄送要准，并
无一遗漏。当时的中国国家环境保护总局是中国中央政府对环境署的窗口单
位，北京市政府是地方一级政府。在与中方协商、签署备忘录文件的过程中，
要处理好环境署与中国中央政府、地方政府的关系。

环境署是全球最高环境管理的权威机构，它有责任敦促东道国在举办奥
运会的过程中，注重环境保护，特别是大气质量问题。在北京奥运会举办前后，
环境署各发布了一份关于北京奥运会的环境影响评价报告书，介绍北京为解
决大气问题和环境治理所采取的举措，客观、公正地评估北京的环境质量，
特别是大气环境质量。

北京奥运会的成功举办，提高了祖国在世界上的声誉。当联合国的同事
们称赞北京奥运盛会时，我感到特别自豪。能在本职工作中为祖国服务，是
我莫大的荣幸。

（四）环境署说出公道话

在北京奥运会举办前的一段时间里，西方媒体连篇累牍地发表文章，紧
盯着北京大气问题不放，北京市政府和奥组委投入了很多的时间和精力来应
对这些情况。北京市政府发言人杜少中一直不厌其烦地与各路媒体摆事实，
讲道理。我记得印象较深的画面是，杜先生在记者招待会上苦口婆心，指着
窗外告诉那些记者："你们说的外边那个天气状况是'雾'！不是'霾'！"

针对各国媒体关注的北京奥运会大气环境质量这个热点问题，我认为环
境署应该发声，有所作为。2008 年春季，环境署团队收集了举办过奥运会的

城市当时的大气环境质量状况的数据和资料，拟定了环境署的新闻通稿。团队实地考察了北京公共汽车调度中心和环境监测中心，从中了解到了很多之前不为人知但非常有用的信息和数据，如：北京拥有世界上最大的清洁能源公共汽车队，拥有较完善的城区大气自动监测网。

根据历史资料分析和现状调研，我们团队得出的结论是，没有一个举办过奥运会的城市大气质量比北京好。反之，据美国媒体报道，1984年，美国洛杉矶奥运会期间，光化学烟雾这一大气污染使马拉松运动员深受其害。此外，澳大利亚悉尼和希腊雅典在筹办奥运会的过程中存在大量环境问题，曾引起国际奥组委和环境署的严重关切。

环境署在2008年8月8日举办了两场记者招待会，主题是："让北京喘口气"。在那两场活动中，我们团队每人各司其职。新闻司把准备好的新闻通稿，包括《让北京喘口气》这篇社论，提供给与会记者。联合国副秘书长、联合国环境署执行主任施泰纳在开场白中，用数据和实例介绍了北京在大气污染治理方面的一系列举措，同时列举了之前举办过奥运会的诸城市的大气污染数据。环境署同时表示，希望北京市政府在奥运会期间采取的大气污染控制措施这一做法能够在奥运会之后得到传承。据环境署跟踪观察，翌日（8月9日），各国媒体的报道中再没有出现关于北京大气方面的负面新闻了。

8月9日，北京市委书记刘淇在市委市政府接见环境署团队时说："非常感谢环境署的大力支持！"在场的市环境保护局局长史捍民握着我的手激动地说："感谢之佳啊！"

客观地讲，环境署对北京市政府的环境治理举措只是公正地给予了评价。在国际场合，敢于为北京说句公道话，这使环境署的声誉得到了提高。众所周知，有些事，由旁观者出面讲，比当事者讲效果要好得多。通过北京大气这件事，我深刻体会到，当工作处于困境时，可尝试换一个角度、方式去思考和应对。再有，媒体对舆论的影响力不可小视。与媒体打交道，是要下一番心力的。

2008年五六月间，北京奥组委通知环境署，请执行主任施泰纳参加火炬传递。我在向施泰纳报告此事时，发现他衣带渐紧，腹部隆起，便建议他去健身房练练。他争辩说："我参加过其他奥运会，举火炬就是形式上走个过场。"我盯着他说："这次不是。北京奥组委说，那200米您得全程跑下来。"他是德国人，办事讲究认真。他意识到这是个问题。从那时起，每个周末，他都一手牵着一个儿子，到联合国的健身房跑步锻炼。

北京奥组委给环境署安排的火炬传递路线是在北京房山周口店北京人遗址公园。2008 年 8 月 8 日清晨，当我们到达公园门口时，抬头一看，才意识到这 200 米是要沿着台阶往山上跑的。施泰纳和我交换了坚定的眼神后，就冲上前去了。等完成火炬传递任务后，他紧紧地拥抱着我，边喘边说："王先生，非常感谢你当初给我的建议。咱俩一定得合个影。"这张合影的照片，我一直保留着，它记录着一次有意义、有趣的人生经历。

2008 年 8 月 8 日，王之佳（左）与施泰纳在北京房山合影

与施泰纳共事 8 年，和谐，愉快。团队合作，最高境界应是默契。遇事，不用说话，彼此一个眼神，就都懂了。他自 2006 年始任联合国副秘书长、联合国环境署执行主任，我曾是他的中国事务和非洲项目特别顾问。2021 年 4 月 22 日，联合国大会同意他继续担任联合国开发计划署署长，任期 4 年。

（五）肯尼亚的北京学校

我热心公益活动。在联合国的那些日子里，常和年轻职员、实习生利用业余时间一起去非正式居住区做些公益项目，如在玛萨瑞建北京学校、在胡鲁玛村建生态中心、保护卡鲁拉森林等。在公益慈善活动中，我们来自不同国度的人互相学习，交流经验。大家实施具体项目时，坚持捐助方和受援方平等的原则，依靠地方组织，有序捐物，从不随意散发。捐款账目透明，对自己负责，也是对捐款人和受援人负责。例如，北京学校项目的款项是由我的秘书莱斯利和另外两人共同经管，支出款项须三人共同签字。环境署的几个慈善捐款账户都是大家义务管理，信誉好，无运行成本。其中，在玛萨瑞

125

建北京学校的经历，几乎贯穿了我在联合国服务的全过程。

东非肯尼亚首都内罗毕周边的贫民窟，其中最大的叫基贝拉，人口约150万；第二大的叫玛萨瑞，人口约50万，北京学校就建在这个第二大贫民窟内。对世界上这样的棚户区或贫民窟，联合国统称为非正式居住区（informal settlement），而不用贫民窟（slum）一词，以示对该地居民的尊重。这些地区往往犯罪率较高，一般人不敢贸然前往。其实，社区内部的管控还是很有章法的。如有外人进入该区，社区头目很快就会知道，他们布有眼线。联合国人员和该社区组织有工作联系，去前先和他们打个招呼，就不会有问题。因建厕所和雨水收集等项目，我曾多次去基贝拉，从未遇到过任何麻烦。值得一提的是，在社区组织工作的人员中，有不少是受过高等教育的专业技术人才。他们没有去市内或其他地方另谋高薪，而是甘愿拿微薄的薪水参与社区建设，为穷人服务。玛萨瑞北京学校一期的设计和施工就是基贝拉社区组织内的工程师协助完成的。他们是一群有情怀、值得尊敬的人。

2005年的一个周末，联合国的志愿者和实习生约我一起去玛萨瑞做事。实习生大都来自欧美大学，学校鼓励学生做社区公益活动，并将其列入学生学期末的考核事项。临行前，我关切地问："咱们到那儿找谁联系啊？"众口答："MCEDO"。MCEDO的全称是Mathare Community Education Development Organization（玛萨瑞社区教育发展组织）。MCEDO没校舍，几位老师和200余名学生分散在7个家庭上学。我们抵达后，美国普林斯顿大学的一位男生钻进一个棚户，去给孩子们上文化课。法国索邦大学的一位女生到另一个棚户教孩子们玩些游戏，做些手工。英国伦敦政治经济学院的两位女生和校方工友为孩子们准备一种用玉米面做的主食ugali，玉米面是这些可爱的年轻人设法从联合国粮食计划署"化缘"来的。有了吃的，便可使那里的孩子特别是女孩避免因饥饿讨食而可能遇到伤害。玛萨瑞居住区内，人们住在铁皮搭的房子里，没有上下水和厕所，粪便、垃圾遍地，臭水横流。看到挤在几个铁皮屋内的孩子求知的眼神，我随即产生了建个学校的想法。2006年，中国新任驻联合国环境署代表张明大使得知这个项目建议后，上任不久就落实了建校所需的主要资金。

时任联合国环境署咨询专家余明艳博士毕业于南京大学。她在业余时间协助MCEDO，在征地、校舍设计、工程预算、施工队伍安排、施工经费管理等一系列事项上，做了不少具体的管理和协调工作。经过各方努力，不到一年，可容纳200余名学生的简易校舍就建成了。这是中国大使馆、联合国环境署、

126

肯尼亚三方合作的结晶。该校取名为"MCEDO 北京学校"。看到中国五星红旗和联合国旗、肯尼亚国旗并列镌刻在学校标牌上，我很自豪。这是我在联合国参与类似项目所树立的第五块标牌。2014 年，北京学校二期扩建完成，740 名在校生有了新家。这个新颖实用的校舍成了玛萨瑞社区的标志性建筑。

2014 年 3 月 31 日，在联合国为我举办的告别招待会上，MCEDO 北京学校校长齐亚基率师生代表来和我话别。我明白，这不仅是和我告别，他们更是利用这个机会向联合国的叔叔、阿姨、大哥哥、大姐姐们致谢来的。纯朴的孩子，欢快的舞蹈，看得我热泪盈眶，终生难忘。我相信联合国的同事们、实习生们会继续关注 MCEDO，关注那些需要帮助的孩子。

2014 年 3 月 31 日，玛萨瑞北京学校的师生出席环境署为王之佳（后排左二）退休举办的告别招待会，并表演了歌舞

在这个告别招待会上，我荣获联合国副秘书长施泰纳先生亲笔签署的荣誉证书。上面写道："赞誉王之佳先生对联合国环境规划署 11 年的忠诚服务以及他为国家和全球范围内环境保护做出的毕生奉献。"对 11 年前国家推送自己到联合国任职，这份证书是我的答卷。

我是一个从内蒙古科尔沁草原光着脚走出来的知青，最终走进了联合国。在忠诚地做好在联合国的本职工作时，我见证了祖国的欣欣向荣，一路上既有荆棘坎坷，也有捆载而归。跋山涉水，苍苍翠微，抚今追昔，感慨万千。本文且算是在路边做的记号，希望能给后来者一点点启示。

六、联合国科学研究工作点滴

/ 李少义

⏺ 作者简介

　　李少义，中国社会科学院研究生院硕士。1985年起开始从事多边外交工作，先后在对外经济贸易部国际司负责中国与联合国发展业务机构的合作，在联合国开发计划署驻华代表处任高级项目官，1992年进入联合国技术合作发展部。在长达24年的国际职员生涯中，专注从事能源发展和气候变化、自然资源开发利用和环境保护方面的工作。曾经担任联合国环境规划署国际资源专家委员会秘书处主任、亚太经社会环境与发展司负责人、能源安全处处长、经济和社会事务部经济事务官员。参与联合国可持续发展峰会的准备和协调，组织召开大型国际会议和多边谈判，在许多发展中国家领导实施技术合作项目。2016年从联合国退休后，继续热心环保公益活动，担任国务院参事室资源效率政策课题组高级顾问、联合国开发计划署专家、中华环保联合会绿色循环普惠专委会副主任委员等。

⏺ 导　读

　　不少有专业背景的人都关注一个重要问题，即自己的专业知识是否能在国际组织充分发挥作用？这篇文章在某种程度上回答了这个问题。本文作者以联合国环境规划署国际资源专家委员会为主线，阐述了如何基于自己坚实的专业基础与领导智慧，带领职员改造和建立工作机制，针对全球自然资源的利用及其生态环境影响的热点问题，确定科学研究重点，并组织协调实施，交付权威成果报告，支撑政策制定的工作。"科学无国界，科学家有祖国……科学研究过程也时常会遇到复杂而隐蔽的博弈与斗争。"作者很珍视在国际资源专家委员会的工作经历："工作期间，我有幸经常接触著名科学家、经济学家等学者，一起探讨全球资源与环境所面临的挑战，以及前沿科技所带来的机遇。对话哲人如同站立在巨人肩膀上，可以看到一个不同的世界。"对于有兴趣进入联合国工作的有专业背景的读者，本文提供了有益、有用的参考。

联合国是维护世界和平，促进人类社会发展与进步的最高殿堂，拥有 193 个会员国，体现了最广泛的代表性。同时，她也荟萃了当代人类最深邃的思想和智慧、最新的科技成果和最优秀的科学家、思想家、国务活动家、艺术家。许多人都知道，联合国系统为维和、化解地区冲突和人道主义援助做出了巨大牺牲与贡献，先后 12 次获得诺贝尔和平奖。[①] 鲜为人知的是，有 9 位诺贝尔经济学奖得主曾在联合国工作或与联合国有紧密合作。[②] 每当国际社会需要联合国在关乎人类发展的重大问题上拿出真知灼见时，她都不负众望。每年，联合国总部和各个专门机构会发布一系列旗舰报告，涵盖世界经济、贸易、粮食安全、人口、健康、教育、生态环境等各个领域，为会员国政府、专家学者和广大公众提供最新的信息和政策建议。

除此以外，联合国还组织动员世界顶尖的科学家、经济学家成立专家组和专门委员会，就人类发展所面临的挑战展开深入科学评估，梳理问题现状，分析发展趋势，提出应对战略和措施。这类研究历时几年到几十年不等，吸引了数十、数百，乃至上千位专家学者参加。研究过程往往独立于政府间谈判，但是其结果会迅速反馈到谈判中，从而产生重大影响。在众多由联合国组织或主导的科研活动中，最为成功的要算是政府间气候变化专门委员会（IPCC）。该组织始创于 1988 年，1992 年受联合国大会委托成为联合国气候变化框架公约（UNFCCC）的科学支撑部门。在过去 30 年中，IPCC 先后发表了 6 部全面评估报告和一系列专题报告，向国际社会提供有关气候变化根源、状况、趋势以及减缓措施等方面的信息、知识与分析。这些研究报告极大地提高了人们对气候问题的认识，促进了政府间谈判共识的达成，为广泛的国际合作奠

---

① 详见 https://www.un.org/en/about-us/nobel-peace-prize。

② Jolly, R., Emmerij, L. & Weiss, T. G. *UN Ideas that Changed the World*. Bloomington: Indiana University Press, 2009.

定了坚实的科学基础。

（一）掌握特点，立规矩成方圆

由联合国主导、委托或认可的科研工作既要坚持科学界既有的原则、方法和操守，又具有国际组织办事特点。前者旨在确保研究的客观、严谨和完整性：所用的数据均来自官方发布，必须有据可查；所引用的材料要来自相关领域权威期刊已发表的文献；所有报告要经过严格的同行评审后方能定稿完成；作者间出现理解和观点不一致时，可以公开申明保留或异议。就后者而言，科研工作要体现联合国办事公开、公允、多边、多元、平衡的原则；不容许损害会员国主权或使用带有歧视性的言辞；遇到敏感政策问题时，分析和阐述力求是描述性的（descriptive），而非规定性的（prescriptive）。

联合国不是纯粹的学术机构。她的科学研究与评估工作必须服务于其使命和中心任务，回应会员国的关切与需求，因此就不可避免地要和多边外交政治进程产生对接和互动。另外，科学无国界，科学家有祖国。一些研究人员会自觉或不自觉地将自己的文化背景和观点倾向带进科研工作。因此，科学研究过程也时常会遇到复杂而隐蔽的博弈与斗争。

2010 年至 2016 年间，我在联合国环境规划署负责管理国际资源专家委员会（IRP），直接见证和参与了以科学研究来支撑政策制定的工作。IRP 成立于 2007 年年底，由 30 多位国际知名专家组成，专注研究全球自然资源的利用及其生态环境影响。我的任期正值 IRP 从初始走向成熟的阶段。我一方面从事机构建设，制定规章和程序，聘请国际一流的科学家加盟；另一方面组织协调科学研究，编写评估报告，向世界提供最新、最权威的科学知识。

我接手 IRP 时，它刚由几个欧洲国家倡导建立，主要成员包括热心环境保护的专家学者、国际政要和社会活动家，其运作方式更像一个非政府组织的智库。我的第一项任务就是将它改造成一个真正具有国际性，能代表联合国发声的科学研究部门。面对自然资源日趋枯竭、生态环境不断恶化的严重挑战，联合国需要理智的声音，人类社会需要科学指引。我深知这是一个十分光荣和艰难的任务。

在此之前，我曾就职于联合国总部和亚太经社会，参与过政府间谈判的准备和协调，组织召开过大型国际会议，领导实施过全球和区域技术合作项目，对联合国的政策、组织规定和办事程序有比较全面的了解。基于这些经验，

2016 年 4 月，李少义（右）在开普敦南非国家植物
园内主持 IRP 会议

我认为，IRP 既要体现联合国政府间机制的代表性、权威性，时刻关注世界可持续发展重大课题，又要避免旨在寻求"政治正确"的繁文缛节和无休止的谈判过程；既要保持科学研究的客观性、独立性、中立性，又要防止脱离现实的纯学术研究。为此，我提出了一项加强 IRP 的方案并得到了环境规划署领导的支持。该方案主要包括三个步骤：起草通过一套委员会章程和议事规则，力求清晰、透明、高效；扩大聘请知名专家的范围，兼顾南北（发达国家和发展中国家）平衡和所需学科间的平衡；推进几个重点科学评估，就世界自然资源利用和环境影响领域亟待回答的问题提出科学依据和政策建议。

为了起草一套经得起时间和实践检验的委员会章程，我们做了大量细致的调研工作。我先后联系了多家国际上知名的科学院和科学评估部门，其中包括国际科学院理事会、美国国家科学基金会、南非国家科学院、荷兰环境署等。我借阅了他们的相关文件，了解了其经验与教训。我还专门访问了姐妹单位 IPCC 秘书处，详细询问每一份气候变化评估报告产生的具体步骤和完整过程，并且认真阅读了 2010 年国际科学院理事会对 IPCC 的审评报告。

经过广泛的调查学习，倾听专家意见，会商各国政府代表，一个平衡、高效的 IRP 管理体制逐渐浮现在我的脑海里，并落实到了文字上。这是一个"三驾马车"式的结构，由专家委员会、指导委员会和秘书处构成，各有分工，相互支持。专家委员会是 IRP 主体，负责提出课题，独立开展研究，编写报告；由各国政府代表组成的指导委员会负责把握 IRP 的大方向，审定课题的设立，但无须批准科研报告，以保证每份报告既要紧扣各国领导人和决策者的重大关切，又要保持其内容的客观性和独立性；秘书处负责监督执行规章程序，推荐专家人选，组织第三方同行评审，以及报告的编辑和出版。每部报告发布后，"三驾马车"共同努力，力促研究成果在国家、区域和国际层面上被广为知晓、参考和采纳。

运作一个国际机构是复杂的，经常会出现不同立场观点的交锋。每当此时，我们有据可循，有制可依，大大促进了各方的沟通，提高了工作效率。IRP 规章也被联合国内其他科研部门作为范本参考。当政府间关于生物多样性和生态系统服务科学政策平台（IPBES）于 2012 年创立时，其秘书处同事也找到我们进行深入交流和学习取经。

（二）勇于探索，严谨治学

随着人们对全球气候变暖认识的提高，大力开发可再生能源，逐步替代化石能源，减少二氧化碳的排放已成为国际社会的广泛共识。进入 21 世纪后，可再生能源发展在世界各地区普遍提速。到 2010 年前后，150 多个国家已颁布各类扶持政策，世界范围内对可再生能源的投资已超过对常规能源的投资。要保持和拓展这一可喜局面，除了营造良好的政策环境，还有许多科学技术问题需要解答。从资源利用角度来看，可再生能源建设耗费大量的原材料和其他资源：风机制造安装需要钢材、玻璃钢纤维和土地；光伏电站要大量硅材料、玻璃、金属框架和表面面积；生物质能源会占据大片耕地、水资源。另外，许多人提倡大力开发，广泛利用碳捕集与封存系统（carbon capture and sequestration）。所有这些低碳能源技术如果只在小范围内或示范项目中采用，其对自然资源的需求和生态环境的影响是一回事；但是，如果整个世界的能源系统在很大程度上依赖这些技术，潜在风险就很可能是巨大的。对此，世界必须有一个定性定量的分析和清醒的认识。有鉴于此，2012 年，IRP 酝酿就此设立一个课题，进行系统深入的研究。

在我们编制研究计划时，有一些政府代表和环境规划署的同事表示出了担忧，劝我谨慎行事。因为，从政府到产业界，从非政府组织到联合国机构，人们开发利用可再生能源热情高涨，雄心勃勃。IRP 的研究有可能指出它的局限性，泼一瓢冷水。从政治角度考虑，这似乎不明智。另外，虽然可再生能源近年来取得了长足进展，但是它在世界能源供给总体规模中所占的比重还有限。2015 年，全球 3/4 的电力来自化石能源，1/4 来自可再生能源，其中水力发电占 72% 以上。[①] 在可再生能源尚未达到相当大的规模之前，我们是否能掌握足够的数据和案例来支撑一个全面、客观的系统研究？

所有这些质疑都是有道理的，必须认真对待。为此，我阅读了大量有关可再生能源的报告和文章，请教了许多学者，并访问了几家可再生能源知名企业。经过学习调研，我认识到所面临的问题大体可以分为两类，一类关于政治和政策，另一类则是科学方法方面的。相对于常规能源而言，可再生能源技术装备确实需耗费更多原材料，对生态环境产生一定影响。清醒地认识这一客观事实就能在大规模发展过程中未雨绸缪，因势利导，趋利避害。相反，出于功利考虑而设立科学"禁区"是不科学、不负责的。科学研究不是为了提供终极答案，而是一个否定之否定的不断探索。我们今天的研究仅仅是第一步，甚至可能是试错的一步，但是，它可以提高人们对可再生能源的全面认识，逐步接近真理，是有必要和有益的。当然，我们应尽最大可能利用最新最全的数据，采纳最先进的研究方法。

为完成这一复杂课题，IRP 成立了一个阵容很强的工作组，由几名曾经参与 IPCC 综合评估报告的知名学者领衔，确保在气候变化未来趋势的展望方面保持一致。同时，我们和国际能源署（IEA）合作，借用其数据库和未来能源供需的情景分析，包括各类主要可再生能源发展预测。专家们采用全生命周期的方法，认真分析可再生能源技术设备从原材料开采到制造加工，从安装到运行的整个过程中所耗费的能源、资源，以及可能产生的环境影响。该研究历时 4 年之久，参考了近 10 年来发表在相关学术杂志上的所有论文，用计算机模型处理海量数据，反复佐证。研究结果表明，可再生能源技术装备生产、安装、运行所需的原材料，如金属等是常规能源的 3—6 倍，其中分散型光伏电站所需的原材料是常规能源的 228%，集中型为 589%，风能为 474%，水电为 318%。[②] 这些技术的应用均可以大大减少温室气体排放，其对生态环境如候鸟、水资源、土地利用等的影响，是有限和可控的。唯有碳捕集与封存技术不在此列。它虽然可以大幅降低二氧化碳排放，但是设备制造所需原材料会翻番，运行过程中能源自耗增加 75%，而且二氧化碳气体在运输和储藏过程中泄漏风险很高。报告发表后深受同行专家好评，

---

① REN21. *Renewables 2015 Global Status Report*. Paris: REN21 Secretariat, 2015.

② UNEP. *Green Energy Choices: The Benefits, Risks and Trade-Offs of Low Carbon Technologies for Electricity Production*. Paris: UNESCO, 2016.

认为其方法科学，论证扎实，研究成果对世界各国发展可再生能源非常具有参考价值。

（三）稀土热：认清经纬，四两拨千斤

2011年初夏的一天，我收到环境规划署内罗毕总部的一封邮件。其内容是，近期国际主流媒体都在关注稀土问题，指责中国限制稀土出口，把它用作战略资源以争取更大的经济利益和政治优势。鉴于IRP在世界自然资源科学研究上的地位，一些欧盟国家"希望"委员会考虑就此开展深入研究。看到邮件之前，我已注意到有关报道，多家媒体相互援引，叠加放大，搞得沸沸扬扬。我长期工作生活在国外，对西方媒体时常寻找借口、抹黑中国的"新闻自由"早已见怪不怪，即便是有时间看一眼，也是嗤之以鼻。然而，这次情况似乎大不相同，有人欲借用联合国专家的名义来为这种行动背书。而且，欧盟是环境规划署的最大捐助方，随着"希望"而来的是一定的政治压力。IRP确实曾就可持续矿产开发和金属回收利用发表过几篇有分量的报告，提出过"城市矿产"理念，在联合国内外产生了较大影响，享有很好的声誉。

为了评估形势，寻找对策，我联系了耶鲁大学教授汤姆·格莱伊戴尔。汤姆是IRP金属资源工作组的主席，多年来在金属矿产开发利用领域辛勤耕耘，著作等身，深受国际同行的信赖与尊重。从汤姆那里我学习到，所谓"稀土"是指17种金属元素，其特有的化学和物理性能对电子、电磁和光学仪器等设备制造至关重要，可以大大地提高产品稳定性和运行效率。就矿产资源而言，地壳中并不缺少稀土，但矿源十分分散。稀土多伴生于其他金属矿或者嵌于岩石中。开采、分离、加工、提纯过程成本高，易污染，非常困难。我还进一步了解到，一方面，中国从21世纪初开始成为稀土生产大国，产量约占全球的90%。但是，中国稀土产业面临矿产品位较低、加工工艺落后、资源浪费大、矿区污染高的严峻局面，为此，政府主管部门从2009年起加大了产业整改力度，这也在一定程度上波及了出口市场。另一方面，在欧美国家及日本，从政府到企业都有雄心勃勃的计划，要抢占高端电子产业（手机、人工智能、电动汽车、大型风机和其他可再生能源设备等）研发高地和市场份额。对于稀土这样的"战略资源"不能唾手可得，它们自然耿耿于怀，于是就刮起了这场稀土风。

在汤姆和其他专家的帮助下，我弄清了稀土热的来龙去脉和背后玄机，

逐渐形成了应对思路。稀土问题不仅关系到中国的声誉和利益，而且涉及如何利用联合国的科学研究机制，加之此次"希望"出自主要捐助方，必须认真对待。

联合国虽是最大的国际政治组织，可是在大多数场合，讲话、做事要避免"政治化"。因为在这里，对"政治"是非曲直的理解可以迥然不同且难以取得一致。为了便于沟通、交流、谈判、交易，我们常将敏感的政治问题变为程序或技术问题加以讨论和处理。这也说明，准确理解和熟练运用各类程序和规章是在联合国里工作的基本功。在回复总部的电子邮件中，我不谈稀土热的政治联系，而集中讨论 IRP 性质和职能，因为对此我最有发言权：1）有关稀土的报道与自然资源的科学研究无关；2）它实质上涉及一个国家的产业政策，至多可以延伸到国际贸易范畴；3）IRP 专注于与资源和环境相关的自然科学研究，不具有所需的专业能力来深入探讨产业或贸易问题；4）若使 IRP 卷入这类政治敏感议题，将不利于其今后的正常运作和发挥作用，无法最好地利用和保护这一宝贵的公共资源。

邮件发出后，我没有收到正式的反馈。后来听说，总部有的同事并不高兴，但也没有理由反驳。那份"希望"便被搁置了。2011 年下半年，欧盟、美国、日本在布鲁塞尔建立了一个工作组，专门研究稀土供给安全，从而间接地印证了我的分析。他们工作的背景和目的十分清楚，但是没有联合国专家的名义和参与，其合理性和影响力就大打折扣了。

（四）客观系统的科学分析，平衡可行的政策建议

进入 2015 年，环境规划署上上下下异常忙碌，为即将于年底在巴黎召开的《联合国气候变化框架公约》第 21 届缔约国大会（COP21）做准备。大会筹备工作紧锣密鼓，各类主张"五光十色"。我们注意到，人们普遍期待会议能达成一项富有雄心又切实可行的温室气体减排计划。同时，也有人提出大幅减少自然资源开发利用，并说"资源消耗和污染排放主要发生在新兴经济体"。这类激进主张背离了全球气候治理谈判的"共同但有区别的责任"和"各自能力"两个基本原则，无视广大发展中国家的现实，将应对气候变化和实现可持续发展目标相对立。虽然这种观点既有害又不现实，但在欧洲发达国家中很有市场。

联合国长期的工作经验告诉我，在多边外交场合要推动或打掉任何动议，

寻得合作伙伴是必要的先决条件。于是，我把观察到的动向和自己的想法分享给了IRP的专家和指导委员会成员，希望倾听他们的意见。很快我便收到了IRP共同主席阿萧克·库斯拉博士的回应。阿萧克早年就读于哈佛大学，曾是印度首任环境部部长和罗马俱乐部主席，对国际环保领域错综复杂的斗争有深刻了解。更难能可贵的是，在可持续发展国际大舞台活跃多年后，他返回家乡，在印度创建了一家社会企业，专注广大农村扶贫。他目睹了穷人因缺少资源或资源使用不当而陷入贫穷，以及气候变化带来的自然灾害进一步加剧贫困的恶性循环。经过交谈，我们一致认为合理开发、有效利用、科学保护自然资源是广大发展中国家摆脱贫困，实现可持续发展的必要条件，也是人类社会从根本上应对气候变化，呵护地球家园的唯一出路。资源和气候挑战相互交织，但并非对立，必须放置在人与自然关系的宏大系统中通盘考虑，协同应对。COP21应该听到这种声音。IRP作为联合国机构内唯一一个从事研究资源利用及其生态环境影响的科研部门，在关系到世界可持续发展的大是大非问题上一定要发声。

时间紧迫，我们已无法启动一项新的研究项目。于是，我组织IRP的科学家和秘书处的同事，在已经发表的15部科研报告的基础上，编写了《国际资源专家委员会关于气候变化10点建议》[①]（简称《建议》）。

《建议》指出，在推进可持续发展的过程中实现控制和减少温室气体排放是当今人类社会面临的巨大挑战，必须将其视作一个整体，全面系统地加以考虑。发展中国家需要经济发展、社会进步以实现联合国可持续发展目标；地球生态系统需要保护和修复，包括迅速降低污染物和温室气体排放；两者不能偏废，应该而且也能够相互促进。IRP的研究证明，合理开发和高效利用自然资源即可实现发展与减排的共同效益（co-benefit）。例如，80%的二氧化碳排放来自资源生产、运输、消费过程；广泛采纳已有的先进技术，资源效率则可以提高60%—80%。[②]《建议》还列举了不同资源（能源、矿产、水、土壤、粮食等等）效率提高的机遇和潜力，以及所需的相应政策支持。

针对那些"发达国家温室气体排放已达峰值，现在污染源主要来自新兴市场国家"的片面看法，《建议》采用全生命周期的科学方法，设立物质足

---

①　UNEP. International Resource Panel: 10 Key Messages on Climate Change. (2015-12-31)[2021-06-29]. https://www.resourcepanel.org/reports/10-key-messages-climate-change.

②　UNEP. *Decoupling 2: Technologies, Opportunities and Policy Options*. Nairobi: UNON/Publishing Section Services, 2014.

2016 年 4 月，李少义（右）在南非环境部举办的招待会上讲话。旁边站立的是 IRP 共同主席阿萧克·库斯拉

迹（material footprint）指标体系，对产品从原材料开采到生产制造，从运输销售到终端消费的整个价值链进行了仔细分析。结果表明，发达国家自然资源的人均消费水平（每年 27.1 吨）远远高于世界平均值（12.3 吨），大约是大多数发展中国家人均消费（2—4.7 吨）的 5.8 至 13.6 倍！[①]高消费带来高排放，发达国家理应遵循联合国气候治理谈判的两个基本原则，率先减排，承担更多责任。同时，气候行动不仅要体现在生产过程，还应催生可持续消费观念和生活方式。这一点对新兴市场国家也至关重要。

《建议》初稿完成后，我们将它发给科研报告的原作者和相关领域知名科学家加以审阅，以确保文件的科学严谨性。随后，我最终修订完成了《建议》并将其提交 COP21 秘书处向大会分发。COP21 期间，IRP 举办边会，对《建议》加以推广宣传。我们注意到，在 COP21 上诞生的《巴黎协定》肯定了气候变化与消除贫困和推进可持续发展的内在联系，强调采纳科学有效的减排方法，提倡推进可持续生产、消费与生活方式。

在 IRP 工作期间，我有幸经常接触著名科学家、经济学家等学者，一起探讨全球资源与环境所面临的挑战，以及前沿科技所带来的机遇。对话哲人如同站立在巨人肩膀上，可以看到一个不同的世界。多少静谧的夜晚，我在

---

① UNEP. *Global Material Flows and Resource Productivity*. Paris: UNESCO, 2016.

学习和思考中度过，仔细审阅研究方案和评估报告初稿，提出修改建议。从纽约到内罗毕，从北京到达沃斯，我多次站在国际讲坛上向世界展示 IRP 辛勤劳作的结果，以期助力各国合理开发，有效利用宝贵的自然资源，呵护人类共有的地球家园。这是一段紧张繁忙、充满挑战又极富成就感的生活。

七、行四海不厌其远，踏八荒初心弥坚

/ 赵 兵

作者简介

赵兵，联合国世界粮食计划署粮食体系及小农扶持办公室主任。罗马第三大学经济法博士，罗马第一大学国际商法硕士，北京外国语学院英语语言文学学士。2012—2016 年任联合国亚太经社会可持续农业机械化中心主任，致力于促进亚太区域农业机械化领域的政策制定、标准协调、技术援助、能力开发和经贸合作。早年在农业部国际合作系统负责多双边农业国际交流合作管理及对外援助项目的设计、实施和监测，其中 1999—2007 年在中国常驻联合国粮农机构代表处主要从事农业多边外交和国际开发援助工作。

导 读

本文作者出任联合国亚太经社会可持续农业机械化中心主任，可以说是受命于"危难之时"。他接手的是一个缺乏战略定位与核心业务体系的国际组织，同时还面临资金短缺、士气不振等诸多挑战。他上任后很快找到了问题的瓶颈，并立即着手与有关方面深度沟通，策划各种活动，突破政策局限，确定支持机制，重建合作平台，为后来的业务拓展与发展奠定了基础。出于对世界粮食计划署"拯救生命"与"改善生计"的宗旨的信仰，作者于 2016 年转战这个全球最大的人道主义援助机构。他坚信中国三农发展尤其是小农发展的优势经验和自己为农业机械化中心重建合作平台的经历一定能够为"实地采购促发展"（P4P）计划的转型做出贡献。他经常穿着 20 多公斤的防弹服，到最艰苦最危险的地方深入调研，向当地群众与合作伙伴问计。读者从文中可以了解到在全球治理中分享中国发展理念与经验，巧妙提供中国方案的成功案例。

我对联合国的最初印象，始于20世纪90年代初我参加工作进入农业部。我先后担任外事司翻译室译员，在位于意大利罗马的中国常驻联合国粮农机构（联合国粮农组织、国际农业发展基金会和世界粮食计划署）代表处担任国际交流服务中心副主任，参与了中国的农业国际合作以及与联合国粮农机构合作交流等相关工作，对联合国在国际粮食和农业领域的使命、职能和成效形成了初步认识，也为我加入联合国工作奠定了基础。真正置身于联合国机构，是2012年经农业部举荐，我考入联合国系统，担任设于北京的联合国亚太经社会可持续农业机械化中心（简称"农机中心"，CSAM）主任，后于2016年加入世界粮食计划署（简称"粮食署"，WFP），在罗马总部担任"实地采购促发展"（Purchase for Progress, P4P）计划项目办主任兼全球协调员。

回顾我与联合国结缘的这近10年，正是中国改革开放不断深入、经济社会稳步快速发展、人民生活水平继续显著提高的10年，也是中国积极参与全球治理全面进步的10年。放眼国际舞台，再综观中国发展，收获颇丰，感触良多：既有对发展中国家饥饿贫困及战争疾苦的愁绪，也有在国际平台紧急援助和发展事业中传递中国声音并取得成绩的自豪；既保持了笃学笃行不断提升自我的热忱，还积累了多元化背景下应对困惑挑战的经验。坚持对中国发展经验的自信和对多元环境文化的包容，贯穿了我的联合国任职故事线。我愿选取一些片段和感悟与大家分享。

（一）凝聚共识，同心开启亚太区域农业机械化新航程

2012年12月，我加入农机中心，成为中心成立以来首位中国籍主任。农机中心在21世纪初从曼谷迁至北京，是第一个总部设在北京的联合国专门机构，这受益于国家领导人的英明决策和大力支持，也承载了国际社会对中国参与国际治理和农业领域发展，特别是参与联合国事务的期待。上任之后，我很快认识到农机中心的发展正面临"内忧外患"。10多年来，农机中心由于缺乏对职能清晰准确的战略定位，内部未形成核心业务体系，工作内容单一，缺乏亮点；对外与东道国有关部门和产业的交流合作贫乏，在亚太经社会及其会员国中的影响力和可见度也较低。同时还面临着资金短缺、伙伴认同感低、

职员士气不振等诸多挑战。

多年从事农业发展和国际合作事务的经验，让我认识到"问需求谋对策"和"走出去引进来"是突破瓶颈的有效方法。

2013年年初，我带领团队调研走访，掌握中国和亚太区域其他国家农机化发展状况、趋势和需求，听取会员国农机对口部门的工作意见和建议，争取东道国的认可支持，构建与联合国系统机构和其他国际组织、各国政府、公共和私营部门等的伙伴关系。随着一系列措施的落地，我们在清醒认识各种挑战和困难的同时，也明确了发展的新机遇、新方向，努力营造了有利条件和氛围。然而，虽有革新之路，中心的沉疴旧疾尤其是国际影响力式微，明显制约了新规划的制定和实施。如何在较短时间内既能得人心又能求发展？在与中国农业部有关领导的工作会谈中，一个想法不谋而合——"百家争鸣，百花齐放"！于是，我决定举办一次区域国际农机化论坛。

着手策划论坛时，几个实际问题摆在了面前，怎样请到业界权威专家分享信息和见解？最基本的费用和成本问题如何解决？所谓的国际影响力，其实不一定要借助发达国家的声音。借着改革开放和三农发展的东风，近几十年农业发展的国际舞台上中国农机人才和技术早已有厚积薄发之势。中国素有"己欲达而达人"的品质，不就应该让优秀的中国经验在更广阔的国际舞台上进行分享吗？在中国农业机械化协会常务副会长马世青先生的协助下，我参加了2013中国国际农业机械展览会筹备会议，并于会间向中国农业机械化协会、中国农业机械流通协会、中国农业机械工业协会等中国三大农机行业协会介绍了农机中心的基本情况和发展规划，提出了在中国国际农业机械展览会期间合力举办亚太区域农机论坛的设想。过去10多年中，三大协会共同组织举办的中国国际农业机械展览会已经成为亚洲最大、世界知名的农机展会，实力和影响风头正劲。反观当时的农机中心，虽说是联合国机构，却名不见经传，人家能愿意为我们的论坛提供平台并合作办会吗？令我感动的是，经过坦诚沟通交谈，三大协会负责人都表现出了支持农机中心促进亚太区域农业机械化的热情以及带领中国农机技术和设备走向世界的决心和魄力，当即对我举办论坛的建议表示欢迎，并同意在同年10月的展览会期间，由农机中心与三大协会在青岛共同举办第一届亚太区域可持续农业机械化论坛。三大协会还同意负责国内业界代表参会的相关事务并免费提供会场服务和主要会议代表住房等会务支持。

有了完善的理念和基础，就是"市场营销"的阶段了。联合国的职场，其实也可以说是一个隐形的商场，推销品牌、搭建网络、筹措资源是开展工作的必要途径，这也是对机构负责人战略思维和能力的考验。如何创造条件吸引相关国际机构和亚太区域各国，特别是发展中国家农机界代表积极参会参展？如何为亚太区域农机化的现状和面临的挑战量身定制会议内容和日程？一方面是"博采众长"，我与不同联合国机构和其他国际组织等核心合作伙伴以及农机中心约20个主要会员国代表进行了通报和吹风，逐一确认参会意向，同时向中国常驻亚太经社会代表汇报了筹备进展，争取到中国与亚太经社会合作基金的资金支持；另一方面是"量体裁衣"，我与粮农组织、亚太经社会、经合组织、工发组织、欧洲农机检测网等有关机构和合作伙伴进行了磋商，了解需求，也特别向中国资深院士和专家学者请教，为确定论坛主题征求专业意见和建议。

2013年10月，主题为"政企合作提高粮食安全和农村生计"的亚太区域可持续农业机械化论坛在青岛中国国际农业机械展览会期间如期召开，来自中国农业部、粮农组织、亚太经社会、工发组织、欧洲农机检测网等机构的代表，以及亚太区域10余个国家的代表和中方代表等近200人参加了论坛，展开了热烈讨论和交流。论坛的成功举办使农机中心迅速迈上了可持续发展的新轨道，把农机中心打造成为亚太区域可持续农业机械化信息交流、合作共赢的重要平台。

2013年，在首届亚太区域可持续农业机械化论坛做关于亚太农业机械化发展状况和展望的讲话

2016年年初我离开农机中心之际，各项工作得到了东道国、会员国及各相关方的广泛认可和好评，吸引了更多亚太区域国家成为活跃会员国，合作伙伴和资源规模不断扩大。中国政府也在此后5年间大幅增加对农机中心的资金支持力度，巩固了中心履行国际义务、推动国际粮食安全及农业农村可持续发展的重要作用。

作为国际机构负责人和中国籍职员，我既肩负着提升农机中心在促进亚太区域农业发展中的责任，又承载着促进中国参与国际治理、分享成功经验的自觉。一次国际组织工作中看似常规的办会经历，只要把握机遇、运筹帷幄，就是破茧而出的蜕变之旅。

（二）授人以鱼与授人以渔并重，拯救生命与改善生计同行

随着中国不断加大对全球援助工作和农业发展的投入，中国与粮食署的合作关系也愈加紧密。2015年年底，我报名应聘粮食署管理岗位。在招聘最后环节与一位助理执行干事（粮食署核心领导层由执行干事、副执行干事和4名助理执行干事组成）进行电话面试时，他问我希望在粮食署的哪个部门或地点工作，我坚定地回答说："到最需要解决饥饿问题、最艰苦的地区去，比如南苏丹，负责直接救助灾民的工作。"他听了我的话，笑着回答，粮食署最重要的使命的确是"拯救生命"，但也力求解决饥饿的根源性问题，说他们认为我的经验能力可以在"改善生计"方面得到更充分的发挥。不久，我收到了粮食署的聘用通知，我被聘为P4P计划全球协调员兼项目协调办主任。

粮食署是总部设在意大利罗马的联合国系统粮农三机构之一。作为世界最大的人道主义援助机构，其主要职责是为天灾人祸造成的全球饥饿人口提供紧急粮食援助。全球80多个国家办公室的2万多名员工、90多架飞机、5000多辆卡车及其他交通和物流手段，正为近1亿人口提供粮食援助。在紧急援助机构从事农业农村发展项目，我的工作能产生影响吗？答案是"能"，且至关重要。

通过总结数十年粮食援助实践，粮食署认识到解决贫穷国家灾民口粮的燃眉之急固然关键，但帮助提高粮食产能和生计水平才是解决粮食安全问题的长久之计。粮食署开始尝试在常规商业化采购外，从受援国国内或周边的农民手中采购余粮，既就近满足粮食援助需要，又为当地农民提供市场渠道，

刺激粮食生产，提高收入，P4P 计划应运而生。2008—2013 年，粮食署筹措了约 2 亿美元，在 20 个国家办开展了 P4P 计划试点，另有 15 个国家办采用了类似模式，受到了有关国家政府、私营部门和其他合作伙伴的欢迎。

2016 年 4 月初，我到罗马粮食署总部上任，恰逢 P4P 计划试点进入尾声，项目办资金和人员规模缩减、转型目标和方向不明等一系列问题接踵而至。在快速适应新环境、了解粮食署业务理念的同时，我一边对 P4P 项目管理的信托基金 30 多个子账户进行清理审核，一边着手精简员工岗位，稳定核心队伍。更重要的是，着手为下一步工作的战略性定位和规划制定做足准备。

我充分自信，中国的三农发展，尤其是小农发展的优势经验和我为农机中心重建合作平台的经历一定能够在 P4P 计划的顺利转型中有所贡献。那么，只有到实地考察，因地制宜制定政策举措才能掷地有声！虽然长期从事粮食和农业领域的国际交流合作，但到一线直面粮食援助工作现场对我来说也是人生首次。在不到两年的时间内，我背着行囊，几乎走遍了分布在非洲、亚洲和拉丁美洲的 P4P 计划的 20 个核心试点国家，考察的项目点也几乎属于粮食署援助的贫困和脆弱地区的"最后一公里"。我领着当地翻译走访小农户、农民组织和合作社，直接了解项目"受益人"的认可或质疑，也直击了最贫困地区人民生活的艰辛；参观粮食仓储、加工和流通环节，了解地方农产品市场和供应链运行情况，也体会到发展中国家农业价值链的脆弱；与政府、合作伙伴和国家办的同事探讨，了解地方政府对小农和农村发展的期待，也感受到资助之外能力建设的重要。

如果在办公室伏案工作，我会缺少许多生动的经历，也会错失实践出真知的良机。实地经验对于投身国际援助和扶贫减贫工作意义非凡。

首先，坚定了我对人道主义工作的崇敬与使命感。第一次来到长期饱受冲突和战争蹂躏的阿富汗，我搭乘防弹车并穿戴上 20 多公斤重的防弹服和盔具，考查粮食署以工代赈项目点、富强面粉厂、豆奶加工厂，听农民、合作伙伴和粮食署同事介绍在动荡局面下坚持开展当地粮食采购、确保民众粮食和营养安全的经验和事迹。我一方面被粮食署前线工作人员的敬业和奉献精神所打动，为自己从事的工作倍感自豪，深切体会到了责任感，另一方面也清晰认识到和平、人道主义和发展援助之间紧密而不可分割的联系。

其次，提供了在传统工作中推陈出新的新思路。在卢旺达农村，我与当地农民组织及国际农业研究磋商组织等合作机构的代表畅谈推广富锌豆类新品种生产，再由粮食署收购用于当地学校供膳计划的成功经验，既为学童们提供了营养丰富的食物，也增加了小农的收入。这些走访，为我日后将本部门业务与学校供膳计划部门联系、协助国家办规划当地学校供膳项目提供了思路，为小农市场衔接拓宽了渠道。

另外，探索了通过创新模式充分发挥中国农业发展优势经验的机遇。认识到在刚果共和国的中国科研单位的专业能力和中资企业的强大活力，我两次到访布拉柴维尔，帮助推动国家办搭建"公共 – 私营伙伴关系"平台；通过促进与粮农组织、国际农业发展基金会、非洲开发银行、中国热带农业科学院、中资企业等开展合作，大力发展小农木薯生产、营养加工和市场开拓，解决当地粮食安全问题，改善农民生计。该合作模式的成功建立，疏通了粮食署与私营部门合作的渠道，也为日后其他发展中国家的资源筹措提供了借鉴经验。

2016 年，赵兵（右二）与中国驻利比里亚大使张越（右三）考察中国援利比里亚农业技术示范中心

当然，实地工作也会带来诸多意外"收获"。我与粮农组织南南合作办公室的负责人共同前往斯里兰卡考察设计由中国支持的南南合作项目期间，由于当地卫生条件低下，在走访农户期间我感染了巨细胞病毒，历经数月的治疗才痊愈。病痛的经历与记忆，也成为我的联合国工作"遗产"的一个重要部分。

经过 5 年带领团队共同努力，2018 年我们编制完成了粮食署《小农市场扶持计划操作指南》，对 P4P 计划试点和模式做出了全面总结，支持了国家办小农市场扶持项目的设计和实施；起草制定了《粮食署当地和区域粮食采购政策》并于 2019 年年底获得执行局批准，这标志着 P4P 模式正式成为粮食署的粮食采购方式的主流。"拯救生命"与"改善生计"相辅相成，为粮食署的人道主义援助工作诠释出新的意义。

　　2019 年，在塞内加尔的西非区域局开展项目研讨会后，我们收到国家办发来的可喜的报告，为我们团队继续向国家办提供战略和技术支持带来了极大鼓励。加纳的小农忽杜胡卢告诉粮食署员工，在项目支持下，他的 3 英亩地玉米产量提高到了之前的 5 倍，同时他还学会了收获后加工的技能，能够在市场上卖出更好的价格。乍得的粮食署国家办组织小农建设了社区种植园，直接为当地学校餐厅提供农产品，接近 400 所小学直接采用了当地小农种植的产品。在尼日尔，有一名叫作阿达玛的三个孩子的母亲，粮食署的能力建设使她在家务劳动外可以在市场上销售花生油，提高了对家庭收入的贡献。该项目从家庭层面为女性赋权。

2016 年，赵兵（后排右三）在利比里亚与当地妇女小组探讨农业增产增收

　　在联合国粮食援助机构从事发展工作，我体会到：你可以身在不同的国家，承担不同的工作，但只要始终坚定促进国际扶贫事业的初心和不畏艰苦的决心，每个人都可以成为合格的人道主义战士，可以看到更多灿烂美丽的笑容。

（三）在联合国系统任职的几点体会

在联合国机构或部门担任负责人，我明确自己的主要任务是科学领导、理性决策，力争做好谋划、带好队伍、筹好资源、干好业务。对过去 10 年进行回顾，一方面，在联合国机构任职对个人基本素质能力的要求与在国内公共部门任职的要求是基本一致的，具有普遍性。但另一方面，联合国机构的工作职能、专业范畴、性质、文化等方面各有特点，因此对任职的素质能力要求也体现出一定的特殊性。根据自身经历，我认为以下几点对于在联合国机构成功履职尤为重要。

1. 勤学习多积累，夯实基础

一是学习有关业务知识。初到联合国机构工作，往往需要尽快全面把握重点知识，并力争形成对业务实践和理论的系统性认识。例如到农机中心任职前，我没有系统从事过国际农机化促进工作，上任后通过书本加实践的方式强化了专业知识的学习，从而较快进入了工作角色。加入粮食署后，我又通过研读文件及实地调研等方式加强了对人道主义援助与发展援助、农业发展经济学等专业知识的学习。二是要学习把握中国的外交和国际合作政策、参与国际治理的愿景和方略。这也包括对新形势下不断演变的国际关系以及其他主要国家和国家集团的政策和动向的跟踪和学习。三是学习联合国机构的工作流程和规范。联合国系统制定和采用与其性质和使命相适应的工作流程和规范，与我国的有关流程和规范在不少方面存在差异，熟练加以掌握和运用不但有利于提高工作成效和效率，还能避免不必要的矛盾和误解，也有利于保护自身和他人的合法权益。四是不断学习，提高工作语言的水平。联合国是现今最具广泛代表性的政府间国际组织，其使命和工作性质要求其工作人员尽可能多地掌握主要工作语言。比如粮食署在世界 80 多个国家设有办公室，除英语国家外，许多受援国的官方或通用语言是法语、西班牙语、阿拉伯语、葡萄牙语和俄语等，具备相应语言能力有时不可避免地成为任职履职的主要条件之一。

2. 善沟通促交流，整合资源

联合国机构的大量工作任务和目标需要通过对内和对外沟通的方式进行协调和落实，沟通形式多种多样。开展内部沟通能够及时获取和分享信息，增进相互了解，建立良好的人际关系，这对于新加入联合国机构任职的同事尤为重要，可以为迅速进入角色开展工作创造有利条件。在对外沟通方面，通过会谈和会议等形式介绍和汇报工作、表达和聆听观点意见、开展磋商和谈判是做好宣传、达成共识以及获取资金和信息等的有效手段。良好的沟通能力和积极的沟通意愿是在联合国机构做好各项工作的重要条件。例如在农机中心和粮食署任职期间，我在努力做好内部沟通的同时，创造和利用适当机会向农业部和其他有关部门的领导和同事汇报中心工作情况，探讨与请教业务和专业问题，寻求政策建议并争取他们对我工作的关心与支持。这对我做好联合国机构的工作发挥了举足轻重的作用。

3. 勇担当有自信，履职尽责

作为在联合国机构任职的中国职员，在虚心学习、完善自我的同时，也要在工作中表现出勇于担当、舍我其谁的决心和勇气，充分展现自信。这种自信首先来自对祖国 5000 年文明的自信，也来自对中国特色社会主义建设成就和道路的自信，来自对中国有能力参与国际事务并为构建人类命运共同体做出重要贡献的自信，还来自对我们在国内学习实践中积累的优良业务能力和经验的自信。因此，我在联合国机构任职、从事国际三农事业发展的过程中不失时机地介绍改革开放以来中国在粮食安全和三农领域取得的巨大成就，分享中国的发展经验和智慧，努力推动有关机构与中国政府在全球减贫事业、小农发展和电商等创新平台方面开展合作。例如 2020 年 1 月在伦敦召开的粮食署全球管理年会上，我应邀做了有关过去 40 年中国社会经济发展腾飞转型的经验介绍，受到了与会粮食署管理层（包括各区域和国家代表）的好评。

勇于担当、履职尽责还要求我们敢于面对困难和挑战，积极谋划，缜密落实，闯出新天地。无论是在农机中心还是粮食署 P4P 计划项目办，我上任时都面临着单位业务方向不明、资金日渐枯竭、队伍萎缩不振的挑战，但经过两三年攻坚克难的努力，局面都得到了很大改观。另外，国际环境的复杂性、机构受历史或资金来源影响可能产生的价值利益的倾向性、工作环境的不稳定和艰苦条件等，都对工作和生活提出了挑战，作为管理者更要审慎处置。

在联合国工作，就好比置身于丛林，要有洞察环境的细心，要有拨云见日的信心，也要有披荆斩棘的决心。我也坚信，随着中国的蓬勃发展，会有更多优秀的中国籍国际职员在联合国的舞台上讲好中国故事，为世界做贡献。

八、与孤独、压力和磨难共舞

/ 韩铁如

作者简介

　　韩铁如，教授，研究员。在世界卫生组织工作 20 年。1994 年
开始世界卫生组织生涯，曾任西太平洋区总部慢性非传染性疾病地
区顾问和慢病处处长（P5 级），世界卫生组织驻萨摩亚、美属萨摩亚、
库克群岛、纽埃、托克劳五国代表（P6 级），世界卫生组织驻马
来西亚、新加坡、文莱三国代表（P6 级），世界卫生组织西太平
洋区总部社区和人群健康司司长（D1 级），世界卫生组织西太平
洋区区主任（D2 级）。

　　加入世界卫生组织之前，曾任中国医学科学院心血管病研究所副所长，北京阜外医院
科研处处长、副院长，兼任全国心血管疾病防治研究办公室常务副主任，《中国循环杂志》
编委。心血管病副研究员，卫生管理研究员。曾获国家科技进步奖二等奖、卫生部科技奖
三等奖和中国医学科学院科技成果奖。1991 年调至卫生部任国际合作司国际处处长，并任
世界卫生组织执委会副执委。

导　读

　　有曰，经过千辛万苦的磨难，酿出的生活之蜜，要比那些轻而易举得到的蜜，更有滋
味。在一些人的眼里，高薪、优越的福利、周游世界等等，似乎是国际公务员的标签。然
而，本文作者在文中阐述了在国际组织任职不大为人所知的另一个不同的侧面。文风坦诚、
真实，很贴近工作与生活，读起来有点酸楚的感觉：面对飞机因故障迫降与死神擦肩而过，

长年单身生活的思念之苦，孤独无助的压力，数月高烧不退、心脏疾病的折磨，等等。作者之所以能顶住压力，坚持下来，是因为"作为中国人，我不愿意工作耽误，更不愿意让中国人丢脸"。的确，国际组织"并不像国内同事朋友想象的那样平稳舒适、生活安逸，我们依然经历着一次次挑战和精神、灵魂的历练"，"国际职员在享受较好的待遇和受人尊敬的同时，还必须准备吃苦受难，有天下情怀，颠沛流离、四海为家、我心从容的胸襟，救济苍生、不畏磨难、苦难辉煌的勇气。我的 20 年世界卫生组织生涯实际就是一种始终必须与孤独、压力和磨难共舞的人生"。坚强的意志，赤诚的心声！

2012 年我出版的《做世界卫生组织驻国家代表——萨摩亚纪行》一书记述了 2000 年到 2004 年我在南太平洋岛国萨摩亚、美属萨摩亚、库克群岛、纽埃、托克劳五国当世界卫生组织代表的故事，其中有岛国卫生发展的艰辛和奋斗，有世界卫生组织长期紧密的合作和支持，也有我作为世界卫生组织驻国家代表在生活和工作中面临的挑战和喜怒哀乐。下文由其中第 2 章和第 4 章合并改写而成。

（一）亲历高空惊魂一刻

到达南太平洋深处的岛国萨摩亚 1 个半月后，我准备陆续访问另外 4 个我负责的岛国，向所在国政府递交我作为世界卫生组织驻国家代表的任命书。我首先去访问了库克群岛。这个人口不到 1 万的小岛国在萨摩亚的东南方，虽然直线距离不远，但需从萨摩亚飞往新西兰的奥克兰转机，途经汤加王国，共 5 个小时，而奥克兰飞往库克群岛要 4 个小时。这几乎是一整天的旅程。

联合国安全部门建立了良好机制，选择了信誉好、飞行事故少的航空公司，将推荐名单提供给联合国各机构使用。可是在南太平洋地区选择的余地很少，必须一切随缘。在萨摩亚，当时我们经常乘坐的是新西兰航空公司和波利尼西亚航空公司，每周有航班到新西兰奥克兰、澳大利亚悉尼、斐济苏瓦、汤加努库阿洛法、美国洛杉矶和夏威夷，后来又开辟了去法属波利尼西亚大溪地、纽埃阿洛菲的航班。

我乘坐的飞机在汤加王国机场短暂停留后继续飞往奥克兰。此时我在聚精会神地看报，突然被周围异样的声音吸引。环顾周围，发现其他乘客的眼光、脸色都极为恐慌和不自然，都在窃窃私语。发生了什么事？"女士们先生们……"机长紧急大声地重复播音，"我向大家宣布一个紧急情况，我们的飞机左轮坏了，飞机降落会有困难，我请求大家保持镇静，认真阅读靠椅口袋中的紧急降落须知。"

"空难"！我的脑中突然一阵空白。数秒钟后，我定了定神，心想：真倒霉，来到南太平洋地区工作不到 2 个月，怎么就遇到这一劫，难道我来这里工作的决定错了？生与死原来是如此接近，就在一瞬间。我习惯性地开始迅速思考对策。其实我不可能有任何对策，生命已交付给这架飞机，这架飞机因突发事故前途未卜，而我身在其中。我在大脑中逐一设想这个后果可能对我的家庭带来的影响。毫无疑问，夫人丽昆会有极为艰难的时刻，她根本不知道如何应对这种突然的变故，精神打击和生活艰难难以估计，但定会走出困局。儿子韩凌在美国的学习因为财源断绝可能会中断，突然失去依靠。但如果他努力，历尽辛苦，终会学有所成，创出自己的事业。白发苍苍的老父亲和其他亲朋会悲痛难当，但时光最终会洗涤人们的悲伤……

世界卫生组织对工作人员有个要求，就是每人都必须写下遗嘱，交于人事部门保存。在执行任务时，总会有意外。我在自己的文件柜中也设有专门的文件夹，注明"如果有意外，请组织查阅此文件夹"，其中包括遗嘱、所有后事安排，包括工资、养老金、各种保险和财产文件。我已习惯面对可能的意外，每次出差都有可能是生离死别。在临行之时，将重要物品准备好，保证足够的现金可以应付突发状况，已成为家庭常规。我常开玩笑地对丽昆说："万一飞机掉下去了，这些钱可以备用，钥匙、支票簿在桌上，别忘了！""别说不吉利的话，这怎么可能呢？"她答道。开始她不习惯，时间长了也就习以为常了。我们彼此相互依赖，体会真实、温暖的存在，也必须面对离别，虽然经常是短暂的，但也有可能自此阴阳两隔。随着年龄增长，我们之间像年轻人之间的那种亲昵变少，但每次出差时，我们一定要亲密拥抱……浩瀚的宇宙中，生命只是一块小小的绿洲，生命的开始与结束，在这个浩瀚空间永恒循环。生命伟大而坚强，同时也渺小与脆弱。

我在心中默默算了一下，我 48 岁，怎么上天只给我如此短暂的生命？

记得做知青时和在大学念书时，每次念到"生年不满百，常怀千岁忧。昼短苦夜长，何不秉烛游"这两句古诗，常常为其所激励。要珍惜时间，珍惜生命。古人秉烛夜游，绝不虚度光阴。一路走来，我始终奉行我的人生三原则——"努力学习，努力工作，努力做人"，从不敢懈怠。可怎么也想不到在 48 岁时遇此穷途末路……

我的思绪很快回到了现实，开始考虑如何自救。假设飞机降落时立刻爆炸和燃烧，将不会有可能逃离。我准备了一件毛衣放在膝盖上，可用于掩住口鼻，避免浓烟吸入。此时，我们被告知，飞机会在奥克兰上空盘旋2—3个小时，直至汽油耗尽后进行迫降。

乘客被要求将所有坚硬的物品从身上拿开，包括钥匙、眼镜等，并脱掉鞋，反复练习用双手抱头，将头部贴在膝上。空姐们找了几位健壮的男士，要求他们坐在机舱紧急出口处，并指导他们如何拉开紧急出口门并协助其他乘客迅速逃离。机舱内一片寂静，可怕的寂静，可以听见的只是飞机的轰鸣声。此刻是生与死的较量，是对生命的强烈渴望，对死神的彻底诅咒，是极度恐惧的瞬间、精神的炼狱。我告诉自己，不要惊慌失措，要控制好自己。即便是人生最后的几个小时，也要镇静，要泰然处之。其实，思绪已经僵化，麻木……

奥克兰美丽的轮廓出现在眼前，蜿蜒伸展的海岸，海湾中万点白帆，以及直刺蓝天的电视塔。在飞机不停的盘旋中，眼前一切就像不断变化的万花筒，赤、橙、黄、绿、青、蓝、紫、白、黑，对紧张、麻木的大脑进行着视觉冲击，眩晕、恐惧，身上每一块肌肉紧绷得使人窒息，那一刻在不断迫近！人总有一死。总会有强烈的不舍、挂念、期盼、梦想、遗憾。或壮志未酬，或难舍人间浮华，或眷念亲情、爱情、友情；壮志未酬，职责未尽，承诺未果，都会产生千种痛苦、万般无奈。可最后还是殊途同归，个人感受还在于心。

作为世界卫生组织的官员，我是国际主义者，我的工作是为西太平洋区37个国家和地区的大众健康，特别是为了穷国和弱小岛国的老百姓服务。作为中国人，我是历经百年沧桑的中华民族的一员，我爱中华万里河山，爱她5000年悠久文明历史，爱我的亲人和祖先。当我遵照机长的命令，将手抱紧头部贴在膝上的那一瞬间，这也许是人生的最后一刹那，我脑海里飞速跳动着：首都北京——我的家乡，昆明五百里滇池——我少年成长的地方，武汉——母校所在地，辽阔的亚洲太平洋地区——我的誓愿所在之地……丽昆、儿子、老父、哥哥……

"天佑中华，天佑我的亲人！"我闭上眼睛，耳边机长大声急促的呼喊似乎越来越遥远，"抱紧头部，抱紧头部……"轰的一声巨响，紧接着数秒之内急促尖锐的摩擦响声，伴随着强烈抖动，飞机突然停顿。没有浓烟和燃烧，没有损坏。乘客开始抬头四处张望，当确信飞机安全着陆后，那劫后重生的感觉无法用言语表达，机舱内霎时响起了雷鸣般的欢呼和掌声。机舱外，数十辆救护车、消防车、警车将飞机团团围住，救护车灯、消防车灯、警灯在旋转中闪烁，我们安全降落了！

空姐们迅速打开舱门，僵硬的表情迅速转为微笑，很专业地请乘客们按顺序离开飞机。我听说，驾驶飞机的是澳大利亚航空公司（Qantas）一位非常有经验的驾驶员，他在迫降时采取尽量使用一侧完好轮胎着地的方法，然后迅速刹车，在最短距离内使飞机停下。他成功了，乘客都得救了。我对这位机长充满了敬意，Qantas 在我心中也永远成为一个受敬仰的名字，因为它的信誉、优质的服务和优秀的机长。步出机舱后，我立刻患上了"劫后综合征"。这是我取的名字。当你在极度紧张后，突然松弛下来时，随之而来的是头疼、恶心、呕吐及全身肌肉疼痛。这是过度紧张、过量激素在体内分泌的结果，好在这些症状在极度放松和轻松的心情之下很快就过去了。

此后数年中，我多次乘坐条件极差的小型飞机在多个岛国间飞行。这种穿梭飞行的小飞机，可以乘坐几人到 20 多人不等，机舱内非常拥挤，没有行李舱，没有空调，闷热异常。在驾驶舱和客舱之间没有门，你可以注视着驾驶员如何在空中躲避来往的流云和阵雨，享受飞机在降落和爬升时带给你的刺激。坐这种小飞机很危险，因为飞机很陈旧，驾驶全是手动。但我似乎对乘坐这种小飞机再没有恐惧了，我的生命之舟已从地狱的边缘绕过。

（二）无尽情思在海滩

刚到萨摩亚时，我常常喜欢到唯一的麦当劳店买汉堡加炸薯条作为简单午餐，开车到瓦伊拉拉海滩，边吃边欣赏大海的美景。海面碧绿，与蓝天相接。天空碧蓝，万里无云，海岸满布椰林，郁郁葱葱，淡黄色沙滩向远处伸展。偶见一两部小车带来数对情侣，谈笑嬉戏。后来发现，更多的时候，这里的海滩冷清孤寂，环顾四处，就我一人，鲜有时刻见到空中有航机掠过，海中有船只游弋。这是一个美丽、遥远的地方，一个大多数国人都未知的小岛。我拿出手机拨了在美国旧金山求学的儿子韩凌的手机号码，尽管每分钟要 3 美元的通话费，我还是想听听他的声音。"嘟……嘟……"没有接通，按时差计算，此时他或许在上课或在图书馆自习。犹豫了一下是否和丽昆通个话，可昨天晚上不是刚聊过？今天打过去又说什么呢？

家国万里，远隔重洋，亲情友情都遥不可及。我在大千世界之外，无法和别人分享工作和生活的喜悦，也无人知道自己的挫折、悲伤和彷徨。我常常会有这样的焦虑："有人会想起你，惦记你吗？"每个人都在忙碌，工作任务要完成，衣食住行要打理，领导、同事、亲人、朋友要相处。此时此刻，你虽独自一人，但老父身体尚好，有单位和亲友照顾，妻子儿子各自忙碌事业和学业，无太多牵挂已属万幸。幽幽相思，对国对家对别人，算得了多大事？

可是，我很害怕一人独处。"雁来音信无凭，路遥归梦难成，离恨恰如春草，更行更远还生。"李煜的《清平乐》常在脑海中出现。横在我眼前的大海虽然美丽，可是太辽阔、空远，无法带给我实在、可靠、亲切的感觉。在这里，我无法摆脱孤独感。这种强烈的"厌海感"在我回到亚洲多年后，仍是那么强烈。我憧憬仰望葱郁高大的泰山，俯视黄山莲花峰下翻滚的云海，欣赏北京香山满山的红叶，泛舟漓江远眺青翠的独秀峰，静卧昆明华亭寺在随风摇曳的松林中静听阵阵松涛。

我在萨摩亚的头两年，心中充满了孤独和被遗忘的感觉。这里鲜有来访者，也很少有世界卫生组织的国际性和地区性会议，来出差的同事也很少，因为距离太远，出差费用很高。萨摩亚位于国际电视卫星覆盖区域边缘，当时只可收看 2 个当地电视节目和数个国际新闻频道，如澳大利亚 ABC 电视台和英国 BBC 电视台，信号也不好，更无中国的电视节目。初到萨摩亚时，那里居然没有电影院！在工作日下班后和周末，我最大的娱乐享受就是观看从北京带来的或当地小店租来的录像带。当时全岛没有购物中心，只有几家小超市和分散的小杂货店，买件白衬衣和西装裤，或更换电脑硬盘也必须去新西兰或澳大利亚。

2002 年，韩铁如（左）与萨摩亚总理（右）讨论精神卫生政策和立法

2001年，韩铁如（主持者）与萨摩亚卫生部官员讨论世界卫生组织合作计划

经常会有外国朋友和国内的熟人说："你们多幸福啊，天天伴着美丽蔚蓝的大海、明媚的阳光和柔软的沙滩。"的确，这是一个度假的天堂，对短期访客来说，他们所看到的都是极具魅力的旅游天堂美景。我总是回答说："我们去过多次海边了，即便我们是海滩爱好者，也不可能每年52个周末都躺在萨摩亚的海滩上晒太阳吧。"

（三）千锤百炼"过来人"

我们这代人的生活经历可谓坎坷，上下起伏，悲喜荣辱。有时我常常会对西方社会所说的精神压力感到不解，怎么这么点事儿都经不住？是的，生活的苦难和折磨让我们变得格外能抗压。也可能在我们经历过"文革"的这一代人中，许多无法耐受这种压力的人早已被淘汰出局，留下来的都是千锤百炼的"过来人"。

在世界卫生组织工作并不像国内同事朋友想象的那样平稳舒适、生活安逸，我们依然经历着一次次挑战和精神、灵魂的历练。1994年12月，我被聘任为世界卫生组织的临时顾问，来到马尼拉，负责西太平洋区的慢性疾病的预防控制和规划管理，1995年3月转为短期合同技术官员，直至同年9月。记得我上任第一天去见时任世界卫生组织西太平洋区的区主任韩相泰博士，他对我说："韩大夫，从今天起你是世界卫生组织的工作人员了，但你必须记住，从今天起，你在这里就是无名小卒，别指望别人会对你客客气气，见面问你好，分别时和你再见，就像你在政府工作时那样。在这里你什么也不是。"

刚去的头半年时间里，我对国际组织工作不熟悉，对各项政策、管理制度、操作程序都不够了解。每天要起草几十份信件、传真，传阅和处理大量公文、技术文件、资料信息。每天早上 6 点半到办公室开始工作，晚上 6 点半才回宾馆里自己 12 平方米的客房。当时没有人可以请教，因为担心人家轻视中国官员。我的领导也从不会花时间指导一下工作。这里的潜规则是，进入世界卫生组织的官员被认定是成熟、有经验的，可以胜任工作。其实，按多位世界卫生组织资深官员的经验，没有 1—2 年时间熟悉工作是不可能胜任的。在这种情况下，唯一可请教的人就是自己的秘书，秘书成了导师，所以必须小心处理好和秘书的关系。压力、挫折、懊恼、沮丧时刻都在延续。

4 个月之后的一天，我突然发现心脏每分钟出现 20 多次早搏，在平地走路、上下楼梯、和别人说话时早搏还会增多，即便在安静时，包括坐着看资料和处理文件时，也会感到心脏在乱跳。我不敢告诉别人，也不敢去看世界卫生组织的保健医生，因为我还没有转正，如果别人知道我有"心脏病"，很可能转为正式官员的可能性会消失。我不知道自己还能坚持多久？我寝食难安，忧心忡忡。如果我因此回国，对领导、对家人和同事又怎么交代？我自己下班后悄悄去到附近的医院看医生，我猜想是否会是心肌炎或冠心病，但检查结果仅提示"房性早搏"，无法查出任何原因。我只有吃些控制症状的药物，也不敢请假休息，只能让工作的速度减慢下来。早搏日夜不间断地伴随着我，我没有选择，只能扛下去，我担心万一"心脏病"突然加重，也有可能随时倒下。

到 6 月底，我终于盼到了喜讯。人事官告诉我，我转为正式官员的选拔手续已完成，任命书只等待区主任批准。同时，区主任办公室通知，让我作为世界卫生组织西太平洋区代表团一员去重庆参加中国与世界卫生组织西太平洋区的年度技术合作协调会议。6 个月来，这是我第一次出差，双喜临门。我随世界卫生组织代表团到达了山城重庆。在我熟悉的喧嚣声中，在街头熙熙攘攘的人群里，在我熟悉的声音、颜色、气息、味道、感觉中，我重获祖国母亲的抚爱和她给予的生命动力。我谨言慎行、谦恭低调，在此关键时刻，必须避免任何意外影响我的任命。我知道许多原来的国内同事私下议论我，"韩铁如一副窝囊相"，他们说的何尝不是真话。可是，甘苦自知。一周后，我们乘船经三峡去荆州看三峡大坝。穿越笼罩三峡充满湿气却又分外清新的云雾，漫步于丰都鬼城迷人的山道，远眺小三峡悬崖绝壁上的古代悬棺，我们欣赏着两岸不尽的美景。在过瞿塘峡时，我的早搏突然消失了，消失得无影无踪，至今再也没有出现过。我再次突破了孤独、压力的重重包围。

记得 1997 年去越南执行国家访问任务期间，我突然发热到 39 度，待在河内名叫"金龙"的小旅馆里，头痛、无力、出汗，热度持续不退，折腾了一周。我带病完成任务后，拖着疲惫的身心回到马尼拉，但 38 度左右的发热和疲劳感又持续了 2 个多月，医学检查结果显示肝脏转氨酶升高，同事以为我患上了急性肝炎。急性肝炎没有特效药治疗，最好的方法是完全休息，否则可能演变为慢性肝炎。我妈妈在 20 世纪 60 年代困难时期也患过急性肝炎，因为没有及时治疗，后来变为慢性肝炎，最终导致肝硬化、肝癌而辞世。但我所在部门的司长对我说："韩大夫，如果你请病假，可没有人代替你部门的工作。工作不能耽误，你最好还是兼顾工作，每天早上来，中午以后回家休息。"

每天我都拖着沉重的步伐，带着 38 度的体温和昏沉的脑袋来到办公室，工作压力很大，事无巨细。我并没有和领导理论一番，捍卫自己的休息权利。作为中国人，我不愿意工作耽误，更不愿让中国人丢脸，认为我们干不好、不经事。我知道，万一确诊急性肝炎，可能就需要病休，将来前途还不可知。世界卫生组织不会养闲人，我再次处于身心双重煎熬的境地，前途未卜。还好，2 个月后热度退了，体力逐渐恢复，肝脏转氨酶转为正常。因为"肥达氏反应"阳性，医生怀疑我感染了副伤寒，大概是在越南吃了不干净的食品。在一些贫穷落后的东南亚国家，饮食卫生一般都很差，吃坏肚子是常事。这需要我们在出差时保持高度警惕。

（四）不畏磨难　我心从容

家庭是阻挡压力的避风港，爱、关怀与陪伴是克服孤独、压力和人生危机的灵丹妙药。但是，1995—2000 年这 6 年，丽昆并没有按我的期望来到马尼拉生活，尽管我为她的到来准备了一切。我们 18 岁相恋，25 岁我突然离开她去同济医科大学读书，她苦等我 5 年。我想，眼泪和孤独陪伴她不知度过了多少漫漫长夜。她分娩时，我不在身旁，三天三夜难产，她和儿子在鬼门关几度来回。她一定会问："那时候，你在哪里啊？"大学毕业后短暂重逢，我又先后去了加拿大和美国学习。我一心求学奋斗，一走数年，哪里注意到她的切身感受。对此，我觉得终生愧疚。她已彻悟，靠男人不行。我到马尼拉赴任时，她是一家外企的经理，赚钱虽不多，但很充实，比孤守穷庐、盼夫归来、望眼欲穿要好。她没来，我并不怪她。

我在马尼拉的 6 年时间过着单身汉的生活，每天忙碌完后拖着疲惫的身体踏入家门，或出差回到家时没人在等我、和我说说话。没有激情和期盼，所面对的只是空旷的房间。在周末 2 天多的时间里，我常常不说一句话，因为没人可以说。我甚至怀疑自己会不会得抑郁症。有时不得不到中国餐馆或咖啡吧，找人毫无目的地攀谈。茫茫人海，知音何处？很多世界卫生组织官员都面对着同样的问题。世界卫生组织官员的离婚率、分居率似乎很高，夫人们、先生们不愿意放弃自己的事业和工作，不愿离开熟悉的城市而奔向异国他乡。我有着同样的宿命。不要让自己独处、顾影自怜。在马尼拉工作的 6 年时间里，我用极度忙碌的活动占据周末和假日的所有时间。除了出差，大约80% 的周末要拿出一整天来加班，同时也忙于购物、做家务、游泳、打网球、郊游、看廉价的美国大片，以度过孤独的岁月。

我总在审视自我的境遇：我是否幸福？我拥有爱情吗？我有真心的朋友吗？我是否犯错了？我的前途在何方？此时我确信，我自己献给了世界卫生组织，不应有太多自我。有机会服务于这个誉满全球的国际机构，是一种运气。世界卫生组织本身就是一个组织健全、运作有效的大慈善机构，给人以爱和关怀，救死扶伤，这是一个无我的境界。不要计较，不要攀比。星云大师说："随缘不执着，解脱不企求，人情冷暖不动其心，匮乏贫困不挫其志，疾病衰朽不伤其情，心中本无所求，纵有所得，也是多余之福。"在休假和周末闲暇时，白云青山任我遨游，明月清风下，静心品茗不也是平生快事？

极为单调和简单的生活迫使每一位来萨摩亚的定居者做出选择，压抑你的物欲。到此是人生境遇的一种必然，必须坚持和忍耐。我主张一种积极的人生，通过努力能改变生活中的痛苦和折磨，创造你的人生最好。如不能，则接受它。在大多数情况下，人们很难完全控制自己的前途和境遇，不妨潇洒一点。失恋了、被爱人和恋人抛弃了，又有何妨？"天涯何处无芳草。"生命如走入尽头，也有其必然。

夜深人静，朦胧之中，何处寻找爱人熟悉、亲切的身影？梦醒时分，思绪悠悠，难忘梦中的重逢？面对孤独，如何自处？能坦然面对吗？欲海茫茫，会迷失其中吗？人要有某种节制。无节制的欲望，有违平衡、和谐、有序的生命规律。无节制的欲望，将注定要赔上家庭、爱情、健康、性命，这是一

2001 年，韩铁如（前排左一）在巴布亚新几内亚，与太平洋岛国卫生部长晨练

种人生选择！在萨摩亚近 4 年的岁月中，我再次调整自己，对待无聊、孤独。一种更好的策略是建立自己的兴趣爱好。我钻研萨摩亚的历史、文化，成为国家图书馆的常客。我在周末和假日去参观历史和文化遗存，收藏有关太平洋岛国的书籍。我想出一本影集，或许可以叫作《我的南太平洋足迹》。

世界卫生组织不仅在日内瓦，更多的是在荒芜干旱的撒哈拉、疟疾肆虐的东南亚，以及遥远隔绝的大洋中的岛国。世界卫生组织国际职员在享受较好的待遇和受人尊敬的同时，还必须准备吃苦受难，有天下情怀，颠沛流离、四海为家、我心从容的胸襟，救济苍生、不畏磨难、苦难辉煌的勇气。我的 20 年世界卫生组织生涯实际就是一种始终必须与孤独、压力和磨难共舞的人生。

第三篇

星光璀璨

一、做人知足，做事知不足

/ 王世勇

🔍 作者简介

王世勇，现任世界银行高级卫生专家，驻孟加拉人民共和国人类健康、营养及人口小组负责人。新西兰梅西大学动物流行病学博士、英国伦敦卫生与热带病医学学院及伦敦大学艾滋病控制学硕士。曾就职于湖北省医学科学院皮肤病防治研究所、中国－欧盟性病／艾滋病防治培训项目办公室。自1999年加入世界银行后，参与过艾滋病流行、非典暴发、高致病性禽流感暴发、人流感大流行、埃博拉暴发、寨卡病毒暴发、新冠肺炎大流行的应急反应和能力建设，以及针对中国汶川大地震、塞拉利昂弗里敦山体滑坡的应急反应和灾后重建工作。曾获得世界银行行长奖、区域副行长奖，蒙古国农业部以及卫生部的荣誉奖章等。2014年因出色地参与世界银行对利比里亚埃博拉暴发的应急反应，收到了时任世界银行行长金镛先生的亲笔感谢信。与他人合作的代表作有《中国农村卫生改革》《创建健康和谐生活：遏制中国慢性病流行》以及《健康入万册——应对慢性病的战略方针》。

🔍 导　读

本文作者是一位"走技术路线"的世界银行的高级卫生专家。他通过深度介入项目，展现自己的专业实力，在整个世界银行系统逐渐确立了新发传染病防控专家的地位。他参与了艾滋病流行、非典暴发、高致病性禽流感暴发、人流感大流行、埃博拉暴发、寨卡病毒暴发及新冠肺炎大流行的紧急应对等重大事件，在世界银行职员的范围内，这是屈指可数的。他用业绩获得了认可，收获了许多奖励与荣誉。他相信"机遇往往是留给有准备的人"。但如何准备呢？作者的答案是"没有勤奋，不下功夫，你做不到精通"。作者在文中透露了如何坚持终身学习、敢于跨界、不断探索和拓展自己的能力边界以及督促自己做好"充分准备"的秘诀。值得一提的是，作者有一种情怀，对升迁提拔要"保持平常心"，做到"得而不喜，失而不忧"。他喜为"逆行者"，穿梭于危险艰苦地区，"最享受的时刻"是看到自己执行的项目真正帮助灾民、贫民、病人以及平民提升获得感的时候。

　　"做人要知足，做事要知不足"这句话极具人生哲理，出自我大学的已故校长、中国科学院院士、中国外科医学奠基人裘法祖先生。我一直把它当作人生及职场的座右铭。

（一）就职之路

　　我的任职经历很简单。从大学毕业到现在的 32 年里，我仅在湖北省医学科学院皮肤病防治研究所、中国－欧盟性病／艾滋病防治培训项目办公室和世界银行（简称"世行"）就职过。

　　1989 年，我从同济医科大学（现更名为华中科技大学同济医学院）以当年应届预防医学系的第一名毕业，被分配到湖北省医学科学院。对于这个分配结果，我当时认为是不够理想的。记得当年我向往的单位是卫生部某直属研究机构。对于从未离开过湖北的我，竟然天真地相信"北方只有面食吃"。于是，为了适应之后可能的"艰苦环境"，习惯吃大米饭的我为此坚持吃了一个月的面食。

　　后来终于有了到北京工作的机会。1994 年冬，卫生部组织全国皮肤病、麻风病、性病系统出国人员考试，我幸运地考得第一。正当积极准备出国的时候，我通过了卫生部的选拔，被借调到中国－欧盟性病／艾滋病防治培训项目办公室，担任医疗培训官员。记得当时卫生部从全国抽调了好几位年轻专家，有些人的年资和专业学识显然比我要强很多。经过一段时间的考察，欧盟方面与卫生部协商后，最终决定留下我。中国－欧盟性病／艾滋病防治培训是首个卫生部和国外机构就性病、艾滋病方面开展合作的培训项目，该培训班在当时堪称我国性病、艾滋病防治培训的黄埔军校。回想起来，在该项目办公室的工作经历是弥足珍贵的，我的国际职场生涯即发端于此。通过这个项目，我有幸接触到了国内外业内泰斗、才俊，如全国性病研究所的叶干运教授、邵长庚教授、徐文严教授，北京协和医学院的张孔来教授和孙刚老师，上海防疫站的康来仪教授，上海性病防治研究所的乐嘉豫主任，北京医科大学的何景琳博士，北京防疫站的贺雄主任，上海卫生局的吴凡处长以及潘启超医生，国外艾滋病、性病防治领域的权威如荷兰阿姆斯特丹卫生局罗尔·库蒂尼奥教授、英国伦敦卫生与热带病医学学院的大卫·梅比教授、当时就职于比利时热带病研究所的彼得·皮奥特（后成为联合国艾滋病规划署执行主任）和玛丽·拉加博士、任职于世界卫生组织的大卫·海曼博士以及独立咨询顾问吉娜·达拉贝塔博士。借助该项目，我拓宽了眼界，了解到有关性病、艾滋病防治的最前沿的理论和实践，例如符合成本效益的性病病征管理、用俘获-再俘获方法估计性病及艾滋病高危人群规模、艾滋病咨询和检测、用于艾滋病防治的安全套社会营销、吸毒人群中开展的针具交换以及美沙酮替代疗法等。为项目服务的两年间，我具体负责筹办了6期全国性病、艾滋病专业人员的培训，组织汇编了两套培训教材。其中一套用于性病、艾滋病临床管理，另一套用于性病、艾滋病实验室检测。每套教材包括教员手册、辅助教具，如幻灯片、案例，还有学员用书。

从英国伦敦卫生与热带病医学学院毕业后，我回到国内，立即投入了中英艾滋病防治项目的筹备工作。1999年年底，我竞聘世行驻华代表处的卫生专家一职并获得了成功。此后在代表处，及其更名后的世行驻中国蒙古局（简称"世行中蒙局"）工作了13年，历任短期顾问、卫生专家、高级卫生专家。在此期间，我见证并参与的重大公共卫生事件的相关工作有艾滋病防控、抗击非典、汶川大地震救灾和中国卫生改革。第9个世行卫生贷款项目于2000年启动，历时7年，有力地支持了在国家层面、广西壮族自治区、新疆维吾尔自治区开展的针对艾滋病防控的政策开发、高危人群（吸毒人员、同性恋者和性工作者）干预以及加强血液安全等活动。该项目对推广艾滋病患者免费治疗、针对吸毒人群的美沙酮替代疗法、清洁针具交换、针对性工作者的安全套使用以及实施新版《中华人民共和国献血法》起到了重要推动作用。2003年非典肆虐期间，位于东二环的世行中蒙局已处于关闭状态。办公室仅剩下我和时任世行中蒙局局长黄育川先生、主任卫生专家理查德·迈耶斯先生三人。在全球对非典尚缺乏全面的科学了解时，我们仅用了6周时间就完成了非典及其他传染病防控项目的设计。项目支持了8个非典高发省、直辖市的应急和防控能力建设。该项目的政治意义是，世行作为一个致力于社会和经济发展的多边国际组织，在非典疫情的特殊时期依然决定与中国政府合作，给予中国大力支持。事实证明该合作也进一步加深了中国财政部和世行中蒙局的互信。由于深度介入了这两个项目，我有机会充分展现我的专业能力，在整个世行系统内逐渐确立了新发传染病防控专家的地位。

2002 年，在新疆伊犁考察世行第 9 个卫生项目

　　2006 年年初，我被选作世行代表团成员，参加了中国政府与世行共同举办的全球高致病性禽流感及人流感大流行筹款大会。大会获得了巨大成功，世行、欧盟以及一些发达国家纷纷认捐，充实了全球高致病性禽流感及人流感大流行基金。中国作为发展中国家，首次向该基金捐献 1000 万美元。在随后的几年里，该基金支持了全球 50 多个国家的 80 多个高致病性禽流感防控项目。也就是从这一年开始，我作为项目经理或高级卫生专家，逐渐开始管理、支持世行在印度、越南、蒙古等国的传染病防控项目。

　　2008 年 5 月 12 日下午 2 点左右，我正在世行中蒙局一会议室参加与中国财政部、发改委的一个卫生项目谈判，突然间整栋楼发生晃动，并发出嘎嘎的响声。随后，我们被紧急疏散到楼下空地。当时，所有人的手机均无法使用。大约过了半小时，有关我国西南方向发生地震的消息得到了证实。在确定北京地区安全后，我们被允许重新进入大楼工作。随后几天里，更多的有关汶川地震的消息从前方传来，人们意识到该地震的严重程度和波及范围。于是，国内各界以及国际组织开始行动了起来。汶川地震发生后的两周内，世界卫生组织与世行就组团前往四川开展灾后损失和需求快速评估。我们从北京出发时乘坐的是晚上的航班，接近四川盆地时要飞越大巴山，窗外下着雨，与以往乘坐飞机时经历的颠簸不一样，这次是幅度很大的左右摇晃加上下颠簸。我虽然表面平静，但内心却十分恐慌。当时唯一的念头就是希望能快点结束这种煎熬，平安抵达成都。飞机上一片寂静，我猜测人们和我想的一样。在四川停留期间，评估团考察了都江堰、映秀等地。所到之处，满目疮痍，全团人员心情十分沉重。在都江堰卫生局听取汇报时，突然发生了余震，房子开始摇晃起来。从北京来的一行人迅速站起来就要往外跑。当地的官员却十分镇定，示意我们坐下，并告诉我们这是余震，震级大概就 4 到 5 级，不用害怕。到映秀时，陪同人员指着附近的一片废墟说这里原来是一所学校。发生地震时，午休尚未结束，结果，在校的师生没有几个活着出来。考察结束后，代表团一行迅速将初步评估结果呈报给各自的高层，为其提供了一些有关汶川地震的第一手资讯。随后半年里，我多次前往四川灾区，参与了更为详尽的灾损和需求评估以及灾后重建项目设计。值得欣慰的是，经调查得知，过去世行卫生项目（第 5 个和第 8 个卫生项目）支持建设的乡镇卫生院、村卫生室和县级医院不仅没有一家在地震中垮塌，而且迅速投入了对受伤群众的抢救。事实证明了世行对建筑标准严格要求是正确的，项目确实起到了示范作用。同年 12 月，我作为代表团成员，陪同时任世行行长罗伯特·佐利克先生再次访问四川。其中一项活动是代表团一行参观北川地震遗址。我们一行敬献了花圈以表达对罹难者的哀思。河的对岸就是永久定格于地震发生时的模样的北川县城旧址。当时天空中细雨霏霏，似乎老天仍未从那次灾难带来的悲伤中走出。当年年底，世行启动了汶川大地震灾后重建项目，共投资 7 亿多美元，用于四川、甘肃两省的交通、市政建设、卫生及教育等领域的重建工作。

我于 2012 年成为世行国际雇员。截至目前，先后在多达 18 个国家工作过，足迹遍及东亚及太平洋地区、中东及北非区，以及非洲撒哈拉以南地区，并先后担任世行驻塞拉利昂和孟加拉国健康、营养和人口团队的牵头人，主要负责与政府在卫生领域合作的对话，制订并实施卫生领域的援助计划。

2019 年，王世勇（前排右二）考察世行支持的塞拉利昂国家医疗急救体系救护车修理中心

　　回顾我的职业生涯，最引以为傲的是有幸参加了几乎所有重大传染病，如艾滋病、非典、禽流感、人流感、埃博拉出血热、塞卡病毒病以及当下的新冠肺炎流行的紧急应对工作。在世行内部，参与了所有这些重大事件的人屈指可数。

　　对于我这个从事专业技术工作的人来说，一方面，担当项目经理可以拓宽视野，有效实现自我价值。但另一方面，目睹暴尸街头的埃博拉患者，感受到因高致病性禽流感而被成批扑杀家禽的悲凉，投身在遍地废墟的地震灾区第一线……这一切都令人感慨万分。而当看到项目取得一定的成果——灾后重建的医院、康复后的埃博拉患者、塞拉利昂建立起的整个西非第一个医疗急救体系和救护车队、重燃生活希望的吸毒者时，我又是何等满足和享受。

　　工作之余，我还有幸享受所到之处的美景、风土人情和美食。比如，在蒙古经历的六月飞雪，在塞拉利昂看鲸鱼，在地中海蓝色潟湖潜水并与鲸鲨共泳，近距离观看非洲大草原的各种野生动物，驻足壮观的维多利亚瀑布、乞力马扎罗山、埃及胡夫金字塔（还进入一个金字塔内部）、印度泰姬陵、塞内加尔的粉色湖、浪漫的卡萨布兰卡、收藏利比里亚和孟加拉国的古钱币、布基纳法索的药匣子，等等。至于国内，我几乎走遍了祖国大江南北，差不多就差打卡宝岛台湾、海南省三沙市了。

人生就是由不同时期的关键点（机遇）串联起来的。当机遇来临时，你抓住了，事业就顺遂。而机遇往往是留给有准备的人的。我个人的一些经验可以在这里分享一下，希望对后来人有所帮助。

（二）终身学习

培养终身学习的能力十分重要，学习也不仅仅局限于专业知识。大学本科毕业后，我没有选择报考研究生。当时我觉得高中3年、大学5年的学习生活太长了，有些厌倦了，想到学校外面透透气，见见世面。毕业后的一两年里，我确实很放飞自我。尽管工资低，往往不到下次发工资时就已花完，但这并不妨碍我活得有滋有味。到乐队当吉他手、加入医科院足球队当前锋、参加湖北省卫生厅羽毛球队做第一单打选手……这些活动看似与工作无关，其实是对能力的培养。要做好任何一件事情，需要"套路"。"书山有路勤为径，学海无涯苦作舟"就是我的套路。没有勤奋，不下功夫，你做不到精通。当然，你也需要琢磨如何找"窍门"，无"窍（或巧）"不成"知"。比如，窍门就是你需要查找合适的教材，以及利用资源（人脉、经费）拜师学艺等。

后来玩够了，同时也逐渐开始感到来自同伴们考研、出国的压力，我觉得该静下心学习了。我决定从提高外语水平开始。上托福和GRE考试培训班、反复听《新概念英语》《英语听力入门》《托福听力》等的录音，日复一日地背英语例句，采用题海战术。我几近着魔，春节时连家都不回。结果是1994年托福考了603分，GRE考了1800多分。就因为这，我还被卫生部出国人员英语培训中心（武汉分部）聘为备考托福的老师。在专业方面，我也开始"啃"由金·霍尔姆斯（King Holmes）教授主持编撰的《性传播疾病》（*Sexually Transmitted Diseases*）一书。从事性病、艾滋病防治的专业人士都知道该书在其专业领域的至尊地位，相当于"红宝书"、《九阴真经》，要知道国内当时的专业书籍还是基于新中国成立前或者20世纪五六十年代的认知水平。跟踪学习国际前沿知识对我帮助很大。我自认为当时对该书相当熟悉，有关章节都能背下来。此外，我也主动申请每年去湖北沙洋劳教农场对劳教人员进行性病筛查，抓住每次出差的机会向同事学习，并运用书中学到的知识、技能。一段时间后，我的业务能力提升很快。记得有一次通过观察到的患者双侧皮疹对称，加上询问病史、血清学检测，我推翻了我的一位高年资的同事的诊断，确诊了一例梅毒患者。业内人士都知道，梅毒在临床上被称为"万能模仿者"。说的是其早期感染时的皮肤症状与其他的皮肤病没有差别，因此很容易被误诊。因为这一事件，我的同事对我这个入行的新兵刮目相看。专业知识和外语能力的提升，为我日后的职场生涯奠定了良好的基础。如果没有这段经历以及经验和能力的储备，我就不可能抓住我人生中的第二个转折点，即参与中国 – 欧盟性病／艾滋病防治培训项目。

2007 年至 2009 年，在管理中国和蒙古高致病性禽流感防控项目时，我接触到了"同一健康"（One Health）概念。这是一个关于动物、环境和人类健康是息息相关的全新的理念。我觉得需要加强这方面的了解。于是，我申请了新西兰梅西大学的动物流行病学博士学位学习。当时我已 43 岁，事业有成，能下这个决定十分不易。边工作、边学习的艰苦程度可想而知。最后，我终于在 6 年后成功通过答辩，获得了博士学位。其间，由于工作原因我申请过两次答辩延期。说来好笑，每当我熬夜到凌晨两三点，与我的导师通话、商量课题进展和下一步计划时，我家儿子就会说"Roger 爷爷又批评爸爸了"。我也想过放弃，但一想到为了给孩子做榜样，不让他看我的笑话，我就咬牙坚持下来了。这段学习经历对我帮助很大，在世行，甚至是其他国际组织，同时拥有人医、兽医两个领域高级学位的人不多。因此，凡是涉及新发传染病的事，大家都会想到有我这样一位专家。

2015 年，我开始管理非洲的卫生项目，其中一些是在法语国家。为了提高工作效率，也为了满足好奇心，我开始学习法语。到目前，虽然谈不上精通，但听、读、说是没有问题的。

此外，在世行工作期间，通过学习，我也积累了一些有关时间管理、有效沟通、目标管理等方面的经验和教训。

（三）尝试跨界

好奇心驱使着我不断尝试新的东西，不断探索和拓展我的能力边界。接触到国家卫生账户（National Health Account）后，我想，既然该方法能做卫生总费用分析，难道就不能用同样的方法做专病卫生账户吗？于是，我和中国卫生部卫生经济研究所的专家一道，开发了艾滋病账户、公共卫生账户。我也属于最先将"健康入万策"（Health in All Policies）的理念引入国内用于慢性病防治策略的一拨人。该理念强调人群健康取决于社会因素，而医疗对人群健康的贡献不到 20%。因此，要提高人群期望寿命，尤其是健康期望寿命，必须改善不利的社会因素。有时，改变这些决定因素，其他部门起到的作用更大。比如，增加烟草税、提高香烟价格对减少烟草消耗、促进健康的效果要大于禁止公共场所吸烟。另一个实例是改善低收入家庭的居住条件，对降低儿童哮喘发病率比药物治疗更有效。又比如，向低收入家庭发放现金，可以促进青少年女性完成初中教育，从而降低孕产妇死亡率，因为很大一部分死亡的孕产妇是青少年。鼓励青少年女性完成初中学业，能有效降低她们怀孕的可能性。多年后，看到中国政府已将"健康入万策"纳入《"健康中国2030"规划纲要》，我十分欣慰。

在蒙古，在世行新发传染病项目的支持下，通过绘制风险图，我们预测该国南方省份存在克里米亚－刚果出血热（一种人畜共患病，出现出血热症状后，病死率较高）的可能性较大。通过对当地的人群和羊群进行血清学筛查，果然发现了该疾病存在的证据。而就在我们开展该项研究之前，世界卫生组织的预测是该国没有克里米亚－刚果出血热。通过我们的实地验真（ground truthing），我们发现了证据，推翻了世界卫生组织之前的预测。

（四）持平常心

有些人，当遇到心仪的工作机会后，由于特别想得到，往往十分紧张，有时用力过猛，最终与其失之交臂。应对这种情况，我的建议是最好劝说自己"得而不喜，失而不忧"，保持平常心，这样在应聘时的效果反而更好。保持平常心，是对结果的预期。而对过程，则应高度重视。首先要充分准备。若有可能，应该找相关知情者了解该职位的性质、对应聘对象的要求等，这样能帮助应聘者做到有的放矢。其次，要预测可能被问的问题，并准备答案，然后就是反复练习几次。最后，在应聘时要放慢语速，回答问题时看着对方，对问题不清楚时可以询问。应聘不仅仅是检验你的专业知识、你的经历，还往往考察你的应变能力，如何处理危机。

职场升迁，也是必须要过的一道坎，同样要有平常心。我个人认为关键是要跟对人，做喜欢的事。提职与否，不一定与你的能力有关，还涉及其他的决定因素。比如，在世行，在高级卫生专家和主任卫生专家之间，有一道玻璃天花板，绝大多数人很难跨越这道鸿沟。为了控制"工资帽"，世行近年来已冻结了这一晋升的通道。我现在担任的职务，按要求是主任卫生专家，但由于通道的冻结，我只能接受低职高配（拿高级卫生专家的工资，干主任卫生专家的活儿）。

（五）傲为逆行者

2014 年西非暴发埃博拉出血热，我被派往利比里亚支持埃博拉应急项目，在当地工作了 8 个月。后来，在 3 个重灾区国家中，利比里亚率先宣布抗疫成功，埃博拉流行结束。时任世行行长金镛先生亲自写信，向我表达了谢意。对于这一殊荣，我认为是对所有奋战在抗疫一线的工作者的褒奖和肯定。

2020 年，人类发生了一些百年以来的重大事件。其中之一就是改变世界医学进程，甚至是影响全球政治格局的新冠肺炎大流行。在过去的一年多里，由我主导的活动主要包括：2020 年 2 月初，代表世行，完成了向中国政府提出抗击新冠肺炎的政策建议以及践行"同一健康"，降低新发健康威胁的政策建议，通过中国驻世行执董提交中国政府高层；2020 年 3 月至 6 月，完成中国应对新发传染病项目（3 亿美元）设计；2020 年 12 月至 2021 年 2 月，完成了孟加拉国新冠肺炎应急反应项目（7 亿美元）设计。回过头来看，虽然产出数量有限，但过程并不简单。

这里我要重点提及中国应对新发传染病的项目。紧张的中美关系明显地影响了世行对中国的援助政策。该项目技术路线进行了 3 次大的调整、项目

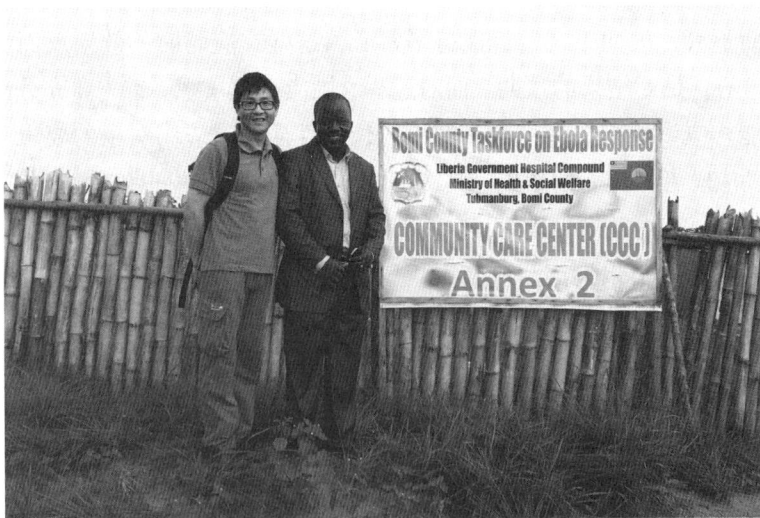

2014 年，王世勇（左一）在利比里亚波密县社区埃博拉治疗中心与时任波密卫生局主任医疗官合影

省的更换和项目内容的变更，项目文件先后大修了 30 多次。原定几个礼拜完成设计的项目，被迫延迟了好几个月。世行中蒙局及项目团队在此期间得到了世行行长办公室、美国执董办工作人员的数次"指导"。从 2020 年 3 月 10 日到 6 月 10 日期间，尽管每天工作，我并不知道该项目最终能否得到通过。我只能告知我的团队"尽人事，听天命"，一次次修改，一步步闯关。我衷心感谢中国执董办给予的支持，感动于项目团队，特别是世行中蒙局员工不分昼夜的付出，也深切体会到大多数世行员工在此过程中体现出的职业操守和政治中立。最终，该项目获得了董事会的通过。为此，世行人类发展部副行长、东亚及太平洋地区副行长分别给我所在的南亚区副行长写信，肯定我的突出贡献和领导能力。之后，该项目还获得了东亚及太平洋地区副行长奖。

在过去一年多里，我作为一个逆行者，多次从新冠低流行区前往高流行区，往返于孟加拉国、中国和美国。这一具体过程是"孟、中、美、孟、美、孟"，是不是念起来有些诗意？虽然多次往返，庆幸的是，我至今没有感染新冠病毒。

二、在大地上行走，发现泥土中蕴藏的力

/ 刘 怡

○ 作者简介

　　刘怡，在中国和英国获得两个硕士学位，现任全球环境基金小额赠款计划（GEF SGP）中国项目主管。从事环境保护和可持续发展领域的工作已经超过 20 年。1999 年至 2007 年，在国家环境保护总局工作；2007 年至 2009 年，在联合国教科文组织北京办公室工作。从 2009 年开始，担任联合国开发计划署国家项目协调员，她领导的全球环境基金小额赠款计划中国项目，支持本土的民间组织、社区及公众保护和修复环境，以及提高人们生计和福祉的活动。她工作的领域涵盖生物多样性、气候变化、土地退化、国际水域和化学品管理。她的足迹遍布中国 26 个省（区、市）的 130 多个项目点。她还是原住民和社区保护地国际联盟的荣誉会员。

○ 导 读

　　本文作者是位资深海归。文章开门见山，指出在国际组织做事，首先要弄清套路。她入职不久即意识到，全球环境基金小额赠款计划是在全球环境基金框架下，专门支持本土民间组织和基层社区的一个"本地化行动"。这意味着，跟以往在政府部门的工作经验截然不同，这里需要更多地采取一种"自下而上"的工作方式，特别是在项目设计时，需要

有更多的视角和尊重多样性，尤其是倾听当地受益者的需求与建议。多年来，作者就就业业地奔波在边远地区，辛勤地工作在第一线，既推动了项目的有效执行，又提高了联合国在人民中的声誉。"我最骄傲的事就是我们可以让联合国的项目在最偏远、最需要帮助的地方落地，并且能支持当地人找到基于他们传统知识的环境问题解决方案。"这是作者真诚的心声，亦是一种温馨的提示——人是要有理想和情怀的。

我在2009年加入联合国开发计划署，成为全球环境基金小额赠款计划（GEF SGP）在中国的负责人。此前，我在联合国教科文组织工作过两年，在政府部门工作过八年。我过往的工作经历都是跟政府部门或者研究院所打交道，关注的都是气候变化、臭氧层空洞、国家公园、循环经济、排污权交易这些宏大的问题。而全球环境基金小额赠款计划是在全球环境基金框架下，专门支持本土民间组织和基层社区的一个全球计划。这也就意味着，通过计划要把多边环境公约的履约落实到最基层的社区，推动农民、牧民、渔民、市民这些

2019年10月，在联合国门口

普通大众在解决自己身边的环境问题的同时，参与全球环境治理。"全球性思考，本地化行动"很好地诠释了这个计划的核心。

（一）落地——自下而上

既然是"本地化行动"，就意味着这跟我以往的工作经验截然不同，需要采取一种"自下而上"的工作方式。过去我们的大多数项目都是援助机构有一笔资金，我们找专家来咨询、论证和设计项目，然后我们带着资源和设计好的项目规划开始实施项目，在这个过程中，有资源的一方和专家的意见往往占主导地位。我清楚地记得读詹姆斯·C.斯科特的书《国家的视角——那些试图改善人类状况的项目是如何失败的》时，那个副标题深深地吸引了我。斯科特在这本书里讲了很多失败的项目案例，从德国的"科学林业"到苏联的集体农庄，从巴西利亚自上而下的城市规划到坦桑尼亚的强制村庄化，每

一个项目都很辉煌，但是带给人们的却是巨大的灾难。这让我常常思考：为什么出于善意目的、有着美好愿望和目标的项目最终会失败？我想主要原因还是项目的设计者忽略了现实世界的复杂性，没有站在受益人的角度去思考问题，而是在一个充满多样性的世界里，推行一种简单的、标准化的和所谓"完美"的方案。我自己也目睹过这样的项目。有一次在青海出差，当时正是玉树地震发生的三年后，我看到一排排漂亮的灾后重建的房屋却空空荡荡没有人住，便问陪同我的当地人："为什么没人住？"他说："这些房子都是统一标准建的，80平方米，我们家里的牲畜没地方放，农具和粮食没地方放，我们想自己花钱扩建又不允许，说是影响美观。我们大多数人还是搬回老房子住了。"

那么，我们的项目怎么做才能避免重蹈覆辙呢？我不敢说我已经掌握了成功的秘诀，但我会有意识地考虑那些可能被忽视的因素，尽可能地采取更多的视角和尊重多样性。这意味着要听见那些被忽略的声音，比如来自女性、少数民族、基层社区的声音；也意味着要重视当地人的传统知识、精神需求、文化习俗，承认当地人是本土环境问题的专家，并支持他们成为解决自己环境问题的领导者。我们的顶层设计包括一系列全球环境公约，如果没有社区参与、在地的实践，那些目标就会变成一纸空文。我相信最好的保护生态环境的解决方案应该来自直接跟自然资源打交道的当地人，而不是坐在纽约办公室或北京办公室的我们。我要做的就是找到那些能提出解决方案的当地人，让援助项目能够落地。落地意味着倾听当地人的声音，关注他们的真实生活，理解他们的真正需求以及环境问题背后复杂的经济、社会、文化的因素，赋予当地人力量，并且把决策权交到他们的手里。

大约是2013年年初，青海玉树州金巴慈善会的扎西才仁会长在网上看到我的联系方式，来北京的办公室找到我，说想为他的家乡申请一个项目，给当地人提供牛粪晒台。对游牧民族而言，牛粪是个宝，不仅是天然肥料，还是家家户户主要的燃料来源。但当地每逢雨季，牛粪都不易晒干，还会生虫，牧民们普遍信仰藏传佛教，有不杀生的习俗，长了虫子的牛粪自然就不能烧了，只能砍树当燃料。每年每户人家大约需要砍掉5—7棵成年柏树用作薪柴，而高原地区植物生长缓慢，一棵柏树要成材需要10—20年的生长期。破坏森林不仅会引起水土流失、土地退化，也会让原本依靠这些森林的野生动物失去赖以生存的家园。于是我们有了这个牛粪晒台的计划书，并且把它发展成了一个社区保护地项目。看上去很土是不是？跟大家想象中"高大上"的联合国项目似乎有点不搭界。

2015年7月，我到玉树州囊谦县的尕麦村项目点访问。村主任叶迦告诉我，这里生长着玉树地区最大的原始柏树林，在项目开始的2013年，村里的柏树已经被砍了40%。他们自己算了一笔账，如果按每年砍树1%计算，到2074年，村里的所有柏树都会被砍光，他们自己想出的解决方案就是牛粪晒台。项目资金支持村里搭建了13个牛粪晒台，金巴慈善会又从其他渠道申请配套资金，增加了38个，基本解决了全村80%的家庭的燃料来源。晒牛粪不是什么高科技，但确实能解决社区的实际问题，而这样的解决方案也只有社区能提出来，因为社区最知道社区的人需要什么。

树保住了，村里的年轻人在项目支持下成立了社区服务队，负责日常巡护社区森林草场、调查和记录野生动植物、宣传垃圾定点投放、帮助村民进行冬夏季牧场的转场，以及村里的婚丧嫁娶，等等，这些服务全是志愿提供，没有报酬的。为了支持尕麦的社区巡护队，项目为他们提供了5部相机和6个GPS设备，更重要的是给他们提供了培训。从来没有摸过相机的藏族小伙子们花了几个小时就学会了操作这些设备。我在尕麦村访问的时候，他们给我展示了红外相机和GPS设备记录的雪豹、棕熊、狐狸、野狼、蓝马鸡的活动影像。他们还特别提醒我，GPS设备只能提供给真正的保护者，如果盗猎者有了GPS设备，对野生动物来说就是灾难，所以他们内部也严格控制野生动物出没地点的信息。外面的盗猎者知道尕麦村有红外相机和GPS设备后，因为怕被拍到，所以都不敢再来了。

在黑帐篷中坐下来，火苗烧得红彤彤的炉灶是家里的中心，什么时候都有食物在火上煮着，热情的村民总会给我捧上一碗热气腾腾的酥油茶，我也会像串门的老朋友一样跟他们拉家常，随手往灶里添几块牛粪。这时候村民会跟我说他们的故事。社区服务队的闵哈告诉我，因为不懂汉语，村里的年轻人很少出去打工，他自己以前就常常无所事事，喝酒赌博；自从有了联合国的项目，他加入了社区服务队，还学会了红外相机的使用，拍到了村里的很多野生动物，还帮助村里建起了牛粪晒台，成为一个对大家有帮助的志愿者，他觉得很自豪，再也不喝酒赌博了。

我深深地意识到，如果当地人没有把项目当作"自己的事"或者对项目缺乏"拥有感"的话，我们手里握有的资源并不能使项目成功。而当我们把项目交到当地人手中，由当地人来设计、实施项目的时候，他们保护家园的使命感和自豪感是我们这些外来人无法替代的。

（二）内生式发展

以当地人作为自己发展的主体，培养当地人的发展能力，保护生态环境，保护文化的多样性和独立性，为当地人赋权的发展模式就是"内生式发展"。它是对过去一味追求经济增长，忽略了公平、生活质量、生态保护与文化保存等非经济因素的"外源型发展"的反思，最早由联合国经社理事会作为"另一种发展"模式而提出。1975 年，瑞典达格·哈马舍尔德基金会在联合国发布的《发展与国际合作：现在该怎么办？另一种发展》报告中正式提出了"内生式发展"的概念，报告阐述了人、环境、文化、生态和多样化发展的重要性。今天，内生式发展已经成为联合国和其他国际组织援助项目的重要标准之一。而在中国，重新认识"内生式发展"可能就是从我们的项目开始的。

有一件事给我留下了深刻的印象。2018 年 11 月，在三江并流地区社区保护地和社区内生式发展工作坊上，云南丽江玉龙县河源村村民李玉坤给来自全国 20 多个公益机构、政府、研究院所、基金会的代表分享他们的经验。他指出："社区的主体地位不能只是说说而已，应该具体体现在社区的知情权、自由选择权和支配权上。"

李玉坤所在的河源村是我们项目在云南老君山地区支持的第一个社区保护地。老君山位于滇西北横断山脉的纵深处，是世界自然遗产地"三江并流"的核心区域。金沙江（长江上游）、澜沧江（湄公河上游）、怒江（流入缅甸后称萨尔温江）三条大河在这里自北向南并行奔流，形成了高山与大江交替展布的自然奇观。这里不仅是中国生物多样性最丰富的地区，也是全球 34 个生物多样性热点地区之一。然而，在 20 世纪 80 年代，河源村是乱砍滥伐树木的重灾区。对于生活在贫困边缘的村民来说，砍树是最直接的现金来源。即使是 1998 年实施"长江中上游天然林保护工程"以后，村里选出了护林员，砍树的状况也没有得到完全遏止，用李玉坤的话来说，"一个人管一群人，根本管不住"。

从 2013 年 10 月开始，我们支持丽江健康与环境研究中心（当时是北京三生环境与发展研究院的丽江办公室）在河源村开展社区保护地和社区可持

2017 年 3 月，访问滇西北黎光社区保护地，与傈僳族村民合照。中间者为刘怡

续发展项目。项目以"村寨银行"作为切入点，推动村民对公共事务的讨论，并且自己制定了"村规民约"，实施公共事务的管理。12 个自然村通过讨论划出了自己的社区保护地范围，并且同"村寨银行"实行联动机制，有效制止了破坏生态保护的行为。

"村寨银行"其实不是普通意义上的银行，而是一个社区互助基金，由村民按户自愿等额入股，项目通常按 1∶1 的比例投入配比资金形成本金。村民小组入股户通过抽签分三批进行等额借贷，每批贷款户为 10 户左右，每批贷款时间为一年，到期偿还本金和利息后再进行第二批和第三批的借贷，三年为一个滚动周期，到期后由村民决定是否继续运行和重新抽签。资金的用途由村民自行决定，但规定参与"村寨银行"的村民小组得有自己的社区保护地。"村寨银行"的利息、借款的抽签方式、没有按时还款的处罚方式等等都是由村民自己讨论和决定的。我们的项目只是提供了一个公共讨论的平台。

在河源村的项目实施过程中，村民们几乎有一年的时间，每天白天干农活，晚上都在开会讨论"村寨银行"和社区保护地的管理办法。虽然付出了较高的时间成本，但由于所有的规则都是村民自己讨论决定、按下手印庄严承诺的，规则执行的效果非常好。如果有人不还款怎么办？这是所有贷款类项目共同面临的最大风险。李玉坤说："如果一二十家人上你家去，就算一样东西都不拿，个个到你家去喝一杯茶，那个味道是谁也受不起的。"他们的村规民约里对砍树的行为做出了"到他家里去喝茶"的集体压力来惩罚，以及"砍一罚五"，或者从砍树者的"村寨银行"股金中扣除罚款的规定。为了发展养蜂等生态产业，村民们经过长达9个月的时间讨论制定了《新房组农药禁用制度》，其中有一条规定是"对于违反农药禁用制度的村民，全村其他村民将不参加该户的红白喜事"。这些制度和规则之所以有效，是因为它们生发于村庄的社会关系，符合社区的情理，与村民的日常生活息息相关，是任何一个像我们这样的"外来者"都无法通过想象得出的。

"内生"，用村民的话来说就是"以前是别人要我保护，现在是我自己要保护"。"内生"对我来说就是保护的主体是村民，保护的规则由村民制定和实施，保护的成果由村民共享。我自己从这个项目中看到了村民的主体意识被激发之后，他们在公共事务治理中的无穷力量和智慧，以及集体制定的规则、制度、相互制约可以如何加强村庄的凝聚力，避免"公地悲剧"的发生。

河源村的项目结束后，项目实施机构采用"村民教村民"的方法，从河源村扩展到了丽江的8个行政村、49个村民小组，在三江并流世界自然遗产地老君山片区支持当地村民建了49个社区保护地，保护面积达18308公顷。我们从2018年开始支持他们以举办工作坊的形式，将内生式发展的实践分享给来自全国130多个社区、公益机构、政府部门的代表。项目得到了广泛的关注，甚至在2021年的地市级国家公务员考试中，"村寨银行"项目成为申论考题的背景材料。

我也通过我的工作把这个项目的成功经验推向了国际舞台。首先是支持老君山地区的黎光村成为国内首个通过同行评审，在"全球社区保护地注册系统"进行注册的社区保护地，2020年8月联合国环境署世界保护监测中心还正式颁发了证书。我还作为推荐人，推荐项目实施伙伴丽江健康与环境研究中心获得了2020年度保罗·K.费耶拉本德奖（社区团结奖），这也是这个奖项自2006年设立以来的首个中国获奖者。这是对项目过去10年来在云南老君山地区支持社区自我治理和内生式发展的肯定和认可。这些经验也证明了当社区的自我治理能力得到增强时，社区可以成为生态保护和自我发展的主体。

（三）传统知识和本土智慧

2021 年 2 月，联合国秘书长古特雷斯在第五届联合国环境大会上指出，气候变化、生物多样性减少和污染盛行构成了当今世界的"三重环境紧急情况"，现在是"重塑我们与自然关系的关键一年"。

在如何重塑人与自然的关系上，青藏高原的牧民是我最好的老师。2015 年 7 月，我结束了在青海玉树州尕麦村的项目点考察，在返回玉树机场的路上发生的一幕恐怕将让我终生难忘。那天公路上似乎堵车了，我们驾驶的小车前面是一辆大卡车，开得不仅慢，而且还歪歪扭扭的，样子很奇怪。路上塞车塞了一大段路，却没有一辆车从旁边超车。公路边是藏族的男女老幼拿着笤帚和簸箕在扫地。我起初以为他们是在打扫卫生，陪同我的金巴慈善会的扎西才仁会长告诉我，这个季节公路两边的草场上会有一种黑色的小虫子经常跑到路面上，人们把车开得很慢是为了避免压到虫子，那些拿着笤帚的人都是从附近的村庄自发赶来收集这些小虫子，并把它们带回草原的。对于生活在青藏高原的藏民来说，不管是虫子还是雪豹，小草还是森林，所有的生命都跟人的生命一样，是同等重要的。在他们的文化中，即使是山川和湖泊也是有生命的。正是对生命的敬畏和对自然的尊重，使当地人拥有了与大自然和谐相处的独特文化。

青藏高原是长江、黄河和澜沧江三大江河的河源地，被称为"中华水塔""亚洲水塔"。这里海拔高、生境脆弱，是气候变化敏感区域。千百年来，生活在这里的牧民与自然环境长期互动，形成了随季节更替而移动的放牧方式。20 世纪 80 年代以来，随着草场和牲畜的私有化、市场化，牧民生活的定居化，牧民同草原和牲畜的关系也发生了变化。草场从集体共有转变为牧民私有，牲畜结构也从养殖牛羊马转变为只养牦牛。明确各家草场边界的围栏使得牦牛只能在同一片草地上啃食，通过游牧使草地休养生息变成不可能；而没有了羊和马的啃食，杂草、毒草逐年扩大范围，取代优质牧草，导致草地质量和生物多样性逐年下降，草场退化严重。

2011 年开始，我们支持当地的牧民协会，在位于青藏高原东南部的川西北石渠县麻呷乡实施提高社区自然资源管理能力，缓解和消除草场退化项目。协会申报项目的建议书里写道："我们的 5 名工作人员都曾经是牧民，对当地牧民的需求以及他们的文化和价值观十分熟悉，在社区工作没有语言障碍，没有文化和心理方面的隔阂。"这正是我认为项目成功的关键所在。项目基于社区原有的文化传统,推动社区召开了两次"青泥拉湿地大会",帮助乡里的 7 个社区拆除围栏,恢复了传统的四季轮牧制度。由于这 7 个社区共同祭拜的神山正位于社区共有的草场青泥拉湿地范围内,多年来社区本身一直在探寻一种自然资源集体共享和共管的方式,而项目提出了一个他们熟悉的解决方法,可谓水到渠成。通过青泥拉湿地的共享机制,7 个社区在四季牧场内实现了可持续草场管理,面积超过 100 平方千米。社区还架设了 200 多个招鹰架,通过生物的方法来控制草原鼠害,而不是采用投毒灭鼠的方式,因为他们知道鼠兔、田鼠这些"害兽"也是草原生态系统的一部分,鼠类是草原上其他动物的食物。只有草原生态平衡恢复了,草地上的鼠害才会减少。事实证明,从牧民的生态智慧中,我们可以找到解决草场退化的好办法。通过两年的实践,对比项目前后的样方监测,社区发现鼠洞减少了 60%,有的地方鼠洞竟然几乎被自然草皮封盖。

2012 年 9 月,我到项目所在的麻呷乡然日村访问,从玉树机场经过 8 个多小时的车程颠簸,到村里已经是晚上 10 点多了。村民代表在村委会等我们,坐下以后,其中一位老人说:"我已经 60 多岁了,经历过很多事情,但我很难想象联合国是怎么知道我们,决定帮助我们的。我听说过联合国,但那离

2012 年 9 月,在川西北石渠县麻呷乡然日村项目点。左四为刘怡

我们太远了，我到现在也不能相信联合国的人能到我们这里来。"而我最骄傲的事就是我们可以让联合国的项目在最偏远、最需要帮助的地方落地，并且能支持当地人找到基于他们传统知识的环境问题解决方案。

联合国土著问题常设论坛前秘书处主任罗伊－亨利克森曾经说过："原住民通过他们日常生活的实践以及对当地环境的透彻理解，一代一代人发展出来的传统知识能够为气候变化、粮食危机、减少不平等和其他我们通过可持续发展目标试图解决的挑战，提供有价值的应对方案。传统知识在土地管理、生态保护、科学、技术、医学研究方面提供了巨大的机会。"许多原住民和社区的价值体系都强调人、自然和"健康生活"之间的联系，然而，在现代化和商品经济的冲击下，这些传统知识和本土智慧越来越被边缘化，我想联合国的项目对当地人的最大帮助，不是资金和技术的支持，而是对他们千百年来与自然互动的过程中构建的人与自然和谐相处的价值体系的认可，让他们的传统知识和本土智慧被全世界看到和听到。

我在联合国开发计划署工作的最近12年中，走访了中国的26个省（区、市）的130个项目点：经历过汽车轮胎爆胎，在海拔4000多米推车爬坡，风餐露宿；经历过洪水冲断路桥，不得不在雨中泥泞的山路上步行两个多小时到达安全地带；没电、没水、没厕所、手机没信号更是家常便饭。但只有我经历了这些，用自己的双脚在大地上行走，用心倾听那些从小就生长在这片土地上的人，皮肤晒得跟他们一样黝黑，才能真正理解人与自然之间的关系。而我在这个过程中也总是能够突破自己的固有认知，更好地理解环境和发展问题的本质，帮助当地人找到因地制宜的解决方案。

感谢我工作中遇到的每一个平凡的普通人，他们让我看到多样的社会、文化、精神、内在和外在需求，不一样的价值体系，以及"发展"的丰富内涵；他们身上蕴藏着解决发展问题的智慧和力量，也让我无数次思考工作的价值以及生命的意义。

三、初入国际组织的学思行

/ 李翰颖

◯ 作者简介

李翰颖，美国国际培训学院多文化组织管理硕士，北京大学国际政治学法学学士。现担任世界自然保护联盟教育与传播委员会东亚事务副主席，致力于在东亚推动生态保护意识的提升，以促进公众行为的变化。拥有25年的国际可持续发展工作经验，走过近50个国家和地区。曾任职于国家环境保护总局、中华环境保护基金会、全国人大环境与资源保护委员会以及两个全球重要的生态保护国际组织（世界自然保护联盟和世界自然基金会），曾参与管理由6个国际组织（联合国开发计划署、联合国环境规划署、联合国粮农组织、国际救助发展组织、湿地国际和世界自然保护联盟）联合发起的区域生态保护项目。工作内容涉及联合国可持续发展目标的各领域，尤其是生物多样性、气候变化、能源、城镇化、教育、性别平等、扶贫、绿色金融等，工作区域覆盖亚洲、非洲和大洋洲等地区。

◯ 导 读

本文作者在国内工作10余载，2008年加入世界自然保护联盟，在多个岗位任职，表现出自律自强、开拓进取、积极好学的特质，个人成长迅速，工作成绩斐然。作者在文中着重介绍了"语言能力的培养"和"项目管理方法"，刚入职的年轻职员恰好经常会在这些方面碰到基础性问题，很值得借鉴学习。作者分享了如何应对自己遇到的"国际英语"的挑战和克服听力短板的有效方法，以及参与项目管理与评估的经验，并通过多机构"未来红树林"合作项目的实例，详细介绍了国际组织项目执行与评估的过程情况、成果提炼以及为下一步项目设计提供依据和建议等，为初进国际组织工作的年轻人提供了很有价值的实操案例。

去国际组织工作是我的职业生涯从国内走向国际的转折点。在国内的政府部门和国家级基金会工作了 10 余年后，我于 2008 年考入世界自然保护联盟（IUCN）亚洲办公室，开启了国际职员生涯。对比之前的工作，IUCN 给我带来了全新的工作性质、工作对象和工作环境等。在边做边学中，我得到了锻炼和提高，受益匪浅。这篇小文里，我将谈谈最初进入国际组织工作时，最令我受益的两方面：第一是多文化交流中关于语言能力提升的经历和经验积累，第二是在国际项目管理中获得的技能提高。

（一）多元文化环境下，要先弄懂"国际英语"

语言的交流——听和说是多文化交流的重要途径。在国际组织的工作中，"听"，不是泛指的英语听力，而是听懂带有各种口音的英语（我把这称为"国际英语"）的能力。这是我最初入职国际组织遇到的第一个挑战。IUCN 亚洲办公室设在泰国曼谷，50 多名职员中，1/3 是南亚人，1/3 是泰国人，剩下的 1/3 来自世界各地。我加入后，成了办公室里唯一的中国籍职员（这也侧面反映了我国目前开展国际组织后备人才培养工作的重要性和必要性）。除了和同一个办公室的同事们交流，在工作中我还需要和众多 IUCN 国家办公室以及亚洲和非洲的项目国的同事们频繁进行远程会议交流。这十分挑战我对"国际英语"的听力水平与能力。虽然我在国内的时候一直在做国际合作方面的工作，也经常会使用英语，但是初到曼谷，沉浸在一个"国际英语"环境中时，我就发现了自己听力能力的不足，尤其是对南亚和非洲英语的理解。对于大部分的中国人来说，我们在多年"听说读写"的英语学习中学的是英式和美式的英语，听力考试的材料也是以这两种英语发音为主，我们很少有机会和足够的时间来适应带着各种口音的英语。在这一点上，学习英语的人一定都有同感吧？

刚开始的时候，我在集中精力仔细听口音较重的英文的时候，能听懂

2006 年，李翰颖（右三）和泰国及印度的同事在世界保护大会上

60%—70%，但时间稍长、精力不集中的时候，理解的比例就开始降低。我曾经考虑过录音并回听，但是密集的工作安排让我没有多余的时间再去回听。此外，一些重要会议上，我需要即时全面充分了解代表各相关方的发言人的立场和态度，会后马上跟进相关决议。另外，我的判断是，提高听力是关键，不能依靠两次或多次回听。

在 IUCN 最初的 3 个月，是对工作了解和熟悉的阶段，相比于依靠查看文字资料，我把和同事们的语言交流作为熟悉工作的主要方法。交流中我刻意锻炼自己，让耳朵和注意力长时间高度集中，多吸收语音信息，熟悉语调，掌握不同口音的发音特点。下班后，同事们各种聚会等活动我也积极参加，让自己尽可能地有更多时间沉浸在带着各种方言的英语氛围中。过了 2 个月左右，我基本熟悉了南亚和非洲英语的发音特点，意识到听不懂的比例越来越低。迅速适应"国际英语"对我履行工作职责有很大助力，保障了我的工作效率和效果。最明显的感觉是我和南亚及非洲的同事就工作细节交流讨论时更顺畅了，并能够在会议中边做记录边参加发言讨论（这要部分归功于之前在国内参加同传培训时候的分脑能力练习）。会议结束一小时左右，我便能整理出会议纪要并用邮件群发给所有参会者，供大家确认并落实后续行动。通过和同事们的交流，我也快速掌握了一手的工作内容和信息，并很快地和大家从陌生到熟悉，开始了愉快的相处。

近几年我常驻国内，在现场会议和远程会议上，不时会听到几种熟悉的英语口音，瞬间会感到很亲切，有时候头脑中会闪现初到曼谷时那段适应"国际英语"的日子和在国际组织工作初期的各种突击学习和适应。每当这时，我并没有感觉那是一段痛苦的经历，反而觉得很怀念。有两次在国内的会议上，我的"国际英语"听力能力派上了用场，我曾被临时拉去充当翻译救急。

近两年我在一些高校参与了国际组织后备人才培养的工作，开展过不同主题的讲座和课程，和同学们分享在国际组织工作的经历和感受。在培训中，我多次给同学们强调听懂"国际英语"的重要性，尤其是新冠肺炎疫情开始以来，采用远程音频视频沟通成为常态化的工作方式，不能看到肢体语言，对听力提出了更高的要求。国际组织的员工来自世界各地，很多人的英语可能都会带有在我们听来或轻或重的口音，这很正常。建议同学们尽早适应"国际英语"，为申请以及在国际组织实习提前打基础。我对获得国际组织实习机会的一些同学进行了跟进和调研，发现绝大部分同学在实习期间遇到的最大困难不是工作本身，而是多文化交流的屏障，其中，听不懂"国际英语"是主要的挑战。一个同学告诉我，她在 6 个月的实习期间，前 3 个月一直在努力适应工作环境，包括适应各种英语的口音，后面 3 个月逐渐进入状态，但实习很快就结束了。一般情况下，国际组织的实习期最长为一年，如果到岗前对"国际英语"有一定的熟悉度，就可能尽早融入工作环境，和来自不同国家的同事顺畅有效地交流，尽早进入工作角色，提高工作质量，把有限的实习期更多用在其他知识和技能的学习提高上。另外，同学们在申请国际组织实习的过程中，进入远程面试环节后，遇到的面试官也不一定说的是标准的英式或美式英语，万一也带口音呢？那么，在国内没有"国际英语"环境的情况下，如何提高"国际英语"听力水平呢？我自己总结的方法是多看多听不同口音英语的视频和音频，给自己创造一个语言环境。互联网时代，这样的资料很多，要坚持一段时间，持之以恒。听得多了，就有了语言感觉。希望以上感受和建议，能对读者有所启发和帮助。

语言能力的提高不仅对多文化环境中的工作有助力，还是提高生活幸福指数的一个工具。对大部分国际职员来说，常驻异乡，同事不仅在办公室见面，也会在非办公时间聚在一起，比如，庆祝生日、节日，参加各国的重大庆祝活动，等等。性格外向的我，在办公室逐渐成了大家的活动召集人，有时候同事们觉得业余生活单调了，就跑来对我说："Hanying, it is time to organize another party!"（翰颖，可以组织下一次的聚会了！）在和不同国家的同事及驻在国的朋友的交流中，我也会主动介绍中国的文化和发展情况。沟通交流的最有效方法之一是讲故事，分享自己的故事和照片是最有说服力的，可以让国际朋友看到真正的中国，纠正由于西方媒体对中国报道的片面和错误引起的认识偏差。对于我来说，这是作为一个中国籍国际职员的责任。

（二）学习驻在国语言，适应当地生活和文化

掌握驻在国的语言，对日常生活和工作的帮助很大。到曼谷3个月左右，考虑到有可能在泰国的工作时间会较长，我开始学习泰语。做这个决定的原因，有对语言的兴趣，更重要的是想提高自己的生活便利性，并深入了解这个神奇美丽的国家及其文化。我每周抽出3个晚上学习泰语，每次上课2小时。在办公室的时候，也会学以致用，向泰国同事请教，并把他们当作练习说泰语的对象。泰国人本来就很耐心、平和、热情，看到外国人学习他们的语言，更是格外高兴，都很愿意教两句。除了泰国同事们，泰国的出租车司机也是我练习泰语的对象。曼谷的交通虽然有时候拥堵，但是在出租车上的时间，常常被我用作向司机请教发音，或者和他们用泰语聊天的时间，这样也就不觉得堵车是个恼人的事了。有时说个地道的泰语句子出来，总会引起大家善意的大笑，距离一下子就拉近了。

在曼谷生活4年多，因为能说一些泰语，我结交了各行各业的泰国朋友，有给我介绍租房信息的中介，有旅途中认识的陌生人，还有工作中遇到的泰国项目合作伙伴。有一次和一个泰国朋友聊天，我好奇地问起山竹的生长过程，他随后特意邀请我去他父母家的种植园。在那里，我人生中第一次看到了长在树上的山竹。泰国同事专门带我去夜游凯隆河，欣赏两岸树上萤火虫制造出的梦境一般的"繁星世界"，那个景象永远留在了我的记忆中。几个泰国朋友周末回老家，也不忘带上我。我和他们一起回到北部的黎府，参加了著名的鬼节游行活动，看了泰国知名摇滚乐队阿森尼和瓦仁（Assanee and Wasan）的草地演唱会，和全场一起合唱家喻户晓的泰语歌，开心到忽略了蚊子大军的陪伴。

文化交流是很有趣的体验，而这一切美好经历的缘起主要是因为我会说一些泰语。这大大拉近了我和当地人之间的距离，使我融入当地人的日常生活，看到了多姿多彩的泰国。

2010 年，泰国黎府鬼节游行活动

（三）学习国际组织的项目管理方法，锻炼提高胜任力

在国际组织工作感触最深的第二个方面是国际项目管理方法。初到 IUCN 亚洲办公室，我的工作是参与刚刚启动不久的"未来红树林"（MFF）①项目。项目启动的背景是发生在 2004 年 12 月 26 日的印度洋海啸。由地震引发的这次海啸，不仅夺去了 20 多万人的生命，还对印度洋周边一些国家的沿海生态造成了严重的破坏。2006 年，联合国开发计划署（UNDP）、联合国环境规划署（UNEP）、联合国粮农组织（FAO）、国际救助发展组织（CARE）、湿地国际（Wetland International）和 IUCN 等 6 个国际组织共同发起了这个项目，覆盖印度洋周边的 15 个亚洲和非洲国家，旨在协助这些国家恢复海岸的生态系统并加强治理，走可持续发展道路。这个跨区域项目的管理办公室设在 IUCN 亚洲办公室。

我入职的岗位是 MFF 项目办高级项目官员（Senior Program Officer）。项目初期的 3 年，也就是项目的第一期，MFF 项目办的团队只有两个专职人员——项目协调员和我。行政、后勤和财务等方面的工作由 IUCN 亚洲办的相关部门支持。在上述 6 个国际组织组成的执委会领导下，项目协调员和我在原有项目方案的基础上，设计并落实项目在区域层面和国家层面的执行，包括成立国家委员会、招聘国家协调员、策划并实施国家层面项目和跨国项目。此外，我们每年召开 2 次执委会会议、3 次能力建设培训会，以及 1 次

---

① 参见 http://www.mangrovesforthefuture.org/。

全球项目交流会，还参加其他相关会议和交流活动等。从我上岗的第一天开始，IUCN 亚洲办项目总监每天给我讲解半小时左右，用了一周时间，彻底把临时兼管的 MFF 项目 2000 多万美元的整体预算和管理的统筹工作转交给我。这成为随后几年我的工作内容之一。同时，我的工作重点是负责管理分布在 5 个国家的 80 多个小项目和对口联络国家协调员。虽然之前在国内也参与过国际合作项目，但是 MFF 项目的广度和深度要延展很多，项目设计、管理的步骤和方法也有很多不同。UNDP 和 IUCN 根据各自在项目国的优势，分别负责几个国家的小项目落实和管理，这两个国际组织对项目管理的要求也不尽相同。我在工作中学到了不同机构的项目管理细节和标准。近几年在高校的培训中，我经常提醒同学们，实习生和初级国际职员参与具体项目执行层面的工作较多，建议大家多了解项目管理，增加去国际组织实习的基本知识与竞争力。

在这段工作中，我第一次接触到项目评估。这是国际组织的项目管理中一个重要的内容，它汇总非营利项目的产出结果，对结果和实施情况进行系统的分析和评价，找出亮点和困难，为后续工作提供切实的建议并预测项目结果产生的长远影响。评估工作既是项目管理的需求，也是对捐赠方的负责。在 MFF 项目一期中，我们对 80 余个小项目和 5 个区域大项目进行了抽样评估，同时在项目中期和项目收尾的时候，邀请评估专家进行了第三方独立评估，检查项目执行情况，提炼成果，为项目二期设计提供依据和建议。我们把这样的评估叫作监管、汇总及评估（monitoring, learning and evaluation，MLE）。通过协助专家开展评估工作，我学习掌握了评估的知识和技能，学会了分析项目结果和成果的不同（output vs. outcome）。MFF 项目一期结束时，给捐赠方提交的总报告中包括了 10 个最有成果的小项目，就是从评估中筛选出的。有两次在实地评估中，我发现某个小项目的资金使用有违规情况，和年度项目报告不符，并且同一个项目还申请到了其他机构的全额资助。本着严格执行项目管理的原则和对捐赠方负责的态度，经多方验证后，我以事实为依据，向主管领导提出终止该项目合同，停止后期拨款的建议。我的建议得到了领导的采纳，通过和项目国家委员会充分沟通，事情得到了较为圆满的解决，国家委员会也加强了对项目的监管。近几年，我对国内非政府组织和国际组织的项目进行过数次评估，也利用项目评估工作和讲座的机会，给国内非政府组织分享了在 MFF 项目中学到的评估理念和知识。

　　参与 MFF 项目的管理工作，很大程度上提升了我的综合管理能力，为我后来任职较高的管理岗位打下了基础。MFF 庞大复杂的管理体系，给我提供了难得的"实战"锻炼机会。在工作中，困难是不可避免的。由于政策、重点领域、项目人员的能力、文化差异等因素，每个国家的项目执行情况都不同，经常需要花大量的时间协调解决问题，推进执行。我学会了看问题的时候要转换思维和角度，提升看问题的高度，尤其是从宏观层面进行整体分析，并迅速做出判断和行动。MFF 项目的执委会由 6 个发起组织的亚洲区域主任或同级别的官员组成，我经常有幸和他们一起工作，听到他们高瞻远瞩的见解和决策，感受到他们的领导力和战略视野，以及危机处理能力，实在是受益匪浅。在 MFF 工作 4 年后，我转任 IUCN 东北亚项目协调员，并兼管 IUCN 驻华办公室。面对的工作是全方位的，包括行政管理、项目管理、筹资、与 IUCN 会员单位及东北亚五国政府部门等多个利益相关方交流等。有了 MFF 的经历，我的职责转型和任务转型都很顺利。

　　由于众多国际组织参与了 MFF 项目的管理和执行，我在工作中得以接触并较深入地了解了这些国际组织（尤其是联合国系统的相关机构），认识了一大批来自各国的国际职员，建立了广泛的人脉网络。除了上述 6 个发起的国际组织，参与到 MFF 执行的国际组织有 20 多个，涉及陆地海洋保护、渔业、农业、扶贫救助等各方面，对项目提供了专业技术支持。我们经常会在各种会议上见面，在项目点一起工作，这让我对其他机构的业务重点、机构设置和管理方式等方面有了了解。过去 10 年间，一些国际组织的人员虽然和我一样，已经离开了原来的岗位，但是大家到对方所在国出差的时候，还会找机会聚聚。另外，我和有些项目国的地方合作伙伴也成了很好的朋友。有一次，我休年假去印度旅游，和在地项目执行伙伴重聚，正赶上他叔叔刚去世不久，他就带上我参加了叔叔的悼念活动，这可是个挺难忘的经历。印度有一个脍炙人口的电影，叫《三傻大闹宝莱坞》，其中一段讲到了三个小伙子擅闯婚宴（crash a wedding）的趣事，但是我这是擅闯葬礼（crash a funeral）啊！这次经历让我了解到，加尔各答和我国一些地方的悼念活动有类似的方式，亲人去世后，也是由儿子守灵，以每七天作为一个重要的悼念日，怀念逝者。悼念活动以致敬祈祷开始，之后家人朋友进行流水席聚餐。

　　MFF 的工作也让我学到了很多生态保护的专业知识。对于本科专业是国际关系、研究生专业是多文化组织管理的我来说，在生态环保领域多年的工作，

2010 年，在 MFF 执委会会议上做小项目总结汇报

也是我不断补充专业知识学习的过程。MFF 项目涵盖的专业领域广泛，包括动植物保护、生态经济、政策引导、能源研究、污染治理、气候变化、扶贫、性别平等、可持续生计等。项目同事、合作伙伴联络人、在地项目执行人员以及外聘顾问，大多是各专业的专家。工作中我经常会同各领域专家一起深入实地工作，看到他们的专业报告，也会在众多会议上听到他们的发言。有不懂的内容，我就向他们请教，得到了一手的学习机会。我的主管领导 MFF 项目协调员是英国人，是一位有着 20 多年亚洲工作经验的湿地物种专家。他非常支持我学习生态专业的内容，放手把一些技术层面的工作交给我。我起草的小项目报告汇总了 80 多个小项目在 MFF 关注的 15 个专业领域的执行情况，他耐心地在文档中用修订模式给出了详细的修改意见，就像指导他带的博士生一样。发给我的时候，他还特意强调他非常喜欢我做的分析图表。在工作中我们也配合得非常默契。这里加个小插曲：在我转岗离开 MFF 的欢送会上，他幽默地说，在家里，一个有条理的中国女人管理了他 20 余年（他夫人是马来西亚华人），因此到办公室被另一个有条理的中国女人管理时就感觉习惯了。

在 2015 年联合国通过可持续发展目标（SDGs）的时候，我已经离开 MFF 项目了。回望那段工作经历，我发现其中已经涉及了 SDGs 的多个目标，它为我后来的相关工作预备了一些技术经验，也为我在高校和同学们分享 SDGs 知识的时候提供了丰富的一手案例和故事。例如，在关于 SDGs 中的目标 6、14

和15的综合讲座"水、自然与环境"中,我结合IUCN的"基于自然的解决方案"(nature-based solutions)向同学们介绍我国未来在森林、草原和湿地等方面的保护计划。在做"联合国可持续发展目标概述"讲座时,同学们对经验分享很感兴趣,我就引用了"MFF项目管理"案例给同学们介绍了自己的工作,以及这个工作的意义和价值,得到了同学们十分积极的反馈。

写此篇小文的过程中,我回顾了一些刚进入国际组织工作时候的资料和照片,不禁感慨丛生:入职IUCN的这段经历,是我职业生涯中"从量变到质变"的转折期。我的职业成长是多方面的,不仅有了多文化交流、语言和项目管理方面的能力提高,还丰富了知识,开阔了视野,锻炼了为人处世能力,以及加深了对生活的理解、对人生的感悟。建议有志于去国际组织工作的年轻人,从自己专业背景、个人兴趣等角度出发,对未来早规划、早准备。争取作为中国籍的国际职员,体验丰富的人生,实现自己的价值,为世界的和平、繁荣与发展做出贡献。

四、我是一棵"风滚草"

/ 柴　溪

作者简介

　　柴溪，2005 年从中华女子学院会计学本科毕业，2009—2011 年在北京大学中国经济研究中心读金融学在职研究生。曾在欧盟、英国大使馆及联合国驻华机构工作，2013 年夏天在南苏丹开始参与"无国界医生"的前线项目，在多罗难民营负责救援项目的财务、人事和行政管理。之后多次参加"无国界医生"在南苏丹的难民营项目、埃塞俄比亚的母婴营养项目、索马里区域的基础医疗项目、尼泊尔地震后的紧急救援项目、也门的战地医疗救援项目和缅甸的医疗项目，也曾在国内的一些非政府组织如"壹基金""绿色江河"等做过志愿者。2019 年开始在联合国难民署香港办公室担任高级行政和财务经理一职，负责协调管理办公室的财务、人事、行政、采购、IT 等事宜。

导　读

　　此文记录了一位普通80后"温室小草"成为一棵"风滚草"的过程，展现了一位意气风发、充满理想、不畏困难的"前线战士"扣人心弦的故事。让我们跟随作者的脚步，去认识这样一位积极、乐观、勇敢、具有国际情怀的年轻人。本文作者回顾了她在联合国机构得到的锻炼和拓展的视野；解答了为何从联合国驻华机构辞职加入"无国界医生"组织，成为前线救援队伍的一员；描绘了她在南苏丹多罗难民营诊所、埃塞俄比亚南部的山区、索马里沙漠腹地的村庄、尼泊尔地震灾区、也门西北部戈壁以及缅甸北部掸邦的历险经历；讲述了她在执行"无国界医生"的前线任务时收获了"最美丽的意外"和甜蜜的爱情。作者用自己的行动诠释了"如何在复杂严酷的现实中不迷失,不麻木,保持感觉和情感,去实践理想"。不求安逸、勇于挑战、追求理想、大爱无疆,是当今特别值得称赞和弘扬的精神。

大学毕业后不久,当我加入联合国驻华机构工作时,觉得自己就像一粒幸运的小种子,在联合国这座大花园里生根发芽,迎着阳光沐着风雨茁壮成长,希望有朝一日,能长成挺拔的树木,枝叶繁密茂盛。却没想到,我这颗小种子长成了一棵"风滚草",从联合国花园里迎着风出发了:几年之后,我将频繁飞去世界上不为世人熟知的偏僻角落,参与那里的人道救援项目。当时更无从想象的是,我将会经历爱情电影中才有的浪漫场景,在非洲的难民营里遇到我的那个他,从此结伴走天涯。

(一)幸运的我

10年前我的生活,和一个普通80后女生没什么区别:上大学来到北京,毕业时本准备考研,却阴差阳错开始了工作。我很幸运,从实习到工作,一直沿着北京东三环的亮马河畔:先是在欧盟项目实习,后来在英国大使馆文化教育处工作了一年多,之后加入联合国驻华机构工作。

联合国驻华系统由20多家联合国驻华机构组成,联合国驻华协调员办公室的工作,是代表联合国秘书长,联系协调各个联合国驻华机构,凝聚力量为会员国提供更有效的服务。我在联合国系统的第一份工作就是在联合国驻华协调员办公室做协调助理。

我还记得做协调助理后我协助组织的第一个会议便是经济学家杰弗里·萨克斯和非洲驻华大使们的会议,对于当时正在备考在职经济学研究生入学考试的我来说,面对面听到杰弗里·萨克斯讲解他的发展理念,真是惊喜的经历。后来很快发现,在联合国驻华协调员办公室工作,遇到书本里的这些"大人物们"原来是日常工作的一部分。

因为希望在自己的专业领域里进一步发展,我通过了面试和笔试,加入了联合国艾滋病规划署驻华办公室负责财务管理工作。联合国驻华机构的工作给了我很高的平台,工作氛围和文化高度国际化,视野开阔。我有机会得以看到很多前沿话题的讨论和实行,这些对我有着潜移默化的积极影响,尤其是社会责任感方面。

因为在联合国艾滋病规划署工作，我在会议上见到了"无国界医生"这个名字，对它开始有所了解，逐渐萌生了想要加入它去非洲做人道救援的念头。也是在联合国的工作经历，帮助我成功通过了"无国界医生"香港办公室的评估与测试，加入到了它的前线救援人才库。就这样，我这棵温室小草，在联合国的大花园里经过几年的锻炼成长，吸收了各种养分，成长为一棵"风滚草"，开启了前线救援的冒险旅程。

（二）我在"无国界医生"前线

1. 南苏丹多罗难民营

我很喜欢香港 TVB 电视剧《天涯侠医》第一集里的场景，梁咏琪乘坐"生命动力"的小型飞机到非洲出任务，在飞机上用卫星电话给扮演其男朋友的张家辉打电话报平安，从飞机里望出去，是一望无际的非洲平原，动物们在飞扬的尘土中追逐奔跑。

当我第一次出任务时，乘坐的"无国界医生"的小型飞机和《天涯侠医》里梁咏琪乘坐的一模一样。就是这架小型飞机，载着我来到了南苏丹马班县的多罗难民营，开始了我的第一次前线救援任务。

"无国界医生"在多罗难民营中开设了一家大型诊所和三个小型诊所，为这里的难民提供基础医疗护理服务，也参与难民营里的饮用水净化工作，有 300 多名当地员工和 30 名国际工作人员，我负责项目的财务、人事和行政管理。这个项目让我觉得特别"前线"的地方就是宿舍。营地里按照当地传统方式建造了一个个小小的土屋作为我们的住所，屋顶由干草覆盖，进门需要深深弯下腰，里面只能放下一床、一桌、一个小箱子，而这些就是我在这里半年的全部"家当"。

这里大部分的工作流程是我没有经历过的。难民营里连电网都没有，更别提银行了，所有的款项来往都是现金。更棘手的是，在我刚开始工作时便砸来了两个大任务：向项目所有成员分析上半年经费支出，准备下一年的年度预算。我是团队里最新的成员，却要给团队分析经费支出的问题！

相比起支出分析，年度预算准备更困难。因为这里的预算包含大量的药品、净化水工程、建筑的花费，甚至还有飞机和船只的费用。物资包罗万象，有些在当地采购，有些在首都采购，有些由"无国界医生"自己的供应中心提供，有些要下国际订单，而拿到这些物资的数量及价格，要在一个月内完成！

但在这关键的一个月里，还有一半的成员会进行更替。同样规模的项目如果放到北京这样正常的背景下，通常讨论磋商都会至少两三个月，而在这里，一切都像按了快进键一样，迅速地进行着。

在这里，我看到了"无国界医生"的速度，真不愧是以迅速反应著称的项目！很多人刚刚抵达，便开始了预算的准备，有的人下了飞机刚到办公室，便开始了预算的准备。各个部门抓紧一切时间讨论开会，一切快速地进行着，似乎这样的速度在这里才是常态。我一次次地惊叹和比较，在心里给自己加油，在这样的时刻，一定要尽全力跟上，完成这些看似不可能的任务！

2. 内战爆发

相对于"无国界医生"的其他紧急救援项目来说，南苏丹多罗难民营项目虽然条件艰苦，但安全形势相对较好，适合第一次出项目的人积累经验，因此项目里有一半都是第一次出任务的队友。没想到，就是我们这群前线菜鸟，却经历了一次毫无预兆的战争爆发。

完成任务回来后，很多人都对我说我运气太差，居然赶上南苏丹的内战，可是我却觉得从某些角度来说自己也是幸运的，在第一次任务中就能亲身经历"无国界医生"如何应对这种紧急状况。

2013年12月14日，是一个周六，那天晚上首都朱巴一夜枪战，内战在南苏丹突然爆发了。随后战争迅速扩大，机场关闭，各国使馆开始撤离，难民营所在的马班县不断有当地人选择离开，我们的当地员工也开始辞职，我的两个助理也都先后辞职离开了。

至今我仍记得那个夜晚，9点多的时候，我关了办公室的门准备休息，在走向水池洗漱的路上，看到我们的项目主管。她是一个比我大三四岁的瑞士姑娘，几年前从助产士做起，如今已担负起一个项目，正带领着我们应对南苏丹内战的危机。当时她坐在小土屋门口的地上看着天空，一脸凝重地抽着烟。我顺着她的眼光看过去，月亮那么圆、那么亮地挂在树梢间，我笑着对她说今天应该开个full moon party（满月派对）的。往常她会笑嘻嘻地回应，可那晚她只是礼貌地冲我点了下头，继续坐在那里严肃地发呆。等我洗漱完回到土屋，关了灯刚躺下，门被她敲响，砰砰砰，"紧急会议！"低沉急促的声音让我一惊。

来到会议室，是各个部门的主管，一共四个人：项目主管、医疗部门主管、后勤主管，还有我是财务和人事的主管。项目主管瑞士姑娘非常简洁地指着墙上的地图告诉我们，收到了确切的消息，离我们不远的地方政府军与叛军正在交战，而交火前线有两个可能移动的方向，其中一个便是我们的所在地。如果是我们这个方向，交火前线到达的时间应该是第二天早晨8点左右。

这是我第一次离真实的战争如此接近。我扭头看到后勤主管，一个来自南非的女孩子，她的手和腿都在微微发抖，说话的声音有些发颤。出乎我意料的是，即便如此害怕，她依然非常肯定自己要留下来继续工作。在分析讨论了可能发生的状况和应对方案后，我们在凌晨开始去逐个土屋喊醒队友起床开紧急会议。

深夜里，大树下，昏暗的灯光中，每个人都没有说话，静静地坐着看着我们。项目主管通报完形势之后，告诉我们有两种方案，一种是只留下必需的岗位让医院运转，其他人乘坐第二天到达的飞机撤离，而另一种是保持现有规模继续工作，形势再恶化之后才进行分批撤离。短暂沉默后，队友们都决定要留下来，继续维持医院的运转，为难民营中的人们提供援助。黑暗里我看不清他们的表情，但在那一刻，我能感到巨大的温暖与力量。

就在那个夜晚，没有人睡得着觉，大家纷纷拿出了酒和巧克力，在树下聊天唱歌以缓解压力。我和来自香港的药剂师蕾切尔坐在办公室门前的台阶上，在撤离预备方案里，她在第一批撤离的名单上，而我是最后一批撤离的人。名单出来后，蕾切尔转身紧紧抱着我，那种复杂的、有点悲壮的感觉，每次想起都会让我鸡皮疙瘩起一身。听着队友们的聊天声和歌声，那个夜晚，我在不眠中度过，不是在害怕中无法入睡，而是在高速度地严格按照程序分类和销毁财务和人事文件，为可能发生的撤离做准备。

最终，第二天早晨军队没有来到我们的方向，太阳如同往常一样照常升起，我沐浴在燥热的阳光里，浑身却觉得阵阵发寒。那天，我有很多话想说，最后却只在微信朋友圈里发了条简单的信息："太阳升起来了，多么温暖。"很多国内的朋友为这漂亮的日出点赞，可他们却不知道我当时那劫后余生般的感觉。

后来军队到了上尼罗河州首府马拉卡尔"无国界医生"的医院，那里的营地遭到抢掠，病人被射杀在病床上，"无国界医生"位于那里的队伍几次撤离，可最终仍回去那里继续工作。那里的队友经历了比我们严酷百倍的遭遇。

3.迅速成长

在这个非常的时期里，我在迅速地成长着。从前的我，只是一个坐在办公室擅长在 Excel 软件里做各种报表的财务人员，而在这里，除了财务管理，我还承担起 300 多名当地员工的人事和行政管理工作，需要应对各种意想不到的突发状况。

后来在协调办公室，我遇到了曾和我一起在斯德哥尔摩参加出发前培训的意大利女孩儿，那时的她腼腆、不爱说话，总是低着头，而现在的她是南苏丹紧急协调团队的医疗负责人，眼神坚定有力，和以前判若两人。前线工作的经历让身处其中的我们都以不可思议的速度迅速成长了起来。

出任务时，原来的工作单位非常支持我，给了我停薪留职的机会，我很感谢我的同事们让我没有后顾之忧地去参加第一次前线任务。离开北京时，我以为这只是我人生中仅有的半年独特的经历，半年之后我还会回到原来的轨道，继续原来的生活，完全没有想到这半年竟会改写我的人生。

到了南苏丹后，慢慢熟悉了工作，经历了内战爆发后，我发现我开始喜欢上了这种前线生活。"无国界医生"的前线任务里有各种性格的人，在这里个性可以得到最大程度的保留和张扬，我被队友们形形色色精彩纷呈的生活"蛊惑"，也被非洲当地人物质缺乏但是乐天的性格感染。最重要的是，我可以亲眼看到自己的工作能够帮助到当地人，那份快乐真是无以言表。不知不觉间，继续做下去的念头开始在我心里悄悄滋生。

因为我想继续探究，在这博弈和妥协无处不在的世界，这样一个基于人们的需要而提供援助，不受种族、宗教、性别或政治因素左右的组织如何开展工作，为了让援助活动得以进行，怎样的妥协最后被接受了？那些被人道救援光芒淹没的政治交易和利益平衡是什么，做这些艰难选择的道德和伦理标准经历了和正在经历着怎样的演化？敢言、反叛、率性而为，这些充满活力和希望的特点怎样和专业、理性的实际磨合在一起，这过程中的争辩和阵痛是什么？这是对一个组织工作的探究，同时也是对自己内心的反省：如何在复杂严酷的现实中不迷失，不麻木，保持感觉和情感，去实践理想。

也许前线琐碎具体的工作内容本身对我的专业能力提升不大，但是，那些只有置身其中才有的经历、感受和冲击，是我以后学习和工作的情感基础和动力。对我来说，不管是从事研究还是执行项目，这种情感认知比知识和技巧更为重要。只有亲历，才能更深切地体会，再面对表格中的数字时那就不只是数字，那是我眼前曾出现过的一张张面孔。只有经历，才不会忘却支撑自己面对困境时的绝不轻易言弃。

4. 跌宕胜过电影

结束了南苏丹半年的工作后,我选择了继续出发。执行前线任务的那些年,每天早晨醒来,我总要反应一会儿才能想起自己正身处何时何地。

2014 年 9 月,因要去埃塞俄比亚南部的山区出母婴和营养项目的任务,途中经停首都亚的斯亚贝巴。抵达的第一天因为时差,半夜时分我就在亚的斯亚贝巴的郊区醒来,那是在一个架着铁丝网的院子里,窗外一片漆黑。这里的年月日和北京不一样,居然连钟点也不一样,2014 年在这里竟是"2007 年",人们管早晨八点的上班时间叫作上午两点。我不知道自己所处的具体地点,没有网络,没有手机信号,窗外电闪雷鸣大雨滂沱,我仿佛穿越到了一个时空混乱的未知世界。

从亚的斯亚贝巴沿着东非大裂谷一路往南行进了两天,我来到项目所在地——埃塞俄比亚南部深山里的一个山村。在那里,我的房间很狭小,小到关上窗户半夜里会憋气到头疼醒来,开了窗户便会有各种虫子跑进来,在窗户上蹦蹦跳跳。项目经常停电,手机没有信号,需要通过卫星通信系统收发邮件,打电话则需要开着车去不同的山头"找"信号。

结束在埃塞俄比亚山区的工作后,2014 年年底,我的下一个任务是在索马里沙漠腹地的村子里。在那里,我和队友从找房子盖厕所开始,一点点开启了一个全新的紧急医疗项目。还记得第一个在索马里沙漠腹地的夜晚,月光透过窗户照进我的房间,熟睡中的我被明亮的月光晃醒,惊喜地跑进院子,看见深蓝的夜空中挂着我见过的最耀眼的月亮。从院子里望出去,月光下静悄悄的村庄一览无余,一房一瓦都被照得清清楚楚,呈现出一种惊心动魄的美。

诊所里怀着双胞胎的妈妈情况突然危急,队友送这位妈妈转诊去另一家医院,我跟车一起穿越非洲之角的戈壁腹地,我的目的地是去有网络的地方收发工作邮件。一路上,呻吟的产妇,路边的坦克,持枪的士兵,奔跑的骆驼,偶尔出现的村落,漫天黄沙飞扬时的无处可躲,穿越关卡时的忐忑不安,一切都好似置身于电影里的紧张情节。

2015 年 4 月尼泊尔发生地震后,我乘坐直升机去往灾区运送物资的途中,半空中一抬头,看到高耸的雪山那样近,悬在我的眼前,仿佛伸手就可触碰到。直升机降落在那个叫作拉普的尼泊尔山村,学校因地震倒塌,仅剩下半堵露出黑板的墙面。绕过断壁,孩子们穿着整齐干净的校服,在废墟隔壁的棚子里唱着欢快的歌。

2014年12月，参加位于索马里区域的"无国界医生"紧急医疗项目，与项目上的工作人员合影。前排左四为柴溪

完成了尼泊尔的地震紧急救援任务后，我的下一个目的地是位于中东的也门。2015年8月，我抵达也门西北部戈壁的紧急医疗救援项目，夜晚伴着时近时远的轰炸声入眠，房间的门时常会被爆炸后的余波震开。每次大规模空袭后，团队需要赶去医院，因为会有空袭中受伤的人不断被送来等待救治。完成任务后途经首都萨那时，我因突然出现在眼前的壮观的清真寺而震撼，也为夜半从窗口看到炸弹引起的火光而痛惜。

2016年3月，我的"家"又搬到了缅甸北部的掸邦，在这里的乡间度过了虽然忙碌但是相对平静的半年，见证了当时的缅甸新政府上台的历史时刻。参加前线任务，就如同行走在新闻热点和历史书中，时间和空间总在不停转变。出前线任务的这些年，我没有了看电影的兴趣，因为生活每天如同电影一般不可思议。

（三）最美丽的意外

其实让我决定辞去联合国的工作，继续参加"无国界医生"的前线任务还有一个很重要的原因，那就是我在第一次任务时遇到了我现在的先生，同样是参加"无国界医生"前线项目的艾瑞克。当我搭乘小飞机来到南苏丹的多罗难民营时，在红土飞机跑道上见到的第一个队友就是他。

艾瑞克来自香港，负责医院的后勤工作，他负责的是当地员工最多的部门，经常看他都是脏兮兮一身泥一身土、满头满脸的汗，电闪雷鸣的雨夜常在无线电里听到诊所紧急呼叫他过去维修电力系统。

非常难得在一个项目里遇到来自一个国家的队友，而且都是第一次出任务，我们很快就熟络起来，前线艰苦的工作开始逐渐有了浪漫的滤镜。每天清晨，我们一起到难民营里的红土飞机跑道上看日出，给当地的小朋友们用拍立得相机拍照，然后互相挥手告别，奔赴各自的岗位；一天劳累后带回满身尘土与汗水，分享美味的非洲"黑暗料理"和当地特色的"姜汁咖啡"；黄昏时分一起爬营地的水塔，去看非洲中部平原美丽到忧伤的夕阳；下大雨的夜晚踩着泥泞的路去加班，一起打着蚊子敲着电脑工作到深夜；周末的时候，一起给外国队友们包饺子打牙祭，一起去难民营里和孩子们玩"老鹰捉小鸡"；在中秋的满月夜里，我们在无线电里惊喜地互相呼喊着对方快出来看月亮；临睡前，围坐在院子里的大树下，一起认真地分享那些看似不可能的梦想……这些快乐的点点滴滴让工作带来的巨大压力得到了很大程度的缓解，让我现在回想起来，只觉得多罗的所有回忆都是闪着光的。

我们很幸运，在第一次出前线任务时就遇到了彼此。在这个任务结束后，我辞去了在联合国驻华机构的工作，和艾瑞克开始了一起"骑马走天涯"的

2013 年 8 月，与艾瑞克在南苏丹多罗难民营一起工作

2013 年 9 月，与队友在南苏丹多罗难民营和难民营里的小朋友一起玩"老鹰捉小鸡"。双手伸开者为柴溪

前线生活。平时我们一起出"无国界医生"的前线任务，在任务间隙，就一起去国内各地做志愿者。

度蜜月时，我们选择在简单的婚礼后出发去四川雅安做地震后重建项目的志愿者。这个特别的蜜月简单而清苦，我们冻得在房间里支起帐篷来保暖，但却有着笃定的快乐。当我们的蜜月接近尾声时，尼泊尔发生地震，我们很快就接到了去尼泊尔参加紧急救援任务的通知，于是迅速打包好行李，搭乘飞机抵达了加德满都。"无国界医生"的前线任务就是这样，我们永远都不知道自己下一站会在什么地方，会遇到什么人。

（四）生活翻开新的一页

一般来说过了 35 岁，会渐渐对世界失去好奇和敏感，对很多人来说，生活在这个时候已经定型，但是对我来说，真正的人生才刚刚开始。如果说联合国的工作为我打开了一扇窗，让我看到了更大的世界，那么"无国界医生"的前线工作则帮我推开了一扇门，让我踏进了这个更大的世界。

一起出前线任务几年之后，因为有了宝宝，我和艾瑞克不得不暂时告别"竹杖芒鞋"的前线生活。我这棵"风滚草"，在外面的世界经历了一番后，联合国的"大花园"又对我敞开了大门，我再次回到了联合国，在联合国难民署的香港办公室工作，翻开了生活新的一页。我的新工作是带领团队为联合国难民署在香港的筹款工作提供财务、人事、行政、采购和 IT 等方面的支持，所做的工作和前线工作既有不同，又有关联：不同的是工作地点和工作内容的改变，有关联的是都在为这个世界上那些最需要援助的人们提供帮助，我们筹到的款项就是前线工作的资金来源，筹款与前线工作同样重要。就这样，我从直接提供援助的前线项目，转到了为前线救援间接提供帮助的筹款工作领域。

开始新的工作时，我把碧昂丝的 "I was here"（《我曾经来过这里》）存在了手机里，她曾于 2012 年 8 月 19 日 "世界人道主义日" 在联合国位于纽约的大会议厅演唱这首歌曲。第一次看到身穿白色长裙的碧昂丝在纽约联合国总部演唱这首歌时，看着背景幕布上不论是出现滚滚洪水，还是残垣断壁，都有人伸出援手，我的眼泪控制不住地涌出来。每当工作疲累时，我都会听这首歌给自己力量。当歌声响起，听到 "I was here" 的歌词，我会情不自禁跟着哼唱，这是我心底的声音，是我工作的动力来源：

I wanna leave my footprints on the sands of time
将足迹留在岁月的沙滩里
Know there was something that, and something that I left behind
以此证明，我曾经来过这里
When I leave this world, I'll leave no regrets
那么当我离开这个世界时，将没有遗憾

I want to say I lived each day, until I died
我想说，直到死去，我活着的每一天都在真实地活着
I know that I had something in, somebody's life
我知道我的存在对一些人的命运意味着什么
The hearts I have touched, will be the proof that I leave
That I made a difference, and this world will see
被我感动的心灵将向世界证明我所改变的一切
I was here...
我曾经来过这里

I lived, I loved

活过，爱过

I was here...

我曾经来过这里

I did, I've done, everything that I wanted

我做过，我做到了想要的事

And it was more than I thought it would be

比想象中更丰富更美好

五、大舞台上的小故事

/ 韩士皓

◎ 作者简介

韩士皓，1992 年出生，本科毕业于四川外国语大学，获麦考瑞大学硕士学位及中国人民大学硕士学位。2016—2019 年在中国人民银行国际司从事经济金融外交、国际经济研究等相关工作。2020 年入选联合国开发计划署初级专业官员项目，赴南非从事国际发展相关工作。

◎ 导　读

这是本书收录的唯一一篇联合国初级专业官员写的文章。作者是新入职的初级专业官员，在迈进联合国这个大门之后，即发挥了年轻人应具有的、可贵的、难得的拼搏精神。相信读者会从中得到一些激励和启发。作者在文中所举的调研电荒、南非疫情初始、招聘实习生等实例，有见解、有分析、有策略、有方法。他主要在文章中再现了入职短短几个月所经历的事情与体会，展示了他所具备的重要素质：秉承不等、不靠、不迷信的精神，以初生牛犊之势，主动进取、勇于拼搏、善于沟通。其潜在的领导力得到了联合国管理层的认可。作者还分享了在异国生活的苦与乐。面对生活的新挑战，他那蕴含真挚情感的文字，那坚毅、乐观的态度与抗压能力，很是感人："凡是过往，皆为序章。在南非逐步进入第三波疫情之时，我即将告别妻儿，独自奔赴远方……"期待这名年轻的专业官员，能在联合国这个大舞台上，演奏一曲新的拼搏向上的精彩乐章。

　　自中学起，我就酷爱阅读先秦纵横家、外交家的精彩故事，也深受新中国外交事业奠基人周恩来总理的精神感召，理想是成为一名外交官。研究生毕业 3 年后，梦想终成现实。我参加了联合国初级专业官员（JPO）项目，通过了中国政府和联合国开发计划署的选拔，光荣地成为一名国际组织职员，赴联合国南非国别办公室工作。

　　所谓的 JPO 项目是联合国吸纳新鲜血液、年轻人进入联合国系统的主要途径之一。主权国家需与联合国签订协议，由联合国具体机构和该国政府共同筛选候选人。候选人一般为 35 周岁以下，拥有硕士研究生及以上学历、2 年以上工作经验的青年专业人才，到岗后级别为 P2，相当于国家部委的主任科员。

　　2020 年 1 月 30 日，一架从北京起飞的航班，载着我火热的理想，飞抵非洲大陆南端。十几个小时的航班，我几乎没合眼，饶有兴趣地阅读着提前备好的工作资料，一边看一边脑补第一天到驻地报到的情形。我的上司会对我这个加入联合国的新人有什么期望和嘱托？我会和来自多少个国家的同事一起工作？联合国大楼长啥样？下了飞机，南半球的热浪扑面而来。机场的工作人员穿着清凉的夏装，我们身穿的羽绒服略显滑稽。乘车前往酒店的路上，我好奇地观察着道路两旁的风景。繁华热闹的商业区、带游泳池的荷兰风格别墅、高尔夫球场上优雅挥杆的白人，与大家对非洲的刻板印象很不同。然而缺水缺电、拥挤脏乱的贫民窟，路口骨瘦如柴的黑人乞丐，也纳入眼帘，仿佛一个国家、两个世界。巨大的贫富鸿沟让人震惊，我深感作为国际公务员肩上责任之重大，任务之艰巨。

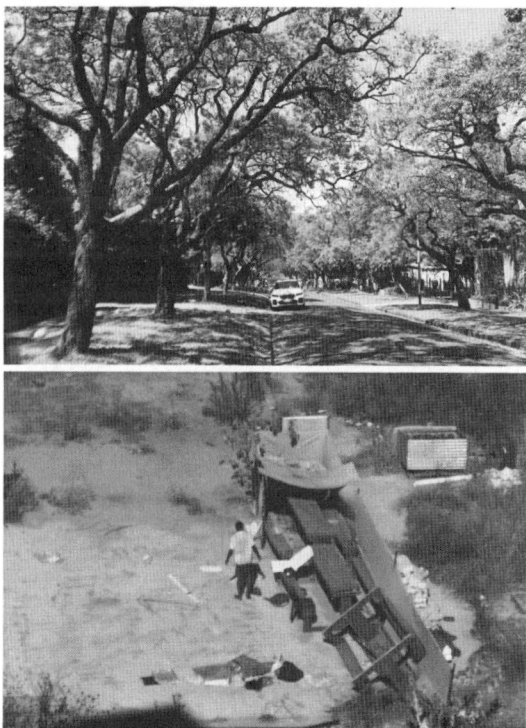

南非巨大的贫富鸿沟

（一）调研电荒问题

到岗后的第一个任务是写调研报告。

一天，我的直接领导 A 打电话叫我到他的办公室，开始布置工作。"南非煤炭资源丰富，发电量占非洲的 2/3，甚至还坐拥唯一的核电站，为什么近年来电荒问题频频出现？这对经济社会造成了什么样的负面影响？你把这个问题研究一下，写好后我会散发给南非的能源部和其他部委。"

A 来自西非的尼日利亚，50 来岁，身材高挑，戴副眼镜。他的职务是联合国开发计划署驻地代表，也就是我们驻南非的一把手。他是经济学博士，2019 年 9 月到南非上任，之前在联合国纽约总部工作过十几年。联合国的工作性质就是这样，不会总待在一个地方，国际职员在总部和各个驻地之间定期流动，四海为家，纵横天下。

说起拉闸限电，我可是感同身受。刚到南非这段时间，平均一周内停好几次电，据说最近几年都是这样，这两年是更严重了。限电期间，南非居民面临每天至少两次、每次至少两个小时的停电，不少商场和办公室都配备了柴油发电机，简直不敢相信这会发生在 21 世纪的中高收入国家。此时正值南半球的夏天，每次停电都酷暑难耐，漆黑一片，电脑、手机无法上网，仿佛与文明世界隔绝。

接到这个任务我挺兴奋。大到国家经济发展，小到百姓日常生活，解决停电问题是一件很迫切、很有意义的事情，能参与其中我感到幸运。再加上我一直属于好奇心强的那种人，本身对这个问题就很感兴趣，迫不及待一探究竟。到联合国工作前，我在央行写过好几年的经济分析报告，英文的文字功底自认为也比较扎实，有信心写出一篇全面、深刻和规范的调研报告。

动笔开写。我先是通过互联网和图书馆查阅了大量文献，对南非的电力危机开始有了大体的认识。2007 年以来，南非暴发过 4 次较大规模的电力短缺问题，每次持续数月。目前的电力危机自 2019 年 12 月开始，全国丧失了 40%的供电能力，导致了南非迄今为止最严重的停电，大量居民和企业受到影响。

为了从不同角度了解电力危机背后的原因，获得一些鲜活的资料，我用上了做新闻工作时的老本行，专访了几个具有代表性的政府官员、大学教授和工商业企业人员。由于停电问题，很多外资和本土企业放弃或推迟了在南非的投资。据估算，2019 年南非因停电问题，GDP 增速放缓了 0.3 个百分点，可当年南非 GDP 增速仅为 0.2%。

采访过程中，国企腐败、管理不善、计划不足、政企勾结等问题纷纷浮出水面，但这只是表面原因。种族隔离结束后新生政权的管理能力和经验不足是根源之一。南非国家电力公司（Eskom）供应了南非 90% 的电力，是南非最大的国企。其多名高管因腐败问题遭逮捕，企业管理混乱，丑闻不断，债务缠身。发电厂维护不善，导致经常停摆。投资不足，导致发电能力无法跟上社会经济的发展。

另外一个根源则是南非没有平衡好"切蛋糕"和"做大蛋糕"的问题。南非的低收入社区大量存在私拉电线的问题，且多个社区拖欠 Eskom 电费。由于政党总要考虑选票问题，切断这些低收入群体的供电，对于黑人执政党"非国大"（ANC）是一个政治上很困难的决定。增加发电产能需要大量投资，但政府为了选票，把手中的钱大量用于搞社会福利，重点放在了"怎么切蛋糕"，而忽视了"做大蛋糕"的问题。

有了这些基本的认识，结合其他素材，我利用经典的宏观经济分析框架，借用了联合国《人类发展报告》的逻辑结构，很快把这些内容写进了报告。讽刺的是，我在办公室用电脑写报告时还发生了几次停电，有一次险些没来得及保存草稿。我加班加点，在三四天的时间内就形成了一份 10 页左右的报告。

领导看了报告后非常满意，在抄送所有同事的邮件中对我给予了夸奖，

位于南非的办公室

表示已经写得很完善，所以没怎么修改就散发给了南非相关部门。我备感欣慰，"这次起码没给中国人丢脸"。在一年后的年度考核中，A对我的总体表现给出了最高等级的评价，专门指出"分析能力出众"。我事后复盘，这篇关于电力短缺的调研报告很可能给领导留下了还不错的第一印象。

（二）南非疫情初始

在我形成调研报告的同时，新冠肺炎疫情的阴云在向全球快速蔓延。意大利、伊朗等国家相继失守，全球感染人数爆炸式增加。

当时南非整个社会没有意识到巨大的危险正在靠近，世纪大疫情将改写包括南非在内的世界历史。歌舞升平，一切照旧，甚至大量人群聚集的游行示威活动仍在进行。南非边境除了检测体温外，并没有采取额外的防护和隔离措施。2020年3月5日，南非出现首例新冠确诊病例，患者为赴意大利旅游回国的南非公民。3月12日，南非已有17例确诊病例，部分病例无法追踪源头。专家称，这说明本地传播已经开始，未检测到的和处于潜伏期的病例可能更多，疫情大规模暴发或许只是时间问题。

新冠疫情此时已在中国暴发，1月23日武汉封城。我虽身处海外，但时刻关注着祖国疫情的发展，对新冠病毒传染性极强的特点有着深刻的了解，深知南非如果不采取及时、果断、正确的行动，可能会导致可怕后果。考虑到南非巨大的贫富差距、环境拥挤的贫民窟、债台高筑的政府财政，一旦新冠大规模暴发，南非所受影响将远超中国，不堪设想。南非应做好准备，越快越好！

在与联合国同事的接触中，我发现他们对全球疫情没有足够的警惕，严重低估了新冠将会带来的冲击。我的身份较为特殊，刚刚目睹和亲历了新冠在中国的暴发，对它的破坏性感同身受，认为自己有义务给大家提个醒，尽量让南非社会早做准备，让同事们做好防护。想到这里，我立即联系A的秘书，要求面见我的直接领导。

A是联合国派驻南非的高阶官员，工作繁忙，我只要到了10分钟的见面时间。我简要介绍了中国的疫情发展、目前已知的新冠病毒特点（尤其是传染性极强的特点）、南非现阶段面临的巨大风险、全社会应立即采取的注意事项（包括洗手、戴口罩、隔离、储备呼吸机等），以及南非政府和联合国各部门可做的防疫措施等。

在交谈过程中，我发现 A 虽然大体了解新冠疫情，但对其中蕴含的巨大风险认识不足，甚至认为新冠与流感差别不大。我想，他是高级知识分子，南非的多数人肯定还达不到他对新冠病毒的这种认识程度，这一点是非常危险的。正当我继续向他解释新冠的各种情况时，下一位同事按了门铃，急着进来会谈公务。10 分钟很快用完了，我不得不草草结束了会谈。

我确信危险在一步步逼近。这该怎么办？我才刚刚入职，是资历很浅的国际职员。人微言轻，不好判断领导能听进去多少我说的情况。我浏览了南非卫生部和世界卫生组织南非办公室的网站，关于新冠的内容相当有限。这加深了我的担忧，直觉告诉我，这个国家的警觉度还远远不够。

下午要开全体员工大会，这或许是个机会。立刻行动起来！我打电话给驻地副代表 G，建议把"新冠防疫工作安排"加入会议议程，并动手起草了下面的这封邮件，以再次引起管理层对新冠的重视。

Dear G,

Thanks for the notification.

I advise the office to take strong precautionary measures and place the health of staff at highest priority before it is too late. I understand how devastating it could be for our office if we don't act early and adequately because I see the huge impact of the pandemic in China as well as how it's being contained. The epidemic is coming close, but so many people here still don't take it seriously. Who plays safe will get the last laugh.

Several precautionary measures could be considered:

1. Work from home as much as possible;

2. Require sick colleagues with cold symptoms to stay home;

3. Limit business travel as airports are high risk areas;

4. Prefer online meetings and attend in-person meetings only when necessary;

5. Distribute facial masks to colleagues and encourage the use of them.

Best Regards,

Shihao

我发出邮件后，觉得意犹未尽。是不是写得太简单了，到底能不能行？

但时间有限，手头还有工作，似乎目前也只能写成这样了。

下午开会，讨论到新冠疫情的环节，领导宣读了我邮件里的主要内容，从侧面说明了对我邮件中谏言的认可。在自由讨论环节，我主动举手示意发言。我针对比较常见的误区进行了重点解释，并总结了我所知道的中国抗疫的经验与教训。对一个刚刚入职、单位最年轻的员工来说，在第一次例会上就给大家"讲课"并非不需要一点点勇气。

我从小参加演讲比赛，拿过全国大奖。这次发言学以致用，为了达到说服听众的目的，我综合运用了各种演讲技巧——如何开头吸引听众注意、怎么控制语调语速、如何诉诸情感与理智。会上不少同事默默点头，有些则面露惊色，还有人举手向我提问，形成了热烈的讨论氛围。会后有人追着向我了解新冠疫情的知识。这次小小的"演讲"似乎产生了一定效果，加深了大家对新冠疫情的了解。

南非社会对新冠疫情认识不足，现在看来，明显错误的观点在当时甚嚣尘上，比如：戴口罩无用论，只有病人才戴口罩；新冠不可怕，不过是流感或普通感冒，无须特殊防护；南非正值夏天，不会有疫情；社交隔离限制自由，是不人道的行为；中国人吃蝙蝠导致了疫情。甚至民间传言，黑人由于特殊的基因结构不容易感染新冠病毒。我在会上给大家宣传的正确知识看似常识，在当时却是很有争议的。

又过去了几个月，南非新冠疫情全面暴发。由于准备充分，联合国开发计划署成为响应新冠疫情防控行动最快的机构之一。我的判断一一应验，单位陆续出台了远程办公、限制出差、散发口罩、网上开会等举措，这与我在3月份提议的如出一辙。一两个不以为意、我行我素的同事不幸感染新冠病毒，更多的同事则是提前备好了防疫物资。后来口罩、消毒液等防疫物资遭到哄抢，供给紧缺。我当初在会上提出的观点得到了印证，不少同事给我发来了感谢邮件。

事后，直接领导A给我评价，"具有巨大的领导潜力"。"我只是做了应该做的，以后还有很多需要向您学习。"我答道。

（三）招聘实习生

我在南非的另一项主要工作是构建联合国开发计划署（南非）与中方的合作伙伴关系。

我到达南非半年左右时，逐渐对驻地的工作情况有了大致了解。我发现项目经理工作非常繁忙，他们处于中层领导岗位，团队内年轻员工很少，甚至有些项目经理是光杆司令，从"高大上"的项目规划设计、同政府高官会谈、论坛发言致辞，到最基本的打印、报销、订票都必须亲力亲为。不少项目经理经常加班，苦不堪言。

我出国前听过不少高校组织的以国际组织为主题的讲座，喜欢和不同的参会人员交流。国家很重视年轻人到国际组织中去锻炼，北京大学、中国人民大学、北京外国语大学等名校的国际组织人才推送工作搞得如火如荼，很多优秀学子踊跃到国际组织实习，拿到了进入国际组织工作的敲门砖。国家留学基金委和部分高校推出了配套政策，为到国际组织实习的学生提供生活补贴和差旅费，解决他们的后顾之忧。

我想，这里面应该有中方和开发计划署互利共赢的合作机会。我找到了平时比较熟悉的项目经理T，简单谈了谈我的想法，提出或许可以介绍些中国学生到驻地来实习。T非常兴奋，首先提到自己工作经常加班到深夜，希望有人帮忙，做些辅助性工作。其次他手头的几个项目涉及电子商务、循环经济、金融科技，中国在这些领域处于全球领先地位。最后，他还强调中国是非洲的朋友，如果有合适的中国学生来实习自然最好不过。我俩一拍即合。

但事情并非永远那么顺利。

驻地的同事J是美国人，30多岁，负责伙伴关系相关工作。我在考虑招中国实习生之初，就发邮件联系过他，希望征求他的意见，毕竟这项业务在他的职责范围内。但蹊跷的是，他迟迟没有回复。

既然J没有回复，那我就直接找A汇报吧。他虽是一把手，但也是我的直接领导，找他汇报任何事在程序上都是合理的。我起草了一份文件，介绍了中方实习生招聘计划的背景、原因和好处。考虑到驻地的财政不算宽裕，我提及中方可以给实习生提供补贴。只要这些实习生对我们的工作有帮助，这将是双赢的局面，不仅可以缓解驻地的人手压力，而且可以给这些实习生宝贵的锻炼机会。

A很忙，顾不上这件事，让我找副手G讨论。就这样，我把邮件发给G，抄送J。意外的是，这时候J跳了出来，毫无依据地指责我的方案，这也不行那也不行，仅仅引用了一些似是而非的理由，根本站不住脚，我心里明白这不过是借口罢了。

我非常恼火，也有点失望。当初我专门征求你的意见，你闭口不谈。现在我提交给领导，你却来搅局。这不是故意找碴吗？

T了解到了相关情况，向管理层明确表示希望招一个来自中国的实习生，相信会对他的工作具有很大帮助，请G和J给予协助。

回到现实世界，我告诉自己："我是联合国的国际职员，更是堂堂正正的中华儿女。虽说招实习生的事情是件小事，但咱们不能低头就此作罢，该亮剑时就亮剑。何况根据联合国的原则和政策，我又没错，要据理力争！"

联想到过去三四年我在央行的金融外交经历，我提醒自己越到关键时刻越不能冲动着急，这次的所有反击动作要有理、有利、有节，要讲究策略，要从联合国规章制度中找反驳的依据。

我一一反驳J的借口。第一，他提到已经到岗了几个美国实习生，每个项目经理那都有一个，暂时不需要中国的实习生。这明显不是事实，同事T那里就没有接收到任何实习生。美国的暑假快结束了，美国学生得重返学校，部分人就无法继续实习，那么有些组就会出现实习生岗位的空缺。

第二，J称招聘实习生会给驻地带来预算压力，要谨慎。这其实不是问题。中方的留学基金委和高校都愿意为学生提供生活补贴，开发计划署不给任何实习补贴都没问题。何况现在所有人都远程办公，实习并不会产生额外的经费支出。况且，招聘美国的实习生同样会有预算的问题。

第三，他说驻地与美国的大学已签协议，所以应该优先考虑美国学生。我指出，这是一个逻辑谬误。只要驻地与中方大学的合作没有违背已签协议的内容，就没有理由优先考虑美国学生。发展中国家的学生同样需要锻炼的机会，联合国主张多样性，美国学生、中国学生、南非学生在实习中相互学习交流，何尝不可。

也许是由于我充实的理由与明晰的变达，J收到我的邮件后态度大变，不仅就之前的不准确表述向我道歉，而且表示同意招聘中国实习生。我说，很多问题的原因都在于沟通不足，以后咱们敞开心扉坦诚交流，很多问题就会迎刃而解，希望咱们一起把工作搞好。两人一笑，似乎没有任何不愉快的事情发生。我心想，这是不打不相识？

我们顺利招到了一名来自北京大学的中国实习生。她非常争气，实习表现得到了上上下下的高度评价。T说，他还想再招一个中国学生来实习。一次例会上，我听到项目经理抱怨组内的哈佛大学实习生工作能力和态度不敢恭维。虽然中国学生到联合国实习有着语言、文化的天然障碍，但中国学生不比任何世界名校的学生差。

领导很忙，没有给我任何表扬，甚至都不清楚背后有这么复杂的过程。但我相信自己做的事情是正确的，符合祖国的利益和联合国的原则。我为自己加油鼓掌。

（四）异国生活苦与乐

2021年3月，南非孕育、中国出生的"联合国"宝宝在河南省一座小城呱呱坠地，母子平安。疫情终将散去，往事历历在目，记忆不会消失。

2020年7月，南非疫情进入至暗时刻。确诊的新冠病例数达到30万例左右，排在非洲第一、全球第九。我们所在的豪登省确诊病例在10万例左右。南非全国9省中的3个时任省长感染新冠病毒。祖鲁国王、总统府部长、曼德拉女儿、夸祖鲁–纳塔尔省前任省长等许多名人政要因感染新冠病毒离世。

我们在家里储存了许多生活物资，学会了自己理发，非必要不出门，尽量减少风险。远程办公，无须为生计发愁。封禁的日子望不到头，居家的日子很无聊，但相比很多人已经算幸运了。

位于约翰内斯堡附近的贫民窟亚历山德拉，不到7平方公里的面积里有约40万人蜗居于此。封禁对有些人无关痛痒，却给穷人带来了灾难。有时做

异国生活苦与乐

好防护措施是一种特权，洗手需要清洁的水和肥皂，但不是每个人都拥有这种条件。在贫民窟里生活的人，如何保持社交距离？在一日两顿饭都很难保证的情况下，又如何能存储充足的食物？

说不担心，那是假的。更何况爱人怀孕了，一身两命，不得不有玻璃心。曾经有段时间精神紧张，总是觉得自己胸闷，但当专心投身工作时，似乎又感觉不到身体不适。每天早上睁开眼，发现爱人和我自己没有病症，就长舒一口气。

每次的孕检堪称历险记。医院属于新冠的高风险区域，但我们不得不去，出发前全副武装，回家后全身消毒。记得第一次孕检前，同事推荐给我们一位妇产科医生，我们本已约好去检查，但孕检的前两天接到电话——这位医生新冠检测呈阳性！预约取消，背后发凉。我们不得不预约别的医生。

爱人时有情绪不好的情况，隔几天就哭一次。对孕妇来说，理智无法战胜情绪。作为丈夫而言，其实我能理解这种失落和无助，我俩尽量苦中作乐。爱人在我的帮助下学会了游泳，厨艺烘焙水平有了提高，买了尤克里里打发时间。我坚持每天跑步5公里，增强免疫力，还学会了吹口琴，一支支小曲驱散漫漫长夜的寂寥。这些不失为疫情期间的一些收获。

考虑到国内的规定和疫情的风险因素，我们经过几轮讨论，最终决定回国生产。获得新冠检测双阴性证明、抢购回国机票、长达1个月的隔离……往事不堪回首。随着国内对境外人员的隔离措施进一步收紧，我们先是在深圳集中隔离了2周，然后又在家乡居家隔离了2周。每人前前后后共做了8次核酸检测、3次血清检测。我能理解严格的防疫规定，但其中的苦楚与寂寞更与何人说……

凡是过往，皆为序章。在南非逐步进入第三波疫情之时，我即将告别妻儿，独自奔赴远方……

六、我们在联合国共成长

/ 何景琳 等

○ 作者简介

何景琳，北京医科大学（现北京大学医学部）医学学士、公共卫生硕士和博士。1986—1996年，在北京医科大学公共卫生学院从事教学和科研工作，副研究员；1996—2015年，先后在联合国儿童基金会、联合国艾滋病规划署和世界卫生组织任高级项目官员和区域协调员，北京大学公共卫生学院（兼职）教授；2016—2018年，担任中国狮子联会总干事；2018—2019年，担任联合国人口基金性与生殖健康顾问。现为清华大学老龄社会研究中心项目顾问、兰州大学健康数据科学研究院（兼职）教授和欧盟"加强中国当地公民社会组织的发展能力项目"培训师。开拓、创新和执行多领域的公共卫生、健康促进和社会发展的国际项目，推动政策制定和倡导，协调多部门和多学科合作。发表了60余篇文章，出版了多部专著和指南。曾获北京大学医学部"优秀校友"称号，以及世界卫生组织等机构颁发的联合国道路安全项目"卓越领导奖"等奖项。

张栋、陈思、谭宗洋均曾在联合国艾滋病规划署实习，李融曾是世界卫生组织的联合国志愿者和项目顾问。他们曾接受何景琳老师的指导。

○ 导 读

本文构思独特，由四位青年的故事以及他们与何景琳老师在一起的经历串成，浑然一体。何老师在青少年成长和技能培养方面具有扎实的理论基础，还有在大学教书育人的经历，对青年的诉求和愿望有深刻的理解。她对四位青年的成长，既有严谨要求，又有悉心指导。张栋、陈思、谭宗洋在文中分别分享了如何利用短暂的实习机会，提升自己的思维方式和使命感。他们透过实习工作深入地看到社会的包容性与人文关怀，学到了许多"专业之外的东西"。李融介绍了从新生听课到后来与何老师一起工作的经历与感受、锻炼与成长，他勤思好学、积极向上，在业务上取得了可喜的收获。四位青年还阐述了自己对家国情怀、国际视野、尊重以及联合国核心价值等新的感悟。本文的最后一部分，何老师诠释了联合国项目官员与青年共成长的感受。这些故事将鼓舞更多的年轻人，练好本领、抓住机会、实现理想、不负韶华，准备好为世界和平和美好未来而努力。

到目前为止，我的职业生涯的大部分时间是在联合国工作，自 1996 年 10 月我加入联合国儿童基金会驻华代表处后，先后在联合国的 4 个机构、5 个办公室工作过 20 年。我不仅为开拓创新联合国在健康领域的策略和项目，造福人类而骄傲，也为能够向优秀的年轻人提供机会，使他们的热情、才华和创造力得以施展，能力得以提升而自豪。与联合国实习生和志愿者们共同工作，感受快乐并结下友谊，是我在联合国这个大舞台上浓重的一笔。

这里，我邀请三名联合国实习生和一名联合国志愿者，谈谈他们的经历和感悟。他们在联合国的所见、所闻、所感、所思，一定会让更多的年轻学子获益。他们的成长和作为也是我从 2020 年开始参与国际组织后备人才培养的动力源泉。

（一）色彩斑斓联合国

我是张栋，2008 年 6—9 月在位于泰国曼谷的联合国艾滋病规划署进行了为期 3 个月的实习。现在特斯拉公司从事对外事务工作。

2008 年，在杜孟基金的支持下，清华大学和宏盟集团设立了一个合作项目，通过公关案例大赛选拔了两名清华大学学生赴联合国艾滋病规划署进行实习。通过重重选拔，我的参赛作品获得了 2008 年度公关案例大赛的一等奖，因此获得了赴泰国曼谷实习的机会。

赴联合国艾滋病规划署亚太区域办公室实习对于我来说是一段难忘的经历。从生活经历上来说，这是我第一次独立在国外长时间地工作生活。从认知经历上来说，这也是我第一次长时间地进入一个相对于自身的学习经历和知识背景来说是完全陌生的专业领域工作。因此在一开始时，除了有对即将到来的 3 个月实习充满期待的兴奋，同时也不可避免地有所担心。

非常幸运的是，我在泰国的导师和同事都非常支持我，尤其是我在联合国艾滋病规划署的导师何景琳老师，无论是在工作还是生活方面都给予了我很多的指导和帮助，使我受益匪浅。

1. 初识联合国

联合国组织在泰国的办公地点集中在曼谷市中心的一个独立的院落里，隔壁就是泰国的总理府和国防部。泰国的联合国大楼建筑的一大特点便是屋顶的瓦片是绿色的，这在周围以黄色屋顶为主的泰国建筑中特别醒目。同时，联合国大楼门口设置了坚固的栅栏和持枪的警卫，也凸显出在特殊时期的庄严感。我一踏入联合国大楼，清凉的空调和整洁的办公环境更是与门外潮湿闷热又混乱的泰国街头形成了鲜明的对比，仿佛突然进到了一个平行空间。而实际上作为国际机构，在这里工作的外交官们也大多从事着超越国别范畴的工作，更多的是以全球和全人类的角度立场开展工作，进行国别协调。这一点我在后面的工作中有了更深的体会。

2. 联合国食堂

一个地方的许多经历都会随着时间的流逝而淡忘，但是食物所带来的感觉不会忘记。联合国大楼里的食堂汇集了来自全球许多国家的风味食品，其中最有特色的当然是驻在国当地的特色菜品。我现在依然记得，在联合国食堂里，泰国厨师会把各种原料放到一个形似大号中国蒜臼的容器中捣拌，最终盛出一盘酸、辣、香、脆、爽的青木瓜沙拉。直到现在，这都是我在东南亚风味餐厅的一道必点菜品。同样令人难以忘记的还有来自印度的红咖喱和青咖喱拌饭，我居然浑然不觉地一周连吃了5天，让我们组来自印度的同事惊诧不已，她没有想到一个中国年轻人居然会对印度风味如此痴迷。

3. 联合国千年发展目标（MDGs）

艾滋病防治是联合国千年发展目标所确定的八项任务之一。我当时实习的一项工作便是协助梳理联合国千年发展目标中关于艾滋病防治方面的内容，为一场在泰国举办的宣贯会（Advocacy and Partnership Workshop）准备会议材料。这个宣贯会的参与者是来自不同国家和地区从事艾滋病防治工作机构的代表。这份任务对于一个非医学相关专业背景的人来说极具挑战。我还记得当时第一次拿到那本厚厚的全英文艾滋病防治千年计划报告时绝望的心情，这份报告中不仅充满了医学专业词汇，还涉及包括流行病学在内的许多跨学科背景知识。随着会议准备工作的推进，我对相关材料越来越熟悉，逐渐理

2008 年 7 月，在联合国艾滋病规划署亚太区域办公室。左三为何景琳，左四为张栋

解了这份报告中的核心底层逻辑和推进脉络，这给了我很大的启发，真正开阔了视野。艾滋病防治是一项跨越国别和民族，需要全人类长期不断共同努力才能完成的事业，而这份报告正是阐释各国应该如何协同来达成这样的目标。要想理解这样一份报告，就必须真正站在以全球和全人类为出发点的视角和维度来思考、理解和处理问题。以这种维度思考解决问题的经历，也只有在联合国组织才能体验。

4. 不期而遇的红衫军与黄衫军

在联合国实习期间，泰国爆发了严重的政治危机，以城市中产阶级、政府公职人员等为代表的黄衫军和以农民、社会底层民众为代表的红衫军两派阵营发生了激烈对抗，最终导致时任泰国总理被迫下台，曼谷还发生了多次大规模的暴力冲突事件。联合国大楼位于总理府对面，正是位于两派阵营交锋的最中心地带。我刚到泰国的时候，两派阵营就已经分别设置了长期驻扎的示威聚集点。当时的气氛并不紧张，在示威聚集点内不仅有吃有喝，居然还有按摩点位，演讲用的舞台也时常进行一些歌舞表演，看起来其乐融融。然而在冲突高峰时期的一天，我们看到办公室窗外有一波接一波的示威人群冲击总理府，泰国军警出动驱离后又再次聚集，双方往复多次，街头一片狼藉，示威人群越聚越多。办公室内大家的情绪也从一开始的猎奇心理慢慢变得焦虑，许多人开始担心离开大楼后的安全问题。那天下午 3 点左右，联合国大楼内的楼宇广播突然响起，紧急通知楼内所有工作人员立刻撤离，当地警方将于下午 5 点开始武力清场。

办公室里出奇地安静，所有人都迅速地收拾东西离开，当时那种紧张的感觉令人难以忘记。在当天晚上的电视新闻中，我看到就在联合国大楼周边区域发生了大规模的暴力冲突事件，甚至包括枪击和炸弹爆炸。这样的经历确实让人对社会和平与稳定的重要性的理解更加深入。

总结来说，我认为在联合国的实习让我充分体验了在海外的工作和生活，体验了在多元、国际化的环境中开展工作，体验了社会政治危机对于正常工作生活的冲击，体验了一种从更宏观的视角和更长时间跨度来思考和认知事情的思考方式，当然更重要的是学习到了一种使命感，一种可以超越国别和民族、持之以恒不懈努力的使命感。

（二）最好的时光

我是陈思，2009 年春季到联合国艾滋病规划署亚太区域办公室实习，现在是支付宝战略发展部总监。

记得进行联合国实习选拔时已近 2008 年年底，我当时还是复旦新闻学院的一名学生，刚刚保送研究生。得益于杜孟先生的支持，我参加了第一届复旦－杜孟战略传播合作项目，并带领团队在决赛中拿到了总冠军。也正由于此，我成为复旦新闻学院首个到联合国实习的学生。当时真是既忐忑又兴奋，充满了无限期待。

1. 在联合国的日常

在联合国初期的工作，是围绕我的专业做些力所能及的支持来逐步落地的。如支持联合国相关区域会议和大型活动的媒介策划、与团队一起完成网站内容的采编、利用过往市场传播专业知识做有关新媒体艾滋病倡导研究、整理每周国际上艾滋病的新闻报道等。在全英文的工作环境中接触来自不同国家的同事，涉猎艾滋病这个独特领域，让我每日兴奋不已。不过，看似一切顺利的背后，其实也有不少小挫折。清楚记得进入办公室第一天，就有一个部门周会，时任区域办公室主任的饶先生非常热情地向同事们介绍了我，我也和各位同事做了自我介绍。之后，周会的具体内容，我就一头雾水了。一方面，有很多联合国工作的专业词汇，我之前都未涉猎过；另一方面，来自各个国家的同事会用带有不同的口音的英文来进行讨论交流。整个周会，我如坐针毡，心想这几个月下来可怎么是好。不过在工作了两三周后，这个问题便不是大问题了。另外一个印象特别深刻的是联合国同事对于细节的把控。还记得有一次，在撰写一个文件的时候，我竟然把最基础的 2nd 写成了 2th，景琳老师把我叫到办公室指出问题并帮我在电脑上改正，当时真是非常惭愧。后来每次提交报告或文件前，我都再三检查，生怕有细节上的小纰漏。这样养成的严谨作风也为我之后的工作打好了基础。

2. 感受当地的文化习俗、风土人情

作为在自己人生中第一个长住了一大段时间的海外城市曼谷，能够深度融入它、体验它的文化习俗和风土人情的丝丝缕缕，真是非常难得。最令我印象深刻的首先是曼谷的时尚。在去曼谷前一直觉得曼谷是一座非常古老的东南亚城市，佛教文化盛行，遍地古寺古塔古庙。到了才发现，它是如此地走在时尚前沿，市中心暹罗广场充满了最时尚的设计师服装和来自日韩的最新款文具、小手办，这对当时广告传播专业的我来说简直像老鼠掉进了米缸，每晚下班或周末我都流连在各个商场小店里吸取最前沿的时尚灵感，兴奋不已。更加印象深刻的还有曼谷的各色街头小吃，三五块钱用小袋装好，精致、实惠、味道好。经过在曼谷长住的这一段时间，我对这座迷人的城市产生了深深的感情，直到现在 10 多年过去了，基本上每年只要有度假时间，我都会和家人一起前往曼谷。

3. 感悟、收获与建议

回顾在联合国的这段经历，有两点让我终身受用：一是学到的人文关怀和包容性，特别是联合国艾滋病规划署的工作内容，让我看到了更多的社会片段，以及从中透出的社会包容性与全人关怀；二是认知视野的提升，特别是对全英文工作环境和多元文化的理解与认知。

如果说要给年轻人一些建议，我想说两点：一是戒骄戒躁，踏踏实实。现在无论是学业还是择业竞争依然非常激烈，我看到很多年轻人，游走在各大公司、机构之间，不断刷新自己的履历和多元经历，但是，每一段经历是否扎实、走心，尽管一时在简历上体现不出，在日后的工作中都会显现无遗。每一段经历，务必认真对待，切忌浮躁。二是找机会多和厉害的人打交道，学习专业之外的东西。在联合国的这段经历为什么说对我影响非常深远，除了联合国职员专业严谨的工作风格之外，更多的是各位同事为人处世的包容、平和，对人对己的严格自律。多出去走走，接触这些厉害的人，会知道人外有人、山外有山。让自己静下来，才能走得更远。

（三）红丝带之夏

我是谭宗洋，2009 年 7 月赴联合国艾滋病规划署亚太区域办公室实习 3 个月。现在是彭博通讯社财经新闻编辑。

2009 年的那个夏天，我第一次走出国门，在联合国亚太区总部开启了人生中的首次海外实习。当时，我在清华大学新闻学院就读研究生二年级，经过校方组织的竞争激烈的论文奖学金比赛和答辩，获得了这张通往联合国实习的难得的入场券。

我还清楚记得 7 月 12 日晚，航班降落在曼谷素万那普机场的那一刻，我默默地把手表上的时间往回拨了一个小时。机舱外潮湿的空气中带有热带地区的独特气息，提醒我此处是东七区，而北京已远在千里之外。接下来的 3 个月，我将会在这座完全陌生的城市中完成实习任务，未知感让人既兴奋又惶恐。思绪乱飞时，联合国艾滋病规划署前来接机的泰国同事认出了我，主动挥着接机牌走过来。伴随着一声热情友好的问候"萨瓦迪卡"，我的红丝带之夏正式开启了。

1. 初到联合国艾滋病规划署，认识艾滋病疫情

我实习所在部门的全称是联合国艾滋病规划署亚太区域办公室。打个比方，它就像联合国艾滋病规划署设在亚太区域的"指挥部"，负责全面指导

2009 年 7 月，在联合国艾滋病规划署亚太区域办公室。左一为陈思，右一为谭宗洋，右三为何景琳

该区域联合抗击艾滋病的战役。它最主要的任务是促进联合国系统内多个机构的合作以及对外协调，集中技术、资金和人力资源，向区域内的国家提供必要的抗疫支持。我的指导老师是何景琳博士。何老师为人和蔼，开朗豁达，笑起来眼睛弯成两道月牙，但对工作要求也很严格。亦师亦友，与何老师在曼谷建立起的友谊与缘分一直延续至今。

作为刚入行的新人，我对艾滋病疫情的认识随着工作的深入日渐加深。起初和同事们开全英文例会时，听到 ART、STI、MSM 等缩写或行话，完全摸不着头脑，于是了解和记忆联合国艾滋病规划署官方编定的词汇表（缩写）就成了第一个挑战。经过一段时间的恶补，我对专业词汇和术语逐渐了然于胸，算是找到了"入门级"的感觉。工作之余，我常去资料室翻查研究报告，通过阅读学术文章了解现代流行病学，懂得了发病率（incidence）和流行率（prevalence）的不同。报告中的图表和数据渐渐在我脑中形成了系统性的知识图谱，让我对疫情有了更全面的认知。我了解到，亚太各国的艾滋病流行状况存在很大的国别差异，在联合国统一行动的原则下，各国还必须结合国情做好差异化的应对措施。

2. 结合专业，为抗艾研究添砖加瓦

我所在的部门近年来一直致力于推动媒体在抗击艾滋病中发挥作用。从全球经验看，依托新媒体工具开展青少年宣传和教育项目已成为一种趋势。何老师认为这是一个重要的研究方向，希望做出具有现实意义的研究成果，为部门工作提供新的思路和指导。结合我的学科背景，她将这项任务大胆交给了我，让我一试。

压力不小！好在联合国艾滋病规划署亚太区域办公室本身就是一个巨大的资源库，接下来的挑战就是如何善用这些科学文献、前沿报告以及专家资源。我对全球范围内有较大影响力的新媒体防艾项目进行了撒网式梳理。除了广泛查阅资料，我还向见多识广的国际同事们打听有趣的案例，获得了许多意想不到的线索和收获。我对最佳案例加以归类和分析，最后以案例研究的形式，总结了目前抗疫工作中一些可行的新媒体技术和相应的传播策略。研究报告历时两个多月定稿，接下来是更具挑战性的汇报演讲。从汇报内容的选取，到演示文稿的制作，我又用了近一个星期的时间来用心准备讲稿，反复推敲与排练。在这期间，何老师给予了我悉心的指导，她的建议使我受益匪浅。

几个月后，我与何老师和同年在曼谷实习的陈思一同努力，将这篇名为《新媒体时代的艾滋病预防与倡导》的文章发表在了专业学术期刊《中国艾滋病性病》2010年第6期上。从最初的门外汉，到结合专业背景为艾滋病防治研究工作贡献绵薄之力，算是此行最大的收获。

3. 求同与存异

提到联合国，很多人会觉得这是一个略显神秘的机构。身处其中，你会发现它并不是高高在上的组织，而是大力倡导平等、包容和合作，来自不同国家、背景、文化的国际职员正是在这样的精神下开展工作的。因为和而不同，大家也更加珍惜和尊重多元化。在这里，你会很容易结交开放包容的外国友人。当年结识的一些朋友直到10年后，还和我经常保持联系，这几年他们还逐渐学会了用微信。人们常说"外交无小事"，其实在联合国里，每个人都是"外交官"，在人际交往的点点滴滴中塑造着他人对中国人的认知与印象。我非常鼓励学弟学妹们积极申请国际机构的实习和工作机会，在国际化的办公环境中，不同文化的碰撞会让人视野更加开阔。而所谓的国际视野，其实就是求同存异，它会让你从不同的角度发现和领略他人的精彩，也会让你更深刻地理解自己。

（四）青春无憾无悔

我是李融，先后在联合国艾滋病规划署日内瓦总部和世界卫生组织驻华办公室工作，现在中山大学附属第七医院任国际合作与交流科主任。

我和联合国的结缘，是大学期间的一位导师和一位学长在我年少时的心底种下了联合国的种子。2004年，北京大学给我们新生安排了一门课程，叫"预防医学导论"，邀请了公共卫生专业相关的知名专家从各自的工作领域进行介绍，带领我们新生进入公共卫生的世界。我印象最深刻的是时任联合国艾滋病规划署高级官员的何景琳老师带给我们的那一堂课。何老师专业的知识、不凡的气质和谈吐，以及她在联合国精彩的经历，不经意间在我的心里种下了"联合国"这颗种子。虽然那个时候，"进入联合国"对我来说还只是一个非常遥远的梦，但我也期待自己有一天能够像何老师一样进入联合国工作。说来也巧，后来我以联合国志愿者的身份进入世界卫生组织驻中国办公室工作，所参加的道路安全项目正是由何老师担任项目主管的，我也有幸能够在何老师的指导下工作和成长。

1. 成为联合国艾滋病规划署特别青年学者（Special Youth Fellow）

2010年，我当时是北京大学医学部公共卫生学院研一的硕士研究生，经过努力，功夫不负有心人，我从全球400多名申请人中脱颖而出，成为当年三名联合国艾滋病规划署特别青年学者之一。但现在回想起来，能够从全球几百名候选人中胜出，可能不仅是因为我提前做了大量面试准备工作，更不会是因为我的外语能力，而是我在面试中说到中国人口占全球的五分之一，而联合国艾滋病规划署之前还没有来自中国的特别青年学者，联合国需要听到来自中国的声音，尤其需要听到中国青年人的声音，中国的青年人也有能力贡献应对艾滋病问题的智慧和力量。

那个初夏，我远赴瑞士日内瓦联合国艾滋病规划署总部，开启了我在联合国的第一段精彩而难忘的旅程。这是我第一次正式迈进联合国机构的大门，也是我人生中第一次奔赴异国生活和工作。全新的生活和工作环境、来自世界各国的工作伙伴和导师、多元的文化背景，仿佛每一天都在接触新鲜的事物，知识的增长和价值观的重塑都在加速。在联合国的那些时光，可以说从某种程度上改变了我的人生观和价值观，也改变了我的人生轨迹。

在联合国艾滋病规划署总部工作期间，我和两位小伙伴幸运地有机会与时任联合国艾滋病规划署执行主任、时任联合国副秘书长西迪贝先生单独共进午餐。席间他鼓励我们年轻人在接受了总部的锻炼之后要积极投身到自己的国家和社区，改变当地的艾滋病流行态势。毕业那年，我放弃了出国的机会，加入了一个关注儿童健康与福祉的社区组织 World Vision，去到了甘肃、云南、广西的少数民族地区和边境地区，参与到当地的儿童、青少年艾滋病预防项目和孕产妇、婴幼儿营养项目，将自己学习到的知识和技能运用到最基层的地方。虽然这是一段艰苦的日子，却也是回忆起来最单纯快乐的日子，因为我奋斗在祖国最需要的地方。

2. 加入世界卫生组织的团队

2013年，机缘巧合，我得到了联合国志愿者（UNV）在世界卫生组织驻华办公室工作的机会。我参与过很多志愿者服务项目，十分乐于把自己的热情和精力贡献出来服务社会，同时也享受在这个过程中获得的快乐和幸福。另外，作为一名公共卫生专业的毕业生，能有机会进入世界卫生组织工作也是我的梦想。我在世界卫生组织参与的项目是"全球10国道路安全项目"（RS10），中国是10个项目国之一。这也是一个跨领域、跨部门的项目，从卫生、交通、

2013 年 5 月，在北京参加联合国第二届全球道路安全周启动仪式。
左一为李融，左三为何景琳

公安等国家政府部门，到约翰斯·霍普金斯大学、清华大学等研究型高校，再到全球道路安全合作伙伴、新探健康发展研究中心这样的社会组织，都有我们的项目合作伙伴。联合国的协调作用在项目中展现得淋漓尽致，也让我的协调能力在项目工作中得到了迅速提升。项目执行过程中，我们要和律师一起探讨怎么通过头盔立法来保护每个骑车者的头部不受伤，和电视台主持人、报社记者一起琢磨怎么在新媒体时代做好道路安全的宣传报道，也和交警一起研究怎么才能加强执法让司机不酒驾不超速。参加联合国志愿者项目，让我更好地走近了联合国，在这样一个特别的国际平台上挥洒自己的热情，投入自己的精力，然后收获不一样的感悟和成长，也使我后面有机会以顾问（National Consultant）的身份继续留在世界卫生组织，为道路安全项目工作。

3. 感悟和反思

无论是在联合国的哪一个机构，还是以哪一种身份在联合国工作，都能让我时刻感受到联合国独特的工作氛围，感悟到的关键词是"使命"和"尊重"。在联合国，不管是我的导师、我的同事，还是我的项目合作伙伴，或者是我的服务对象，他们来自不同的国家和地区，拥有不同的文化背景、不同的信仰，甚至拥有迥然不同的人生经历。我在工作中潜移默化地学会了尊重每一个个体，尊重不同的观点，尊重不同的文化和信仰，尊重不同的生活方式。虽然有种种的不同，但每个人都有一份"让这个世界变得更好"的共同使命感。我们一起为之奋斗，希望这个世界变得不再有贫困，不再有失学儿童，不再有人感染艾滋病病毒，不再有歧视。

（五）我们共成长

我是何景琳。我的教育背景、研究方向和我后来在联合国工作的内容，天然地让我和年轻人更亲近。我在大学读的专业是预防医学，硕士和博士课题和之后的研究方向是儿童青少年健康。在联合国儿童基金会工作时，我启动了青少年生活技能教育项目，还到联合国艾滋病规划署和世界卫生组织设计和执行与青年志愿者相关的项目。这些经历，使我有更多的机会与年轻人在一起，向他们学习，保持热情和充满活力。

1. 三位新闻专业的优秀青年

2008 年年初，我刚到联合国艾滋病规划署亚太区域办公室（曼谷）不久，我的领导吉塔告诉我："将会有中国实习生到来，这些年轻人由你来带。"我太高兴了！我之前在联合国儿童基金会和联合国艾滋病规划署北京办公室时，都会有实习生加入我的团队。这次是由于联合国艾滋病规划署大领导皮奥特与杜孟特使于 2007 年 1 月 10 日签订了 3 年合作备忘录，以提供机会培养中国传媒后备力量，因此会有中国实习生加入。我为实习生的到来做好了一切准备，包括工作职责制定、邀请信发放、住宿费补贴安排等。

迎来的第一位实习生是清华大学的张栋。他的实习时间是 2008 年 6 月 30 日—9 月 13 日。北京奥运会前夕他来到了曼谷。2008 年 8 月 8 日北京奥运会开幕那天，我邀请他到我家一起观看开幕式直播，并精心准备了晚餐。故乡的美食加上电视画面中熟悉的景致，尤其是当《歌唱祖国》的歌声响起时，我们都激动不已。我发现张栋眼角湿润了，我想他一定体验到了海外游子的那份漂泊之感。

2009 年 3 月，正当准备"亚太地区媒体领袖论坛"的时候，我得知 5 月来曼谷实习的是复旦大学的陈思。我想到，要是陈思能够参加 4 月在北京举办的这个论坛，那将非常有意义。一是她可以提前对亚太地区媒体与艾滋病的相关进展有所了解，二是也能够熟悉我们的工作团队。这次论坛由联合国艾滋病规划署主办，清华大学新闻与传播学院承办，有来自 9 个国家的近 40 名媒体人参加。在我的协调下，陈思从上海来到北京，参加了该论坛，她很感激能有这样的机会。后来，她主动帮助我设计了论坛报告，在报告的每页左下角添加了美丽的花朵。我的同事说，这份报告和设计者一样美丽、大方。

2009 年的实习生还有清华大学的谭宗洋，在前面他的"红丝带之夏"描述中，讲到了《新媒体时代的艾滋病预防与倡导》的文章。我在这里还要多说几句，当时探索新媒体在艾滋病防治领域中的应用，也是区域办公室想进一步开发和利用新媒体的计划。陈思和宗洋还真有不少发现，宗洋做了很好的总结和汇报。我认为，如果实习的产出可以发表出来，会对实习生的业务和未来发展有益处。经过多次讨论和修改，特别是在实习结束后我们还找机会碰面，终于宗洋作为第一作者的文章在 2010 年发表了。我为他们出色的表现而骄傲，感激他们在新媒体应用方面给我的启迪。

2. 从联合国志愿者到项目顾问

这里要讲的是李融。李融是北京大学医学部出色的学生，我有机会和他一起工作 2 年是因为他主动申请了世界卫生组织的联合国志愿者岗位。我当时负责"全球 10 国道路安全项目"，他的主要任务是协助项目的执行。李融在项目中发挥了很大的作用。我们用社会营销的理念采取了多种方式方法，帮助人们改变危险的驾车行为，如超速和酒驾。我们在一起设计宣传倡导材料（核心信息、公益广告）和宣传品（反光车贴、反光腕带、冰箱贴等），开展项目点的社会营销培训、记者培训、社会组织参与道路安全培训、"世界道路交通事故受害者纪念日"活动（每年 11 月的第 3 个星期日），写月报告、年度报告、召开项目例会，等等。由于李融的出色表现，一年的志愿者项目结束后，该项目聘他为项目顾问。我们还一起编写了一本《道路安全你我同行：中国社会组织参与道路安全项目》（中英文），成为世界卫生组织西太平洋区的技术指导手册。

2013 年 8 月，我到苏州出差，由于工作紧张和天气闷热，在推动电动自行车骑行佩戴头盔的项目户外启动仪式结束后，我中暑晕倒了。在场的合作伙伴们吓坏了，急忙用活动备用的急救车把我送进了医院。经过各种检查，没有发现什么器质性问题，医生让我留观一天。与我同行的李融焦急且细心地陪伴我一天一夜。我非常感谢他的关心和照顾。友谊长存！

3. 结束语

这四位积极向上、乐观好学的中国青年的经历和感受，一定能够感染和鼓舞更多的年轻人脚踏实地，从小事着手，练好本领。同时，我也想对在联合国工作的朋友们说，要多为年轻人创造机会和条件，助力他们在实践中锻炼成长，展翅翱翔。

第四篇

桥联四海

一、危机中的责任担当：我的非典经历

/ 王纪元

⚲ 作者简介

　　王纪元，厦门大学外语系英语专业和意大利政府高级文官学院国家行政专业毕业，曾在中国人民解放军空军某部服役，退役后成为国家公务员，曾先后任中国常驻日内瓦联合国及其他国际组织代表团一等秘书、劳动和社会保障部国际司国际组织处处长；之后成为国际公务员，曾先后任国际劳工组织北京局副局长（驻华副代表）、国际劳工组织东亚局副局长，以及国际劳工组织泰国、柬埔寨和老挝国家局局长，回国后曾任中国联合国协会常务理事。长期从事劳动领域内的国际交流与合作，熟悉联合国发展系统内各机构在总部、地区和国家层面的运作机制，对国际劳工组织有比较深入的研究，具有较丰富的国际组织工作经验，特别是国际发展管理的经验。已出版《国际公务员素质建设与求职指南》（副主编，浙江大学出版社，2019）。

⚲ 导　读

　　本文翔实记录了作者在 2003 年非典疫情暴发前后的经历和在危机中的勇于担当。作为一名称职的国际组织管理人员，要时刻准备应对突发事件，处理危机，面对挑战。非典疫情的暴发打乱了在北京的国际组织的正常秩序：国际劳工组织中国办公室"所有人的心都被非典的阴影笼罩着"。从日内瓦总部到北京共同筹备中国就业论坛的技能开发司司长派克·阿罗先生不幸感染非典，使得人心惶惶。在派克病情不断恶化的全过程中，本文作者临危受命，坚守岗位，冷静应对，与中方有关部门以及劳工组织的管理层保持密切沟通与协调。他甚至冒着被感染的巨大风险，按中方建议入驻医院，以便随时磋商，紧急跟进。当他在医院第一时间获悉派克不幸去世的消息时，他受到的巨大打击与压力可想而知。在随后的几天里，他四处奔忙，协助处理善后事宜，彰显了伟大的仁爱之心与责任担当的精神。他对整个事件风波的得当处理，特别是在危机面前的为人处世，赢得了各方的高度认可与真诚尊重。

在国际劳工组织工作的 16 年对我来说是一种全方位的历练，有成就，但波澜不惊，没有什么值得留下浓墨重彩之笔的。不过，有一个经历却是刻骨铭心的，那就是我作为国际劳工组织北京局副局长在 2003 年的北京所经历的非典暴发。

（一）筹备中国就业论坛

2021 年 3 月的"两会"之后，李克强总理在记者会上谈及就业问题时再次强调"就业是民生之本，是发展之基，也是财富创造的源头活水"。

的确，中国政府在制定和实施宏观经济政策的过程中始终坚持就业优先。早在 1997 年中国政府就批准了国际劳工组织的《就业政策公约》（第 122 号公约），并结合本国国情在实施公约中取得了世人瞩目的成就。在此背景之下，中国政府和国际劳工组织商定于 2003 年 4 月初在北京举办中国就业论坛。

论坛的筹备工作是在 2002 年 6 月国际劳工大会之后启动的。国际劳工组织十分重视此次与中国三方成员的合作，总干事索马维亚先生委托一位副总干事牵头，并责成技能开发司司长派克·阿罗先生代表国际劳工组织负责筹备会议的具体事宜和技术支持。

派克·阿罗是芬兰人，是就业和职业技能开发方面的资深专家，热爱中国文化和美食，我们亲切地叫他派克。

2002 年的 8 月和 12 月，派克先后两次来华就论坛的主旨、议题、会址、规模、日程、论文、技术投入、礼宾及会务等所有细节与主办方中国劳动和社会保障部做了周密细致的准备工作。双方商定论坛于 2003 年 4 月 7 日至 9 日在北京饭店举行。时至 2003 年年初，亚太及其他地区、国家有十几位劳工部长确认出席会议，论坛的规模和规格史无前例，可以说是中国乃至亚太地区劳动领域内众人翘首企盼的一件盛事。

2003 年 3 月，派克先去曼谷亚太地区局参加会议，尔后与亚太局局长特别顾问李东林先生于 23 日同机飞往北京，比论坛时间提前了两周。总部和亚太地区局的其他相关人员也先后到京，为论坛做最后的准备工作。

自 3 月 24 日起，派克投入了紧张的工作之中，紧锣密鼓地召集会议，约见各方，连续几天在我们的陪同下与中国劳动和社会保障部的官员们商讨并敲定论坛的细枝末节，包括论坛的最终产出。论坛的准备工作进展顺利，万事俱备，只欠东风。然而"东风"未起，悄然而至的却是人类从未遇见过的一种致命病毒——非典病毒。

（二）紧急应对非典

3 月初，北京出现首例输入性非典病例，至 3 月中下旬病毒在北京各地蔓延，人们方才开始注意并开展了紧急防范工作。总部和亚太地区部分准备参会的人员开始议论纷纷，担心来华的健康安全问题，职员工会代表正式表达了他们的顾虑，也有人私下表示拒绝来华参与论坛工作。一时间，论坛是否按预期举办成了人们关注的焦点。

3 月 28 日，派克略感不适，出现了腹泻、疲劳和低烧症状，但就诊时并没有被怀疑为非典病例。之后的几天，他的病情不断加重，但他始终放心不下论坛的事。除了去看医生，他每天坚持到办公室工作，直到 4 月 2 日在位于 K 饭店的国际诊所被诊断为疑似非典病例，并于当晚转入北京地坛医院。

派克被诊断为疑似非典病例的消息不胫而走，办公室像炸了锅一样议论纷纷，引起了极度恐慌。同事们担心的是，派克在抵京后的 9 天时间里和所有人都有过接触，其中部分人可以说是朝夕相处，共同参加会议，共进午餐或晚餐，30 多人几乎人人都是密接者。

与此同时，在会期已然临近的情况下，是否如期举办中国就业论坛成为一项各方关注的紧迫问题。在非典疫情迅速发展的情况下，双方通过北京和日内瓦之间的外交渠道交换信息，商讨是否如期举办论坛。

4 月 1 日晚，劳动和社会保障部国际司的两名官员紧急约见国际劳工组织北京局局长 Z 先生，转达了中国政府决定如期举办中国就业论坛，确保所有与会人员健康安全的决心。

日内瓦总部在得知这一消息之后紧急召集会议商讨对策。经慎重考虑，总干事在 4 月 2 日做出决定：1）鉴于当时的非典疫情，出于对健康安全的考虑，决定取消所有国际劳工组织参会人员的赴京行程；2）重申对中国就业论坛的支持，对中国政府坚持如期举办论坛表示理解和支持，总干事将以视频方式参会，同时建议主管就业的副总干事为其他人员线上与会提供技术支持。这一决定由总干事办公室主任在 2 日凌晨 4 时以邮件方式发给所有有关人员，随后又以内部文件形式正式下发各部门。

　　4 月 3 日，北京局的正常秩序被完全打乱，所有人的心都被非典的阴影笼罩着，中国就业论坛的准备工作戛然而止，人们关心的是派克的病情。上午，办公室负责行政和财务的同事设法与派克通了话，得知他的病情稳定，但是由于住院前没有机会回他下榻的酒店房间取充电器，他随身携带的诺基亚手机的电量快耗尽了，而这部手机是他与远在日内瓦的夫人保持联系的唯一手段。我们立刻派司机送了一个充电器到地坛医院。

　　4 月 4 日，根据总部指示，北京局局长 Z 先生约见世界卫生组织驻京办事处主任 B 先生和一位具体负责联合国驻华人员健康安全的呼吸科专家 C 大夫，和他们一起全面分析了派克的病情，讨论了与北京局工作人员相关的安全措施，决定：1）由 C 大夫联系和睦家医院，当日安排全员健康检查；2）向全体人员发放世界卫生组织西太平洋区局制定的非典防范暂行手册并建议购买和使用口罩；3）健康检查之后关闭北京局，全体人员自我隔离 14天；4）北京局建立逐日监测体系，由王纪元先生负责协调各方，一旦有情况，随时与和睦家医院的 B 大夫联系；5）世界卫生组织委托和睦家医院向北京市卫生局报告此事，并根据当地卫生部门的要求采取防护措施。

　　在 C 大夫的专业指导之下，我们有条不紊地做了健康检查。庆幸的是，26 名接受检查的人员都没有发现问题。

　　4 月 5 日上午，我们安排所有人员做自我隔离，而北京所发生的一切也牵动着日内瓦总部的神经，为了确保全体人员和家眷的安全，总部特例允许不具备条件的人员可以自己选择隔离方式，可以住酒店，也可以采取其他方式，所产生的费用由总部负担。

　　办公室显得平静了许多。我们再次和派克通过电话联系，得知送去的手机充电器不适配，他已经无法和夫人通话了。我们必须尽快解决这一问题，而这时办公室的司机担心被感染，拒绝出车到地坛医院。怎么办？我决定自己驾车去医院。他带来的手机充电器放在他的住处 LM 酒店，我不可能去酒店房间取，只能在去医院的路上去诺基亚专卖店买了一个我认为适配的充电器。

到地坛医院后，我没有急于下车，而是在车里先拨通了 C 大夫的电话，询问派克当日的情况。他说早上他刚和地坛医院的主治医生通过话，被告知派克的病况等级虽然从"疑似"提升至了"可能"（probable），但还算稳定。我这才放心，请医院的交换总机接通病房的电话。听到我的声音，派克显得有些激动，吃力地和我打招呼，为了让他尽量少说话，我立刻打断他，请他先安静地听我说。我告诉他，我买了一个新的手机充电器，希望能和他的机型适配，如果还是不能用，我准备去 LM 酒店他的房间取，再送过来。听说我要去酒店取充电器，他打断我的话，气喘吁吁，边咳嗽边断断续续地说："谢谢王先生，如果你去我的房间取，千万不要吃冰箱里的任何东西，也不要喝那儿的水。"我心里一股热流涌动，他都病成这样了，还在关心我的安全。一时间，我不知该对他说什么才好，想了想才说："那好，我不会吃任何东西的，我把充电器交给值班护士，请她转交你，你太虚弱了，不要多说了，好好休息，祝你早日康复。"挂断电话，我在车里平静了好一会儿才下车走向病房医护值班室……

谁能想到这就是我和派克的最后一次通话。

（三）永远怀念派克先生

下午，我回到办公室，向局长汇报了情况，和同事们交谈了几句，得知大部分人已经安排好自我隔离的去处，觉得可以收拾一下，做好关闭办公室的准备了。

下班后我回到自己的家。说是家，其实只有我一人，为了让我独自居家隔离，家人都事先转移到其他地方去住了。

记得大约是晚上 8 点，我的手机突然响起来电铃声，是劳动和社会保障部国际司的一位官员打来的，说派克的情况不太好，需要有一位国际劳工组织的代表去地坛医院值班，希望我即刻前往。一丝不祥的预感爬上我的心头。我没有犹豫，拿起手机和汽车钥匙就出门了。

地坛医院离我家不远，十几分钟便到达了。下车后，迎面走来的是院长 L 女士和她的一位同事。我们做了自我介绍。院长说："我们为你准备了一间休息室，就在医院办公楼的一层，里面有床，有卫生间，还有电视，你可以在那儿休息，有事我们随时叫你。

回到房间，睡意全无。我打开电视，信手转换频道，也不知播放的是什么内容，心里一直牵挂着派克。我的房间和他的病房近在咫尺，他还好吗，睡了吗？

夜深了，我关了电视，医院周边万籁俱寂，静得能听到一根针落地的声音。突然，楼道里响起了一阵急促的脚步声，不是一个人而是一群人，匆匆而过。我看了一下手表，指针在 11 点半。他们是谁？来干什么？是派克发生什么问题了？我不安地坐在床边，默默地为派克祈祷，时间在一分一秒地悄然流逝，已是午夜时分。

凌晨 1 时许，有人敲门，来访者是 L 院长和她的陪同人员。她们凝重的神情让我下意识地感到事情不妙，凶多吉少。L 院长缓慢地对我说："王先生，今晚派克的病情突然恶化，虽然我们从北京各大医院紧急请来四位著名胸科医生全力救治，但在他心脏第二次停跳后我们没能挽回他的生命，很遗憾，他走了。"

派克走了！我不敢相信这是事实，可我又不得不面对这个事实。

院长请我马上到二楼会议室去见北京市卫生局的一位官员，说有事商量。落座之后，这位官员从公文包里拿出一份红头文件，说根据北京市卫生局的规定，非典死亡病人的遗体要立即焚化。我立即对他说，首先，我需要报告总部，并请总部通知他家人，在征得家人的同意之后，他的遗体才能焚化，请医院暂时存放遗体。

十来分钟后，我们结束了谈话，我在相关文件上代表国际劳工组织签了字。回到房间，我拨通了北京局局长 Z 先生的电话，向他报告了情况，请他转告总部。而电话的那头，他沉默良久，在他的沉默中我清晰地感到这一噩耗带给他的震惊。

我走出医院办公楼，心情沉重。我抬头仰望夜空，想起昨天是清明节，而派克是在清明之夜永远离开了我们。我拖着疲惫的身躯，开车回家，到家已是凌晨 3 点半，想睡一会儿，但躺在床上思绪万分，彻夜未眠。这是我终生难忘的一个夜晚。

4 月 6 日早 8 点，我在半睡半醒之中接到劳动和社会保障部国际司打来的电话，要求我在中午 12 点之前以书面形式提供派克在京的详细信息，包括他的活动日程、时间、地点和所有接触过的人员。我没有过问这些信息的用途，急忙起身，开车去办公室。此时的办公室空空如也，包括局长在内的同事们都在各处自我隔离，只有我一人在岗，处理派克的后事和一些紧急事务。我按时传真发出了有关派克的信息，同时发了一封邮件给在曼谷的亚太地区局，告知派克不幸病逝的消息。

当日下午，卫生部召开记者会，披露了派克病逝的消息。我恍然大悟，原来上午提交的信息是为记者会准备的部分材料。

接下来的几天，我去了LM酒店处理派克房间的遗物，去了地坛医院签收他的死亡证明复印件和他随身携带的物品。令人动容的是，在他的遗物中有一件藏蓝色的唐装和两把中式菜刀，是他在繁忙之中抽空去北京秀水街买的，准备带回日内瓦。他喜欢中国的美食，也喜欢下厨，他的厨艺在日内瓦的同事中小有名气。我幻想着他身着唐装，在家中为好友们下厨操持中餐的情景，不禁唏嘘。

4月8日上午，已近午时，我接到芬兰驻华使馆一秘的来电，说她刚收到派克夫人和女儿致芬兰政府的委托书，表达了她们对派克遗体和遗物的处理意见，需要马上传真给我。我立刻走到传真机旁，机器正在吐出一份一页纸的文件。

委托书是手写的，分别以芬兰语和英语两种文字书就，简单明确，只有两句话："致芬兰政府当局：我们希望将派克·阿罗的遗体焚化并将他的骨灰送回芬兰。我们要求将他的个人物品焚烧。"落款是他夫人和女儿。我随即做了翻译并将译文和传真件发至劳动和社会保障部国际司。

我被她们的理解和配合精神深深感动。我想，这也是一种国际主义精神的体现，应该在此将委托书的英文原文分享给读者。

To the Finnish Authorities,

　　It is our wish that Pekka Aro's body be incinerated and his ashes be transported to Finland in an urn. We ask that his belongings be burned.

Rit-Aro

Rita Helimaki-Aro

4月9日，劳动和社会保障部在北京八宝山革命公墓举行了派克的遗体告别仪式。出于健康安全考虑，我们这些密接者都没有出席。劳动和社会保障部李其炎副部长亲自主持追悼会，并致悼词。芬兰驻华大使、联合国驻华机构代表、外交部、北京市政府和北京地坛医院的代表都出席了追悼会，表达了我们所有人对派克不幸在京病逝的深切哀悼。

4月21日，遵循其家属的意愿，派克的骨灰跟随中国国际航空公司飞往赫尔辛基的航班返归故里。

记得是4月7日上午，局长Z先生打来电话对我说："我十分担心我夫人和女儿的健康安全，已经在4月2日安排她们撤离到日内瓦。我也订好飞日内瓦的航班机票，准备撤离了。"

那天下午，我决定送行。在去往北京首都国际机场的路上我们之间几乎无语，临近机场时他对我说："王先生，这次离开，我是不打算再回来了，这里的一切就全权委托给你了……"

他撤了。听说总部有人议论说他是弃船而逃的船长，可我不太认同，觉得他远离妻女，身处非典疫情的恐慌之中，难免做出非理性的判断和动作。

我曾多次在他出差或休假时作为临时代办，但这次是临危受命，直到北京非典疫情结束后过了一段时间为止。

14天的隔离期一晃而过，同事们重返工作岗位，我结束了唱独角戏的日子，盼来了大家的团聚，而我们的话题始终离不开派克。

这期间，我除了处理一些日常工作，每日下午还要出席联合国驻华国别小组（由各机构驻华代表组成）的例会。一小时的会议只有一个议题，即非典疫情中联合国驻华各机构工作人员的健康安全问题。先是由世界卫生组织的驻华代表B先生和C大夫通报北京疫情以及世界卫生组织总部和西太平洋区的有关信息，然后讨论联合国在华工作人员的安全防护措施。会上，人们的焦虑情绪显而易见，因为除了国际劳工组织做出中国籍以外的国际职员及家眷可以撤离北京的决定之外，其他各机构的总部始终没有明确的指示，而他们关心的恰恰是这些国际职员及其家眷的安全。

非典确诊病人的数字在每日蹿升，4月底5月初，每日公布的人数都在一百四五十，北京的抗疫斗争进入了艰苦卓绝的阶段。但是到了5月下旬，非典病毒逐渐销声匿迹了。6月24日下午，世界卫生组织和北京市政府举行记者会，宣布北京疫情结束，随后市委书记和代理市长在北京饭店举行驻华使节招待会，庆祝北京战胜非典。在招待会上，我和夫人被引荐给代理市长，交谈中我提及派克，他说他了解此事，请我们转达他对派克家人的慰问，并和我们合影。但事后我忘了索要合影照片，遗憾至今。

一年后，劳动和社会保障部在派克的周年忌日举办了一个小型追思会，特邀派克的夫人和女儿来京参加活动。会上，大家缅怀派克的生平，赞扬他为筹备中国就业论坛所做出的杰出贡献。我想，这是对派克的最好的告慰。我在会上表示，派克是我们的好同事、好朋友，也是我们的好榜样。我认为派克最值得我学习之处就是他关爱他人的高尚品质，我会永远怀念他，以他为人生榜样。

（四）中国就业论坛终于召开

还是春光明媚的4月，中国就业论坛于2004年4月28—30日在北京成功举办，国际劳工组织总干事索马维亚先生全程参会。这是1919年中国作为创始国加入国际劳工组织以来首次举办相关领域的国际论坛，除了来自中国政府、雇主和工会组织的400多名高级官员外，还有近30个国家的劳工部长参加。论坛围绕经济全球化、结构调整与就业促进这一主题，重点讨论促进就业与经济全球化、促进就业与消除贫困和促进就业与劳动力市场建设等问题。经过认真讨论，与会代表认识到近年来随着经济全球化进程的不断加快，促进就业已经成为国际劳工组织体面劳动议程的一项核心内容。央视著名主持人董倩在论坛闭幕时字正腔圆地宣读了《2004中国就业论坛共识》。在聆听这500字的论坛共识时，我心潮澎湃。我想，论坛的成功举办也是对派克的最好告慰。

在大会结束全部议程之后，总干事召集所有国际劳工组织的与会人员做总结，他高度赞扬了派克，也在会上点名表扬了我，对我在非典疫情期间的表现予以充分肯定。我因事没有参加总结会议，在听到总部同事转达的信息之后，我感到欣慰。我想，这是我应该做而且力所能及的事，我对这一段经历的记忆将永远不会磨灭。

又过了一年，我被调往国际劳工组织东亚局，职级得到晋升。我想，这是总干事对我的褒奖和激励。

作为一名国际公务员，我服务于国际劳工组织，忠实于这个组织，为实现她的宗旨而勤奋工作，这是我一生的自豪。

二、联合国译事小记

/ 江 红

作者简介

　　江红，现任香港中文大学翻译系高级讲师，国际会议口译员协会资深会员。北京外国语大学联合国译员培训部第九期毕业，2001—2009 年在联合国工作。拥有 30 多年国际会议口译经验，并曾在北京外国语大学、香港理工大学担任口译教学工作，屡获优秀教学奖。已出版多部译著及多篇口译研究论文。

导　读

　　本文作者基于 30 多年国际会议口译和 8 年联合国会议同传的经验，以独特的视角、细腻的文笔，实景式地展示了口译厢中的工作和感受，针对联合国会议议题与各国代表发言，以及联合国的定位，分享了深刻的见识。作者精辟地概括道："联合国会议的六语口译队伍，在工作中环环相扣，每个人都是一颗闪闪发亮的螺丝钉。口译的团队精神不是七巧板式的互补合作，而是一个个独当一面的环扣组成链条。"作者认为"做会"不仅是一份职责，也是一种教育和成长，这是作者始终钟情口译的缘由吧。作者也给读者展现出联合国人工作和生活的生动画面，紧张的工作和频繁的旅行，既有工作的意义，也不乏生活的乐趣，而美丽的风景之下隐藏着罪恶和危险。文中透露出作者知识广博、热爱生活、尊重多元、结缘交友。细细阅读此文，你一定会有更多的发现和收获。

（一）与会同行

与联合国的缘分是从大学开始的。师兄、师姐的榜样力量，激励我参加当时竞争激烈的考试，进入联合国译员培训部，学习向往已久的同声传译。毕业 10 年后，联合国组建内罗毕办事处的会议口译团队，于是有了我在联合国 8 年口译工作的开始。

联合国这个全球最大的多边外交机构的光环，在我刚入职时就耀眼地罩在了所有联合国人的头上，那年安南秘书长及联合国荣获诺贝尔和平奖。作为新人，我尚未做过一点贡献，可以引以为豪的也只能是终于成为这个国际大家庭的一员了。

然而这个大家庭给我的第一印象并非热情和温暖。联合国是世界上最大的国际政治组织，它如同一部巨大的机器，无数的部件组合在一起，按照既定的规则，有条不紊地运转。身处其中，我第一次体验到"螺丝钉"的含义。口译工作具体而单一，职责就是为与会代表提供一流的语言服务，比起那些需要奔赴苏丹战区，支援马拉维缺医少药的妇幼医院或是深入疟疾疫区调研的同事来说，我在口译厢的岗位是后方的后方。但这颗螺丝钉要保持锃亮，在大机器的运转中经受巨大的轰鸣和震荡，这正是口译的本分。

联合国会议无数，议题更是天下事无所不包。用一位口译前辈的话说，只要各国在谈，我们就是在为世界和平尽力，吵架总比动武好。坐在口译厢中，耳机中传来的有各国代表的慷慨陈词，有国家集团维护自身利益的尖锐辩论，有讨论决议草案的"去掉括号""放入方括号"的锱铢必较，更有每会必有的程序性语言、公约名称、机构简称、代表头衔、文件引述、礼仪客套等等。撞击耳膜的有美式英语、英式英语、澳新英语、南亚英语，以及形形色色的国际英语。这些声音对耳膜的频繁撞击，使译员逐渐练就了强大的辨析能力，在受到南腔北调的猛烈攻击时，也能最大限度地保证沟通。记得一位同事将专业口译生动地描述为：口译如同赛车，通衢大道人人能开足马力，到了曲折路段，才能分辨良莠，显出专业本色。在所有的输入端的英文中，最为动听的该是英语厢同事的声音，他们是我的接力厢。联合国的六种官方语言中，操法、西、俄三种语言的代表发言，都需要英语厢的同事译为英语，为中文厢传声。当中国代表发言时，中文口译的声音便拥有了会场中最大的听众群，不仅懂英语的所有代表在听，其他几个语言同传厢的口译同事们也在听，并将听到的英语接力传译为各自负责的语言。对我来说，同传链条最长的情景，当数阿拉伯语代表发言而阿语口译的语言组合是阿语和法语：阿语译为法语，英语厢接力法语译为英语，中文厢接力英语译为中文。如果会议为代表配备手语译员，同声传译的链条就又增加了一环。联合国会议的六语口译队伍，在工作中环环相扣，每个人都是一颗闪闪发亮的螺丝钉。口译的团队精神不是七巧板式的互补合作，而是一个个独当一面的环扣组成链条。

联合国口译的挑战之一便是议题的广泛和深入。记得加入联合国前有一次到纽约总部短期出差，一个星期之中就遇到了六七个不同的会议主题，从小武器到海洋法，从武装冲突到联合国大楼搬迁，每天都有不同的相遇，每天都要熟悉不同的背景知识和词汇。联合国的会议如同一个生命体，一个主题诞生后，会不断成长、演变。要做好一场会议的口译，不仅要了解这个议题当前的状况，也需要知晓它的来龙去脉，这就意味着大量密集的准备和对会议程序的娴熟掌握。我任职的第一个工作地点内罗毕，是联合国唯一设在发展中国家的总部所在地，机构以环境署和人居署为主，口译涉及的主题自然以环境和人类居所改善为多。新建的口译团队第一个大型国际会议便是2001年5月在斯德哥尔摩召开的《关于持久性有机污染物的斯德哥尔摩公约》全权代表会议。持久性有机污染物是我们当时从未接触过的议题，什么是持久性有机污染物？有哪些？中英文名称是什么？化学简称是什么？公约的生命历程是什么？缔约情况如何？中国对公约的参与状态是什么？公约的文本要阅读，会议日程要熟悉，每个议题相关文件要浏览，词汇表要编制，重要词汇要做到张口就来。其实每接触一个陌生的会议，口译都需要这样做大量的会前准备，而这恐怕也是译员对很多议题都能够侃侃而谈的原因之一。

另一个挑战，便是联合国独有的会议文风。国别发言正式而呆板，决议文案严格依照格式用语。英语文本语句冗长，从句连缀。文中常常引述既往文件中的论述或用语，而一个概念如何表达往往成为文件草拟时的争论焦点。为了保证各种语言概念的对等，译文有时迁就英语文本而致中文译文拗口。诸多英语缩写对常年参会的官员是省力之道，但译员则需要下功夫准备，只有这样才能自如运用。要做到这一点，非多年工作历练而不能。联合国文风一面是八股文式的僵硬，但反过来通过积累和磨炼而掌握其中就里，就可熟门熟路，开辟游刃的空间。这样的境界并非一朝一夕可以达到。

"做会"不仅是一份职责，也是一种教育和成长。在内罗毕遇到的最意

内罗毕日常工作

外的一次会议是联合国地名专家组会议。和大部分同事一样，接受这个会议口译任务后，我才知道联合国设有专门负责地理名称的专家机构。会议不仅邀请了人居署的官员，也请来了谷歌地图的代表。人居署的官员以内罗毕最大的贫民窟基贝拉为例，讲述了地址与人权和发展的关系：由于没有地址，贫民窟的居民无法得到政府的援助，贫民窟的青年无法求职应聘，无法收到信件，无法在银行开户⋯⋯地址对我们来说是理所当然的存在，地址缺失的后果恐怕是大多数人从未想到过的。谷歌地图介绍了正在和志愿者开展的填补地图空白的活动，志愿者深入城市贫困区域记录土路尾巷，填补谷歌地图最后一公里的空白，让处在边缘的人们，进入存在的状态，进入世界的视野。他们的讲述令地名专家意识到自己的工作对穷人的切肤影响。这位人居署的官员也是我由衷敬佩的，他当时已经在肯尼亚工作20多年，对当地人体恤有加。他探亲归来，面对自己被偷盗一空的居室，只淡淡一笑：只当是我扶贫吧！

口译与会议同行，每次进入口译厢，都是对一个个大小历史时刻的一次见证。联合国的主权平等原则，意味着中国在会场的近邻都是以英文"C"开头的国家。在世界性的大会上，首脑、政要排排比肩，小国与大国平起平坐。伊拉克代表在安理会的恳切陈词，是为他的祖国挡住炮火的最后一道防线；中国代表在气候变化会议上艰苦地谈判，是因为他们知道一个国际承诺的背后，是国内多少企业的命运和多少国人的生活；古巴代表的出色外交斡旋技巧，令人对这个在围困中求生存的硬骨头岛国刮目相看；伊朗为成为亚太灾害信

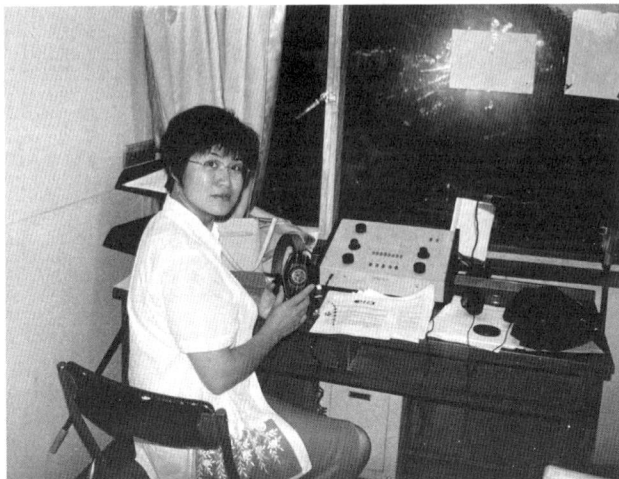

2001年10月，在斯里兰卡科伦坡召开的《关于消耗臭氧层物质的蒙特利尔议定书》缔约方第十三次会议上做同传。同传设备为中国在20世纪70年代援助

管中心东道国屡败屡战，终成正果，大国的无情打压在会场赤裸展现。坐在口译厢中，国际风云就在眼前展开。会场中亲历的动态，往往就是当晚或第二天新闻报道中的头条。

联合国的中文口译团队有五个常驻工作地点：纽约、日内瓦、维也纳、内罗毕和曼谷。无论常驻地在哪里，联合国系统都可以根据会议需要和就近的原则，调配人力，到世界各地为联合国会议服务。我工作过的内罗毕和曼谷两个团队，就在非洲、亚洲、美洲、欧洲十几个国家的联合国会议上提供过同传服务。我既有过30多个小时长途辗转飞行，也有过连续一个半月出差在外，可谓甘苦同在。

除了保持和提高专业的水准，联合国也为职员提供进修的机会和资助。各总部都设有六种语言的免费课程，许多曼谷的同事还报名参加在中国的汉语培训。我得益于联合国的资助，完成了日内瓦大学的远程口译教师培训硕士课程，不经意间为日后在教育界的发展创造了条件。

（二）国际生活

联合国的光环下是实实在在的具体的人，是一样的奔波劳碌、油盐酱醋，只是背景换成了一张多彩的世界地图。

作为联合国的国际职员，必须恪守正直、尽职、尊重他人的立身原则。在联合国人组成的群体中，多样的人生是一个常态。内罗毕的第一批口译团队，五个语种就有八个国籍的同事。联合国机构中的跨国婚姻司空见惯，秘鲁人和孟加拉人、芬兰人和智利人、法国人和肯尼亚人、日本人和斯威士兰人、南非人和荷兰人……锡克教、基督教、佛教、伊斯兰教……这里就是多样世界的缩影，大家认同的共同身份便是遵从联合国核心价值的国际职员。这里拒绝偏见，对他者包容和接受，充满对世界的好奇和向好的心愿。

在异国生活都要经过安顿、探索、熟悉、适应和体味的过程。从北京搬家到内罗毕，我才意识到原来需要这么多的数字才能接入一个新的系统：电话号码、门牌号、职员号、车牌号、联合国证件号、出入证号、新的电子邮件、新的密码、办公室的号码、会场的号码……而每一个新同事、新朋友的许多号码也在不断挤入自己的数字记录中。

安顿一个家在不同国家会有不同的考虑。肯尼亚属于联合国的 B 类艰苦工作地点，这里基础设施落后，贫富悬殊，贫困导致的偷盗抢劫时有发生。因此，安全就成了日常生活的第一原则。入职程序除了各种报到，还有了解安全须知。联合国保安部门每周给职员发送内部安全简报，通告一周里各驻地机构的遭遇，最多的是入室偷盗抢劫、拦路抢车，有时也有工作人员惨遭强奸的恶性事件。选择好住址后，安全部门要上门检查，看看有没有门窗护栏，卧室区域是否安装了安全门，锁头是否坚固，是否有一个遭遇不测时可以充当庇护所的房间，等等。初来乍到时，我们并未感到明丽的蓝天白云下会有什么罪恶降临，但我经历了两次拦路抢劫，让同期到任的同事们猛醒，从此生活中便时刻有了一根警惕的神经。后来调动到"天使之城"曼谷，可以自由自在地在大街上行走，才猛然体会到安全其实是自由的一种。

有了安身之所，便可以开始探索周围的新世界。在内罗毕，中国同事、使馆的外交官、驻外记者等形成了中文交际圈，不多的几家中国餐馆也可解一时舌尖之馋。一位来自上海的创业个体户为大家供应着烤麸、海带、方便面，心灵手巧的家属们种起当地菜场没有的韭菜，甚至学会了卤水点豆腐。中文圈外的世界当然更为新奇。我接触最多的当地人应该是我雇用的保姆玛格丽特。她性情温柔，秀丽的面庞如同乌木雕像。每天一早打扮得齐齐整整来到我家，换上她的淡粉色工作服，开始一天的家务。玛格丽特擅长烙制当地的油面饼，没有见过螃蟹，被那挥动大钳的印度洋盔甲客吓得退避三尺。她拿出家庭合照，指给我看那个学习勤奋就要升学的大女儿，然后顺水推舟要我预支几个月工资给她，以解孩子的学费之急，她用每月工资的一部分慢慢还款。她的得体和对家庭的担当，令我刮目相看。

有人用店铺的情景来描述当时的肯尼亚社会：经商的店铺里坐着印度裔的店主，进门的是以西方人为主的各类驻外人员，而接待他们的店员则是当地的黑人雇员。这样简而化之的画面，道出了当地由经济实力决定的社会阶层。印度裔群体庞大，祖先大都是19世纪英帝国为建东非铁路输入的印度劳工。他们是精明和勤恳的商贾，经营着肯尼亚的大型商场、茶园、咖啡园，2013年遭受恐怖袭击的高端商场西门中心，就有两成的商铺为印度人拥有。

内罗毕也有"小伦敦"的称号。肯尼亚的独立过程相对和平，新政府接纳前宗主国的国民，而不是像莫桑比克等国一夜变天，将前宗主国赶尽驱绝。于是，我在肯尼亚就遇到了被人戏称"肯尼亚牛仔"的英国裔肯尼亚人，他们是前殖民者的后代，喜欢聚居在恩公山下的卡伦区，他们的俱乐部在我任职的那几年仍然只对白人开放。而卡伦区最著名的殖民地冒险家非丹麦贵妇布里克森莫属，她的自传《走出非洲》因好莱坞同名电影而蜚声世界。认识这位多才多艺冒险家的正确"打开"方式是：参观她在卡伦区的故居，读传记，最后再以电影的浪漫在想象中为她的生活着色。

为肯尼亚留下殖民遗产的当然不止布里克森。在肯尼亚国家博物馆举办的"认识肯尼亚"系列讲座中，我见到了祖孙三代在东非掘地考古、发现人类祖先的李奇家族，还有从20世纪60年代就在蒙巴萨改造水泥厂污染区、将寸草不生的荒地改造成休闲胜地的瑞士生物学家。博物馆的藏品之一是捷克才女乔伊·亚当森创作的一个个部落人物的肖像素描，这在无形中为肯尼亚保留了珍贵的人文历史记录。不过她最出名的还是和丈夫乔治对野生动物的保护，他们救助保护的母狮爱尔莎是其著作《生而自由》及同名电影的主角，在西方红极一时。

目光转回到今天，肯尼亚的野生动物举世闻名。进入自然保护区，才能真正领略何谓狮子的雄风、长颈鹿的优雅、紫胸佛法僧的惊艳。清晨云雾绕肩的乞力马扎罗山脚下，象群、羚羊沐浴着粉红色的晨曦食草，任何人都会怀疑自己是否看到了天堂一角。令人感叹的是，前来观赏野生动物的游客大都是外国人，我只有一次见到过一对年轻的本国黑人夫妇。只有酒店的员工和导游可以因为工作享受到本国无与伦比的自然风光，他们热情而骄傲地为游客介绍各种动植物，也因为游客的惊叹而愈发感到自豪。不知年轻一代非洲新富是否也加入了 safari（野外游赏）的行列。

在联合国的大家庭中，不同文化背景的同事都贡献着自己的独特经验。我在孟加拉国的同事家体验到南亚人用手进食的乐趣，在莫桑比克的朋友那里了解到她如何在 18 岁的稚嫩年龄就进入国家银行，填补葡萄牙人留下的空缺。西班牙同事让我认识了南非爵士乐大师伊布拉汉姆，多年后我又在圣塞巴斯蒂安的爵士乐节上追星般去享受这位八旬老艺术家和乐队的精彩演出。身处联合国，如同进入了一个浓缩版的地球人类社区。只要抱着开放态度，这个世界就可以进入自己的生活。记得有一年去哥伦比亚的卡塔赫纳出差，南美的同事带我去见识当地的早餐。我们找了家路边小店，大树荫下摆着简单的饭桌和方凳。店主是一对老夫妇，女的掌勺，男的待客。早餐端上来时，着实令我叹为观止：搪瓷盘上两只煎蛋躺在占领了半壁江山的豆子米饭上，另一半则是两块肥厚的脆皮五花猪排。这世界上没有什么不存在的，只有我们不知道的。

我虽是口译员，但我的语言世界仅限于中文和英文，其他语言的一点皮毛知识无法让我越过语言的障碍，进入另一个文化和传统，于是我也是语言服务的非正式使用者。如果没有西班牙语同事带路，我很可能与哥伦比亚巨无霸早餐无缘；而在阿拉木图，会俄语的同事也被同样使用俄语字母但完全是另一种排列组合的哈萨克语搞得满头雾水；在神户的温泉浴室，勇敢的法国同事靠着生动的肢体语言率领多国人等进入温泉区，当地人客气地闪避不及；在内罗毕，我懂得当地的官方语言却难读懂当地人的行为方式；而在曼谷，我无法从街上的声调如唱戏的闲谈和路边无数曲曲折折泰语字母的招牌上捕捉社会信息，但东方人的一颦一笑却是更为熟悉的无言之语。我在曼谷曾经住在一条远近闻名的小吃街附近。那里早晚两市出摊的小贩里，有一位卖油条的老太太。她身材瘦小，颜面光润，头梳得油亮水滑，脸上总带着温柔的笑意。她用泰语招呼着我，好像在问：买点吧？要多少？我用单词水平的泰语比画着告诉她：要两根。她一边利落地装油条，一边又在说个不停。我只好坦白：我是中国人，不说泰语（所有的语言似乎都是从这两句开始学的）。她的眼睛仿佛被点亮了一样：潮州人吗？她殷切地等待着一个答案，可我只能尴尬地摇摇头。她眼中的亮熄灭了，一丝失望掠过后，又是那温柔的笑意。泰国华侨对祖国，特别是对家乡的忠诚随处可见。中国城的店铺招牌一律用中文，尽管后代已经大多不识中文了。会潮州话的同事到那里逛街下馆子，往往可以得到老乡的打折和拿出上等货色的照顾。泰北金三角的美斯乐是一个特殊的讲中文的地方。那里聚居着当年国民党的残部和他们的后代。我在一个茶铺跟一位老人搭话，老人说他曾是国民党的步话兵，云南人，当年害怕回家乡，就跟部队留在了泰北，不知这辈子还能不能回老家。我们经过一户农家，祖孙三代女子坐在堂屋择菜。小女孩用纯正的中文告诉我，她每天上午学习用泰语讲授的当地课程，下午到中文学校学习 3 个小时的中文。她不觉得累，因为学好了长大可以去中国台湾。然而时代的变迁裹挟着每个人，无论是老兵还是这个做梦的孩子，如今庞大的中国游客群为泰北会说中文的年轻人提供了意想不到的就业机会，或许这个女孩子正在曼谷或是菩提岛用她的中文谋生。

身处异乡，自己的民族身份在一个异己的环境中更显突出，对代表自己身份的语言、文化、传统就更加珍视。我在曼谷发起组织了联合国职员的中文书会，为的是在异乡和异语的工作、生活环境中，创造一个小小的中文天地。为了让孩子们对自己的中国人身份感到自豪、自信，我联络了一些家长组织参加国际学校的国际日活动。孩子们穿上中式服装，手举国旗，走在万国队伍中。我们的人不多，而南非的队伍也只有一个学生，可孩子们的自豪感不亚于任何人。中国展台人流不断，除了美味的饺子吸引着各国的孩子，更有已经开始学习中文的外国小学生，挥毫描红摹字，得意地展示着自己的特长。

（三）一程又一程

曲会终，人会散，联合国工作的流动性意味着好友会各奔东西。一位美国外交官的家属对我说，她随丈夫走遍世界各地，阅历了许多文化和风景，然而频繁的调动，意味着她要频繁地向刚刚熟络起来的地方和朋友告别，又要频繁地以"我叫朵丽丝""我是美国人""我是家属"等等初次见面的交际从头开始，有时不免感到交往的浅薄和疲惫。令我感到幸运的是，联合国 8 年经历的点点滴滴，如同一块块奇形怪状的组件，单独看只能显露端倪，当组合在一起时，却可展现丰富的人生。人生又何处不相逢，联合国的经历会成为每个联合国人的一部分，伴着他们走向下一程。

我出于家庭团聚的原因来到中国香港，非常幸运地进入大学，重返教学岗位。联合国的经历仿佛是进入新阶段的最佳准备，管理系统的一脉相承、办事方式的规矩条理、行政后勤的强大支持，使新生活顺利在我面前展开。从肯尼亚到香港，我蓦然意识到，在这些地方，历史的沉积渗透在日常的细节中，和当地文化融合在一起，你中有我，我中有你，演变成了当代人的生活现实。这里地道英式下午茶与本地"鸳鸯奶茶"并举，旗袍式校服和西式制服各显学子朝气，林立高楼有传统商铺相伴，万吨巨轮与天星小轮争流，叮叮车和特斯拉齐驱……正如倡导多样性和相互尊重是联合国职员秉承的价值之一，多元化也正是香港的精彩和迷人之所在。

我感恩于联合国这段经历带给我的成长。其实联合国职员的身份只是一个狭窄的定位。无论在哪里，无论肤色、文化、贫贵，"我联合国人民"才是承载这个世界的力量。

三、我当联合国维和警察的故事

/文 龙

○ 作者简介

文龙，广西壮族自治区公安厅民警，1988年从武汉大学毕业，分配到广西公安厅工作至今。自2000年以来，先后参加了五次联合国维和行动，是中国最早参加维和行动和参加维和行动最多的警察之一。2000—2001年，在联合国东帝汶任务区，先后担任维和警察分局局长、弱势群体保护队侦查员、警察学院教官。2002—2003年，再次来到东帝汶，担任警察学院教官、维和警察总部战略情报局情报分析员。2006—2007年，在利比里亚任务区，从事社区治安巡逻、总部改革与重建处等的工作。2012—2013年，担任广西警队队长，赴南苏丹任务区，担任联合情报分析中心情报分析员。2015—2018年，通过竞聘担任联合国南苏丹特派团维和警察朱巴战区保护平民协调官（P4级）。

○ 导 读

这篇反映中国维和部队在南苏丹执行任务的故事，语言平实却感人至深，读后让人情不自禁地对国家英雄肃然起敬。"哪有什么岁月静好，不过是有人替你负重前行"——"负重前行"有时候是需要付出生命的代价的。迄今，中国有18名维和官兵为世界和平、他国人民的安全而捐躯异国他乡。本文作者毕业于武汉大学，本可以像其他青年一样，在美丽的广西南宁，选择一份安全的工作，但他却五次应召参加联合国维和部队，经历无数次的"扫黑除恶"行动，冒着生命危险，保护难民，救援老人、妇女与小孩。他亲历凶险，目睹自己的两位战友牺牲和多名战士受伤，但始终不忘担当，严格按照联合国的工作规范，展现中国警察的职业能力和职业素养，运用中国智慧，实现了难民营由乱到治、安全稳定的工作目标，受到联合国的好评。这就是我们所倡导的家国情怀。

我是广西壮族自治区公安厅民警，1988 年从武汉大学毕业，分配到广西公安厅工作至今。自 2000 年以来，先后参加了五次联合国维和行动，是中国最早参加维和行动和参加维和行动最多的警察之一，分别在东帝汶任务区、利比里亚任务区、南苏丹任务区担任过维和警察、教官、侦查员以及情报分析员等多种不同类型的职务。2015 年，基于在联合国维和部队多年的经验，我竞聘上联合国南苏丹特派团维和警察朱巴战区保护平民协调官的职位（P4 级）。

联合国南苏丹特派团（UNMISS，简称"联南苏团"）是由原联合国苏丹特派团（UNMIS）脱胎而来的。2011 年，南苏丹从苏丹分离，独立建国，原苏丹特派团位于南苏丹部分，转为南苏丹特派团，主要职责是协助南苏丹政府建立治理能力。2013 年 12 月，南苏丹内战爆发，联南苏团主要任务转为保护平民、协助人道主义任务和推动重建和平的进程。

南苏丹联合国维和警察共有约 2000 人，其中单警 600 人，成建制警察（FPU，国内俗称"防暴队"）1400 多人。总部约有 80 名单警，其他的单警分散到 10 个战区，其中 4 个战区有联合国难民营。按照联南苏团保护平民的工作职责，大部分单警和全部防暴队部署到有难民营的 4 个战区。

维和警察朱巴战区因位于首都，政治影响最大，是最大的战区，共有维和单警 150 人，来自 42 个国家；防暴队 550 人，来自尼泊尔、卢旺达，其中卢旺达防暴队包括男子防暴队和女子防暴队，每队各 150 人。维和单警按照工作职责，分为以下 8 个队：1）公共秩序队，负责维护难民营的秩序，三班倒，24 小时巡逻、站岗、出警；2）社区警务队，负责联系难民营内的难民，开展培训，组织公共活动以及社区警务；3）弱势群体保护队，负责侦查针对妇女、儿童、老年人、残疾人的犯罪案件，开展对妇女、儿童的培训，并开展保护弱势群体的宣传教育工作；4）侦查队，负责调查难民营内部的治安和刑事案件；5）指挥中心，负责指挥调度各种警察行动；6）后勤队，负责后勤与车辆维护工作；7）人事部，负责人事工作与人员轮换；8）防暴队办公室，负责协调防暴队的行动。此外，还有 17 名来自 8 个国家的狱警，负责"联合国城"内部一个看守所的警务工作。

维和警察的工作任务主要有三大方面，包括：1）全权负责两个联合国难民营的治安工作。在联合国营地"联合国城"旁边，有两个联合国建立的难民营，主要收容内战中逃到联合国营地寻求庇护的努尔族难民，共有约4万人。2）协助人道主义行动。帮助联合国各部门和国际非政府组织向战乱中的平民提供人道主义救助。3）协助南苏丹警察开展培训和能力重建。

我作为朱巴战区维和警察的最高指挥官，面对错综复杂的治安局面，在联合国的职责和授权框架内，按照联合国的工作规范，发挥中国警察高超的职业能力和职业素养，运用中国智慧，对联合国所管理的难民营严格治理，实现了难民营由乱到治、安全稳定的工作目标。

下面是我工作中的一系列小故事。

（一）特殊环境中的"扫黑除恶"行动

2015年10月我上任伊始，难民营的治安情况就让我大吃一惊，刑事犯罪非常猖獗，活跃着二三十个大大小小的黑帮，每天都有将近10个案件发生。尽管联合国规定难民营禁摩，但是仍有几十辆摩托车（当地人称之为"boda boda"）在难民营内部跑运输，200辆摩托车在朱巴市跑摩的。每天天黑以后，摩的骑手撞开大门，强行把摩托车放入难民营，早上再骑出去。他们晚上喝醉以后，在难民营里飙车，几乎每天都有小孩被摩托车撞伤。"摩托帮"有几百名骑手及同伙，又有各种武器，包括枪支和爆炸品，看守大门的维和警察和保安都不敢管。

作为维和警察新任的指挥官，我深知要实现难民营的治理，必须立下警察权威，彻底制服各种犯罪团伙和帮派。经过反复研究，我制定了难民营治安秩序重整方案，决定从影响力最大、最难办的摩托帮入手。我们首先召开了难民营邻里守望队（俗称"联防队"）、社区长老、青年组织参与的座谈会和三次难民营社区安全对话会，争取社区大多数民众支持清除难民营里的摩托车。11月初，我签署了一份英语和努尔语的告示，在难民营内各处张贴，要求摩托车主人在15天内主动把车辆运出难民营，否则将对非法进入难民营的摩托车予以没收。15天之后，我们组织单警、防暴队、保安在难民营搜查，收缴了10多辆摩托车。当天晚上，我亲自带队，派遣了两个班的防暴队守在大门口，顶住了晚归的摩托车骑手用石头砸、树干撞的冲击。此后两个月，我们每天晚上守在大门口，坚决不让任何一辆车进入难民营。一天晚上，一群醉醺醺的骑手见冲不开大门，召集了一伙手持 AK47 步枪的武装人员，往大门方向走来。在场的防暴队员和单警听到电台报告，知道这些人都是杀人不眨眼的魔头，紧张得躲了起来。我深知如果我们今天不顶住，一切努力将功亏一篑。我马上通过电台与南战区联系，紧急调来一辆维和部队中国维和步兵营的装甲车，停在大门口，震慑住了武装分子。

经过两个月的反复较量，摩托帮知难而退，在外面开辟了一块停车场，不再试图进入难民营。难民营摩托车的治理，为维和警察立了威，给以后的整顿治安开了个好头。

2015 年的平安夜，电台里紧急呼叫，有几百名醉酒的青少年，朝一个教堂扔石头，并到处追打执勤的联防队员。我紧急带着防暴队增援现场的维和警察，10 多个联防队员受伤，现场一片狼藉。第二天调查发现，平安夜闹事的团伙，主要是黑鬼帮的人。黑鬼帮是南苏丹全国性的黑帮，涉及垄断大麻市场、收取保护费等非法活动。2015 年的跨年夜，我们部署了 50 名维和警察、几百名联防队员，在两个难民营彻夜巡逻，黑鬼帮和其他黑帮没敢露面。经过两个月针对黑帮的斗争，我们充分展示了打击有组织犯罪的决心和实力，民众看到了搞好治安的希望，开始主动协助维和警察打击犯罪。

此后三年，打击、清除黑帮成了朱巴战区的一个重头戏。我们把难民营划分为 12 个责任区，每个区的长老、青年、妇女领袖分别找参加了黑帮的青年的家长做工作，订下"家长责任状"和"社区责任状"，逐个家庭给黑帮"抽砖头"减成员，削弱其基础。对于黑鬼帮，我们与南苏丹警察合作，在朱巴城区和各个州组织反黑行动，切断黑鬼帮与难民营的联系。2015 年以来，我们共抓捕了 100 多人，把 50 多人驱逐出难民营，收缴约 50 支枪、3000 多发子弹、4000 多把各种大刀和长矛，以及大量的毒品和酒类，难民营治安显著好转，黑帮基本上不再活动。通过在难民营的"扫黑除恶"行动，每月的发案数从 2015 年的 200 多起，下降到 2018 年下半年的二三十起。

难民营大门外，有一个非法集市，由一个叫"马嘎尼"的黑帮头子带着一个拥有 20 多名成员的黑帮进行统治。马嘎尼团伙拥有 AK47 步枪和手榴弹等各种武器，完全控制了这个市场，对在市场做生意的商人收保护费，对进出难民营的难民收买路钱。对不服从他们的难民，马嘎尼团伙使用暴力伤害甚至杀害他们，犯案累累。由于难民营之外不属于联合国管辖，而南苏丹警察不太愿意到难民营门口来执法，这里成了两不管的无法无天之地，人称"地狱城"。

在基本清除完难民营内部的大的黑帮之后，我开始着手对付难民营周边的黑帮。我们找到难民营里的受害人做笔录，收集各种证据，交给当地警察，与他们共同制定行动方案。

2016 年 4 月的一个清晨，经过周密策划，南苏丹警察突袭了"地狱城"，马嘎尼团伙两人被捕，大量的刀具和两辆摩托车被缴获，团伙的其他人逃走。"地狱城"被推土机推倒，一把火全部烧掉。从此，这个危害难民营安全、臭名昭著的"地狱城"不再存在了。

在难民营搜查武器。右二为文龙

指挥军警联合行动，平息大规模械斗。右一为文龙

（二）丰富多彩的社区警务活动

开展社区警务工作、争取民众支持，是朱巴警局的重点工作。我利用中国警察的社区警务经验，开展组织各种社区活动，促进警民关系。

朱巴维和警察每个月都组织至少一期的联防队员培训班，教授保护人权、保护平民、保护妇女儿童等法律和警务知识。培训合格结业后，会给联防队员发放雨衣、电筒、雨鞋、文具等辅助警务设备，组织他们参与维和警察的值勤和巡逻活动，推动难民更加关心和支持建立平安社区。

足球是南苏丹人最喜爱的运动。自 2016 年起，我们每年在难民营组织足球锦标赛，难民营男女队、中国步兵营、埃塞步兵营、尼泊尔步兵营、卢旺达步兵营、尼泊尔特战连、卢旺达防暴队、尼泊尔防暴队、朱巴维和警察等组队参加，吸引了大批难民看球。我们利用足球锦标赛开幕式和闭幕式，组织文艺表演，每年确定一个主题，推介预防犯罪知识。2016 年的主题是"远离毒品，爱护家人"，2017 年主题是"停止对妇女儿童的暴力"，2018 年的主题是"停止帮派暴力，支持和平"。为了保障妇女权益，我们特意组织了女子足球队。

难民营严重缺水，每天的生活用水都是用联合国的水车从尼罗河拉过来的。卫生条件很差，厕所排泄物和生活用水都是在露天排放的，垃圾堆在大路上，难民营里污水横流。南苏丹地处热带，白天气温高达 45 摄氏度，在烈日烘烤之下，污水和垃圾臭气熏天。朱巴战区维和警察每个月都要组织一两次清洁环境志愿者活动，发动联防队员和青年志愿者与维和警察一起，疏通管道和排水口，清运垃圾，大力改善难民营的生活环境，这样的活动得到了难民的欢迎和大力支持。

我们每年新年假期都要组织一次文艺联欢活动，各个民族的难民和各国的维和人员在一起表演各国的传统文艺节目。每一次文艺联欢活动，中国维和步兵营的功夫表演和舞狮子是最受欢迎的保留节目。

迎新年联欢会上的舞狮子

2003 年，与房东家孩子合照

每年一度的小学和中学毕业生国家考试，也是朱巴警局社区警务的重头戏。联合国在难民营建有小学和中学，每年都有毕业生。南苏丹的小学和中学毕业考试需要在当地警察的监督下进行，根据难民营的协议，当地执法人员不能进入难民营，所以南苏丹教育部门要求所有的毕业生到朱巴市内的学校参加考试。由于惨烈的民族冲突，难民营的努尔族学生不敢到市内，维和警察就担负起了护卫他们的任务。2017 年，护卫车队行进到市区时，正遇上当地大学生示威游行，警察向天开枪示警，被驱散的大学生朝车队扔石头泄愤，维和警察防暴队用装甲车和盾牌遮挡，保护了数百名学生。

通过点点滴滴的社区警务活动，朱巴警局逐渐与难民建立了信任关系，获得了民众的支持，获取了很多犯罪情报。维和警察在警务工作中也得到了难民的尽心保护，尽管执法环境很危险，但是朱巴警局的维和警察从没有在难民营执法工作中出现过重伤和死亡的情况。

（三）一切为了孩子

南苏丹的长期战争，产生了大批战争孤儿，而难民混杂而居的环境，又诞生了很多非婚生子，这些非婚生子往往一生下来就遭到抛弃，难民营里经常会看到弃婴。

2016年年底的一天清晨，几个小孩来报案，说是在一个厕所的粪坑里听到微弱的婴儿哭声。我们赶过去查看，发现一个小小的婴儿，连同胎盘，被遗弃在粪坑里，我们赶紧把这个婴儿救上来送到诊所救治。这是一个7个多月大的女婴，亲生母亲无法找到，我们把她委托给一个自愿抚养的老祖母照看，并给这个婴儿取名为"安琪儿"。老祖母没有收入，安琪儿的奶粉和衣服都是维和警察捐助的。我每个月都从自己的薪水中留出一笔钱，用于安琪儿的奶粉钱。渐渐地，安琪儿一天天长大，慢慢长到了8个月大，她非常喜欢维和警察来看她，每次我们一到，她就"咿咿哑哑"地发出欢快的笑声，很惹人怜爱。有时候她不作声，只是静静地看着天空，似乎在想事情。

2017年7月，我回国休假。回到任务区第二天的晨会上，弱势群体保护队的队长报告说，安琪儿在我休假期间去世了。我惊问是怎么回事，她说，安琪儿本来是好好的，突然有一天，不吃不喝，只是昏睡，送到诊所，医生也查不出什么病，只是让多喝点水，多喝点奶。两天之后的一个夜里，她在睡梦中离开了。听到这个不幸的消息，我的眼泪情不自禁地流了下来，好几个维和警察都痛哭失声。

我想起安琪儿以前也病过两次，但是她总是很努力地睁开眼，很努力地喝牛奶，很努力地要生存下去，可她终究还是走了。我也是一个父亲，深知每一个孩子都是一个家的天使，给父母带来难以描述的快乐。安琪儿，英文里的原意是"天使"，她在这片开满恶之花的土地上，努力生活过，又如一片不知道从哪飘下的树叶，在空中飘飘荡荡，落到不知哪片草丛中。在以后维和的日子里，夜深人静之时，我时常想起安琪儿，有时眼前仿佛看到一个长着一对小小翅膀的小小天使，在蓝色夜空中飞过。

为了让难民营的孤儿平安健康地成长，我做了专门的策划。在朱巴警局弱势群体保护队的支持下，难民营妇女联合会主席带领一群妇女，建立了一个孤儿院，收留了上百个孤儿。难民营里的其他非政府组织和慈善组织，也建立了大大小小 10 多个孤儿院，收留无家可归的孤儿。朱巴警局协调联南苏团各部门、非政府组织，为孤儿院筹集资金和救援物资，并多次组织捐赠活动，派维和警察巡逻队和联防队员每天看顾。这个难民营中的孤儿院模式逐渐得到了推广。

（四）战火中的维和警察

2016 年 7 月 8 日，南苏丹总统和第一副总统所属的军队，在朱巴市内展开激战，联合国城和旁边的难民营周围成了主要战场，朱巴警局维和警察与维和部队一起，担负起了保卫联合国营地和难民营的重任。

战斗打响之后，战时指挥部立即启动，我被任命为维和警察方面的指挥官，协助军队战时指挥官（中国维和步兵营营长）保卫联合国人员和难民的安全。维和警察的职责包括：防暴队在联合国营地和难民营内部昼夜巡逻，维持治安，驱逐、逮捕武装人员或使其缴械；维和单警在营区内巡逻，收拢进入联合国营地的难民，做好办公室、供水供电设施、医院等关键场所的警卫工作。

战斗打响之后，两个难民营的几千难民逃进了联合国城，几千人的食品饮水供应、伤员救治、安全保障成了严重的问题。这些人中混杂着不少不法之徒，危害到联合国人员的安全，维和警察和防暴队日夜巡逻，收拢难民到指定的安全区，把难民中互相敌对的民族和部族分隔开，把一些受到威胁的难民安置到安全的地方，在联合国职员住地和联合国财产所在的关键地点部署警戒并日夜巡逻。

作为维和警察的战时最高指挥官，我深知这是生死攸关的时刻，联合国人员、维和警察部下和难民的生命安全，系于我所下的任何一个命令，系于我们的每一次行动，肩上的担子重千斤。我每天配合中国维和步兵营营长指挥维和单警和防暴队，完成保卫联合国城和难民的任务，晚上还要抽空巡视维和警察各队，组织实地警务。在枪声和炮声中，基本上睡不着觉，每天能睡着的时间不超过两个小时。

在四天四夜的战斗中，中国维和步兵营勇敢顽强，不怕牺牲，用最英勇的精神和最出色的能力，协同各国维和部队，保卫了联合国营地和两个难民营。作战中，一辆中国营的步战车被炮弹击中，两名战士壮烈牺牲，五名战士英勇负伤，为保护平民、维护世界和平献出了鲜血和生命。

在这次战斗中，联合国营地和难民营落入了五六十发炮弹和无数的流弹。尽管防暴队和维和单警有很多次历险，但维和警察始终坚守岗位，在枪林弹雨中与维和部队并肩战斗，保护了联合国人员和设施安全，为数万难民提供了安全保证。

联合国维和警察来自全世界各个国家，文化、宗教、历史和政治背景各不相同，只有很短的时间来磨合，在工作中理念冲突不断，而南苏丹维和警察以赤诚之心，精诚团结，努力工作。从 2015 年到 2018 年，维和警察中有一人因病牺牲在岗位上，还有数十人受伤，他们以最高的警察职业精神，保护了数以百万计的南苏丹平民，阻止了无数的战斗，推动了和平进程。我作为中国维和警察代表之一，用自己的勤奋、专业和敬业，不负重托，很好地完成了各项任务，赢得了世界各国同行的赞誉。

2021 年是中华人民共和国恢复联合国合法席位 50 周年，也是中国军队参加联合国维和行动 31 周年。目前，作为一个发展中的大国，中国已是联合国第二大维和摊款国和会费国，也是安理会常任理事国中的第一大出兵国。我们以实际行动维护世界和平，积极参加联合国维和行动，认真践行《联合国宪章》的宗旨和原则，30 多年来先后参加了 20 多项联合国维和行动，累计派出维和官兵 4 万余人次，为维护世界和平、促进共同发展做出了积极贡献，彰显了和平之师、正义之师、文明之师的形象。

作为一名警察，我为自己能够五次参与维和行动感到自豪。和平发展是中国人民的永恒追求。新中国成立以来，我们以实际行动坚定不移地走和平发展道路，赢得了爱好和平的世界人民的信任与尊重。当前，世界面临着并不太平稳定的百年之大变局，许多地区不断发生冲突，饥饿、贫困与难民问题还在不断困扰着人类。为实现联合国 2030 可持续发展目标，维护和平稳定与发展，我们需要坚定维护以联合国为核心的全球治理体系，坚定维护以《联合国宪章》宗旨和原则为基石的国际关系基本准则，同各国一道，坚守多边主义，维护公平正义。这是时代赋予我们大国青年的历史使命。

四、我与联合国青年领袖精英项目（GYLA）的故事

/ 祖良荣

作者简介

祖良荣，联合国高级项目官员，企业管理和教育培训专家。英国诺丁汉大学商学院企业管理博士，北京师范大学教育经济学硕士。具有30多年的教育、研究以及行政管理经验。自1995年以来一直任职于国际劳工组织国际培训中心，于2016年创建了联合国青年领袖精英项目（GYLA），致力于培养国际组织人才和青年领袖。目前被浙江大学、南京大学、南开大学、天津大学、中国农业大学、山东大学等十几所高校聘为大学生职业发展导师、顾问和访问学者。

主要专业和研究领域包括企业社会责任、商业伦理、社会创新与社会企业创业、中国古典哲学（道家与儒家）与领导力和管理科学、系统思维与可持续发展、跨文化管理以及情商领导力等。曾在国内外刊物上发表多篇文章，出版个人专著及主编图书如《企业社会责任，公司重组与企业业绩》《道家智慧与企业可持续发展》《企业社会责任百科全书》等。

导　读

本文作者在联合国工作长达26年，其经历就是一个"进得去，留得下，做得好，有影响"的系列故事。多年来，他沉下心踏踏实实做事，一手搭建起联合国青年领袖精英项目（GYLA）教育与培训平台，并"把她看成是我的'女儿'"一样，精心呵护，培养成长。作者在文中介绍了GYLA的核心理念——"青年所有，青年所治，青年所享"，GYLA与联合国《2030年可持续发展议程》之关系，以及其运行模式、影响力和受训学生的反馈。为了助力青年

人走向国际舞台，作者致力于把 GYLA 打造成一个有效的、可操作的、新型的助推器。这位儒雅的青年人的导师，满怀情怀，努力奉献，一心寄望于一代新人"能充分发挥你们的聪明才智和创造力，大胆创新，勇于冒险，自我激励，在国际舞台上大展宏图，为创建一个可持续发展的美好社会而贡献青春"。

我该怎样表达，GYLA，
我们从东方而来，跨过了整个欧亚。
来看，你这朵阿尔卑斯山脚下最美的奇葩。
没有人舍得将你摘下。
来看，你这匹波河边上奔驰着的骏马。
所有人眼里都闪着难以掩藏的惊讶。

你传承着中国传统文化，
你展示着西方最新想法。
关于世界的疑惑，有千千万万种回答，
而你总能碰撞出最美妙的火花。

GYLA，你可知道，
社会正义、体面工作，
是我听过最动人的情话。
GYLA，你可知道，
可持续发展、CSR，
是我能想到人类社会最和谐的图画。

世界虽大，我的眼总能看到她。
洗净铅华，我的心还是属于她。
GYLA，你把希望的种子精心撒下，
改变世界的勇气，正在我们心中慢慢发芽！

——摘自《GYLA 之诗》
山东大学 2019 年 GYLA 夏季精英项目优秀学员陈李逸帆创作

（一）GYLA 的诞生

GYLA 异彩纷呈的课程如同一颗颗星辰，点亮一片未曾探寻的天空；又如一把把钥匙，打开一扇扇不曾迈入的秘境大门。GYLA 为 SDGs 汇聚力量，启迪智慧。GYLA 予我机会，为我赋能。我愿为 SDGs 讲好故事，为 GYLA 诉说心声。

——张若南，浙江大学，GYLA 优秀学员

GYLA 教给我们实现理想的方法与途径：从思维方式到问题处理，从项目周期管理到创新创业，从国际组织介绍到面试技巧；从理论到实践，从分享到合作。每一次课程的建构和导师的安排，每一场讨论与讲演的组织，每一份读物与视频的分享，无一不在有声或无声地传递着概念、思维和方法，无处不彰显项目梦之队的优秀领导力。人人在传递力量，处处在成为榜样。

——黄冰冰，哈尔滨工业大学领队老师

我在联合国工作了 26 年，创建了不少成功的项目，但是最值得我引以为豪的是联合国青年领袖精英项目（Global Youth Leadership Academy，GYLA）。我一直把她看成是我的"女儿"。是 GYLA 让我感到这些年来有了一种"做得好，有影响"的成就感。

GYLA 到底是什么呢？每个 GYLA 学员对她都有不同的诠释。山东大学的优秀学员孔勐勐说："GYLA 是一个家，是一个温暖而有使命感的家。我相信每个'家庭成员'都在这里收获颇丰——美好与磨炼兼修，既有'向未来而行，向国际而行'的责任感和使命感，又有家的温暖和其乐融融——GYLA 是真正而真诚的'联合国青年领袖精英项目'，我很自豪能受教于此。"有些学员将其比喻为"无数个宝盒，一个一个打开，一次一次收获惊喜；GYLA 是拥抱更多可能性的钥匙；GYLA 像一株巨大的蒲公英，每位 GYLAer 都是蒲公英的一颗种子；GYLA 是一场知识的盛宴，是一场文化的盛宴，还是一场友情的盛宴。如果年轻的时候有幸与 GYLA 相遇，那么不管走到哪里，她都与我同在，在我心里，她是一场流动的盛宴"。但我还是一直把 GYLA 当成我的宝贝"女儿"。

那就先从我"女儿"的肖像开始讲起吧。2019 年 8 月的一天下午，结束了

线下规模最大的一期 GYLA 后，我收到了一个大信封。当我打开信封时，眼前一亮，一幅美丽的图画展现在我的眼前。通过附上的一个留言我得知这是天津大学韩露同学临别时送给我的礼物："祖老师，因为您说 GYLA 是您的'女儿'，我就画了一个少女，活在中国和欧洲文化交融的梦里。有中国和都灵的建筑、植物、典型的图案，意味着她吸收着这些文化，一直茁壮成长。"当我拿着这

手绘 GYLA 像

幅画找到韩露表示感谢时，她对我说："祖老师，希望我画的这幅画能像您心目中的 GYLA 那样美丽。"是的，我很喜爱这幅画，因为她就是我心目中的"女儿" GYLA 的样子，她"传承着中国的传统文化，又展示着西方的最新想法"。

我给 GYLA 起了一个中文名字——姬娜。中国古代黄帝的"姬"姓和西方美丽的"娜"名。"GYLA，我的'女儿'"，我曾经多次在与学员和老师的交流中自豪地宣布这句话。GYLA 从 2016 年开始孕育，到 2018 年才诞生。所以，她的诞生凝聚了我们 GYLA 梦之队、所有参与活动的学员以及高校老师的辛勤劳动和聪明才智。所以，我总是对老师和学员说，GYLA 的成长和发展，离不开所有人的关心、呵护和养育。GYLA 是我们大家的"女儿"，我们人人有义务和责任去呵护她，促进她茁壮成长。

GYLA 目前已经成为一个旗舰和品牌教育项目，也是一个专门致力于培养国际组织人才、培养未来全球青年领袖和跨文化专业人才的教育平台。GYLA 的宗旨是通过开展一系列标准和专业化的学习和教育活动，充分发掘和开发青年人的才智和创造力，培养青年人的国际公民和社会责任意识、全球领导力以及社会企业家精神。GYLA 致力于激励和赋能青年人，促进青年人积极参与全球治理，推动联合国《2030 年可持续发展议程》的实现。GYLA 利用国际组织和地理优势，积极开展与联合国机构和欧洲大学的紧密合作，为青年人搭建一座通往国际组织的职业发展桥梁，使他们未来能够成为合格的国际公务员和全球领袖。

（二）GYLA 与联合国《2030 年可持续发展议程》

青年人是未来社会进步和变革的推动者。他们是消除贫困、应对气候变

化、减少不平等和实现可持续发展的主导力量。据联合国统计，当今世界拥有历史上最多的一代青年人，全世界约有 20 亿年龄在 15—24 岁的青年人，到 2030 年这个人数还会大幅增加。要在 2030 年实现联合国《2030 年可持续发展议程》，就需要依靠如今的青年人去承担责任。所以当今的青年人必须学习和理解可持续发展目标及其对未来世界的影响，为实现可持续发展目标做准备。GYLA 的使命就是为了鼓励和增强当今青年人成为变革推动者、社会创新者和企业家的能力，实现联合国可持续发展目标，创造更加美好的世界和光明的未来。

自成立以来，GYLA 的目标就与联合国有关青年人发展和参与的宗旨相一致。例如 2015 年联合国《2030 年可持续发展议程》通过，2017 年联合国制定了"青年 2030"战略，GYLA 也就是在这个历史紧要时刻应运而生的。GYLA 的宗旨和价值观与联合国秘书长安东尼奥·古特雷斯讲到的有关联合国青年人发展的使命相吻合："我们把未来更美好的世界的希望寄托在青年人身上。只有当我们赋能这些青年人作为领袖时，才能实现可持续发展、人权、和平与安全。联合国必须增强青年人的能力，促进他们的社会参与，给他们提供更多的教育、培训和就业的机会。"国际劳工组织总干事盖伊·莱德进一步强调了增强青年人权能的紧迫性，他说："现在是释放当今青年人潜力的时候了，培养他们成为领袖、企业家、世界公民和变革者。所以，为青年人创造机会是世界所有区域和劳工组织三方成员政策议程上的一项优先重点内容。"这些全球领袖都在呼吁各国提供强有力的教育和培训体系，让青年人掌握当代所需的技能和科学技术，了解和预测他们对未来的需求，扩大青年人的话语权，支持和增强青年人参与国际组织和全球治理的能力，实现联合国《2030 年可持续发展议程》。

（三）青年所有，青年所治，青年所享

2021 年 1 月，当新冠病毒还在全球肆虐之时，我们举办了第二届线上 eGYLA 课程。每次的巨大成功都要归功于我们的 GYLA 梦之队、广大学员和高校教师的积极组织和参与。有感于此，我提出了 GYLA 的核心理念："GYLA 为青年所有，青年所治，青年所享。"

1. GYLA 为青年所有

GYLA 是一个为青年人搭建的向全球成功领袖学习以及与同龄人交流信息和知识的独特平台。鼓励青年人做 GYLA 的主人，就是要求青年人积极主

动地为 GYLA 的发展出谋划策。主人翁的含义就是青年人应像 GYLA 的主人一样关心 GYLA 的成长和发展。当青年人拥有 GYLA 主人翁地位时，他们就会产生责任感，就会相互信任和尊重，就会不仅把事情做好，还会做正确的事情。GYLA 的核心价值是创造一个赋能青年人采取行动推动变革的环境。GYLA 为青年所有，就是要培育和创造一个高度重视 GYLA 主人翁精神的文化。

2. GYLA 为青年所治

既然青年人具有 GYLA 主人翁精神，那么，他们就有权利和义务来领导和管理 GYLA 项目，并运用他们的聪明才智、创作力和创新精神提高和改善 GYLA 项目的质量，促进 GYLA 的永续发展。自 GYLA 成立以来，GYLA 项目一直由 GYLA 梦之队和 GYLA 学员共同管理、筹备、组织、实施和评估。GYLA 梦之队是 GYLA 项目全面运营的领导者。梦之队又由三个小组组成，分别负责社交媒体、多媒体设计与制作、新闻与报道工作。梦之队的成员每次都是从 GYLA 毕业的优秀学员中招聘的，他们是一群品学兼优和乐于助人的优秀人才。在活动过程中，梦之队鼓励和吸纳其他学员共同参与 GYLA 工作，为更多的学员提供锻炼和学习的机会。

3. GYLA 为青年所享

GYLA 的使命是激励青年人勇于梦想、勤于学习、大胆实践和成就卓越。青年人具有无限的创造力、潜力和能力，他们能够为成就自我、建设祖国和世界和平做出巨大贡献。GYLA 为青年所有，为青年所治，更是为青年所享。GYLA 与当代青年人一样，也是梦想家。所以 GYLA 愿意做青年人通向理想目标的指路明灯和铺路石。GYLA 的宏伟目标就是让数以百万计的青年人，特别是贫困地区和低收入国家的青年人，能有机会参与 GYLA 开展的各项教育、培训和学习活动。GYLA 将通过创办基金会和普惠教育，致力于为贫困地区和国家的青年人提供学习资源和教育活动，开发他们的个人潜力，增强他们参与社会变革的能力。GYLA 还将通过创建世界青年友好网络平台，团结各国青年，致力于世界和平建设和可持续发展目标的实现。GYLA 课程设置紧紧围绕未来人类社会可持续发展的需求，结合中国政府国际组织人才培养战略以及联合国可持续发展和青年发展目标，课程设计的核心理念是 3Q、3C、3H 和 3P。

3Q 的目标是培养国际专业人士，包括：IQ，注重知识和技能方面的学习，开发学员的国际项目管理能力；EQ，培养领导力情商，增强青年人在复杂环境中有效交流和沟通的能力；CQ，提高学员跨文化与在多元文化团队中的合

THE GYLA WAY: MISSION AND CURRICULA 使命和课程设置

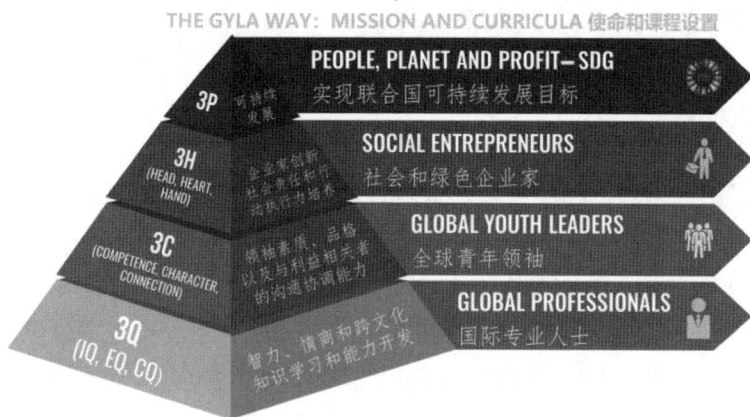

课程设计的核心理念示意图

作能力，在工作场所的冲突管理以及应对危机和风险的能力。

3C 的目标是培养全球青年领袖，包括领袖素质（competence）、优良品格（character）以及沟通和协调的能力（connection）。

3H 的宗旨在于培养未来社会和绿色企业家，包括创造力和创新潜力（head）、企业社会责任和爱心（heart）以及行动执行力（hand）。

3P 即可持续发展所包括的人（people）、环境（planet）和经济（profit）三个层面。实现可持续发展目标必须平衡这三个方面的发展。

3Q、3C、3H 和 3P 模式包含了培养新一代青年人成为优秀的全球领袖、企业家，实现联合国可持续发展目标必须具备的综合素质和能力。

GYLA 项目的成功不仅取决于系统的知识架构、训练有素的管理团队，还取决于高素质的专家队伍。概括而言，GYLA 的专家构成采用"三位一体"模式。"三位"是指专家队伍构成有三部分。其一是来自联合国的资深官员，他们具有丰富的联合国专门知识和个人经验，他们是未来青年国际组织生涯发展的引路人。目前已有十几家联合国机构开展了与 GYLA 的长期合作，这些机构的联合国官员不仅承担 GYLA 课程，还推荐 GYLA 优秀学员到联合国实习。其二是来自世界名校的著名教授和学者，他们将最新前沿学科知识带到 GYLA 课堂，为学员未来继续深造奠定基础。这些学者分别来自欧洲、美洲和亚洲等地的高校。其三是由实践经验丰富的企业家和专业人士组成，主要负责讲解国际项目管理、青年领袖情商和跨文化管理以及创新创业等课程。

"一体"是指这三个部分的专家所主讲的内容都围绕一个核心目标，即"培养全球青年领袖和国际组织人才"。

（四）GYLA 的影响力

GYLA 自创立至今已有 6 年，有 50 多所名牌大学的 1200 多名优秀大学生参加了不同形式的精英项目。很多青年人因此改变了他们人生的目标和未来的职业发展方向。例如 GYLA 众多优秀学员中，有些顺利地进入了联合国机构实习和工作，有些经过 GYLA 的推荐进入了世界名校继续深造，有些被国际大型组织和企业录用，也有些学员成功地创办了社会企业或绿色企业。

我想举几个实例加以说明。唐开强，南京大学 2019 年 GYLA 优秀学员、南京蜘蛛侠智能机器人有限公司创始人，就是创业成功的案例之一。他在 2020 年的一篇推文里叙述了他参加 GYLA 以后的成长历程："感恩相遇，叩开心扉，一年未见，GYLA 仍记忆犹新。丰富多彩的活动让我感触颇深，专家教授们的分享启迪人生，形式多样的创业实践带我们思考企业的管理与运作，访问联合国日内瓦总部令我对联合国系统运作有了更为深入的了解，联合国 2030 可持续发展目标（SDGs）使我对未来创新创业之路有了更加明晰和坚定的规划。GYLA 的理念与我个人的理想契合度很高，也一直激励和指引着我用科技创新解决可持续发展目标所涉及的问题，即使遇到挫折也勇敢迎接挑战。在 GYLA 的学习让我坚定了通过创新创业解决可持续发展所涉及问题的信念。GYLA 形式多样的创业实践带我们思考企业的管理与运作，它让我明白，发展的道路由很多选择和努力铺就。现实中，创业的过程也不是一帆风顺的，需要面临很多抉择。正如创业实践中的选择一样，我们需要权衡短期利益与长期利益，考虑个体发展与环境发展之间的关系。"

GYLA 项目课堂

在 GYLA 的毕业生中，更多的优秀学员参加了联合国的实习或工作。例如，南开大学 2019 年 GYLA 优秀学员陈晗，她毕业以后就被联合国教科文组织中国办公室录用为实习生，后来由于工作出色，又在教科文组织的意大利办公室工作。她感慨地告诉我们："GYLA 作为我在国际组织实习工作的起点，对我来说意义非凡。从这里开始，我进一步了解了国际组织，学习到了国际发展的相关知识，遇见了许多优秀的伙伴。从这里出发，我开始了在教科文组织的旅程。从北京再到佩鲁贾，细数也已经一年有余。"龚恒，上海交通大学毕业，2019 年在国际劳工组织实习，并且是 GYLA 梦之队成员，2020 年在联合国工发组织上海投资促进中心实习。他认为："GYLA 是一个面向全世界优秀青年学子的开放包容项目，旨在通过开展一系列标准化和专业化的教育和学习项目，培养青年人的领导力和企业家精神。"

GYLA 除了给优秀青年人打开了通往联合国的大门，对学员影响比较大的应该就是改变了学员的思维模式，增强了他们的自信心，扩大了他们的国际视野，让那些"睡狮"觉醒，振奋，跃跃欲试。例如，华中农业大学 2021 年的学员陈祎说："GYLA 于我而言便像是一次'觉醒'，似成功拨开了迷雾，找到了未来的另一个前进方向。在课程中，我有幸接触到了来自联合国各组织的专家，结识了来自不同学校、不同年级、不同专业的同学。在每天的学习、交流以及小组合作中，在一次次思维的碰撞中，大家各抒己见、畅所欲言，我们穿越网络的隔阂，由陌生走向熟悉。""在参加 GYLA 前，国际组织实习对我而言只是一个梦想——我期盼着拿到国际组织的实习录取通知书，但又不知道自己该往哪个方向努力。很幸运，我遇见了 GYLA。于我而言，GYLA 就像一辆通往梦想的小火车，载着我一路向前。它让我时刻反省自己与优秀者的差距，督促我要不停地向前奔跑，也使我对国际组织的认识有了新的提升，对申请国际组织实习也多了一份自信。"这是来自华中科技大学 2021 年学员李佳悦的感受。

王迎春老师是山东大学学生就业创业指导中心副主任。山东大学于 2019 年与 GYLA 合作，王老师始终如一地选拔、指导和领导最优秀大学生参加 GYLA 项目。她也一直与我沟通，将他们学校 GYLA 毕业生的最新动态信息反馈给我。她曾在 2020 年的一篇推文中生动地描述了这几年山东大学 GYLA 学子的变化。她写道："GYLA 给学员们带来了什么？友谊、阅历、眼界、个人成长……但在我眼里，他们最大的收获和改变是由内而外的自信从容。

三周的学习生活，前沿、系统的课程与丰富的实践体验，以及项目结束之后团队的持续交流分享，在他们的人生里种下了一颗青春的种子。当我一年之后再去看时，欣然发现种子都已萌芽。作为领队，这是让我感到最幸福、最快乐的事。GYLA 所倡导的勇担责任、锐意创新和引领变革吸引着他们，而他们也影响着 GYLA。"

"与其说 GYLA 为学员们提供了有限的知识，不如说它为每一位学员带来了无限的思维，真正做到了'授人以渔'。善渔者胸中自有广阔江海，一河枯而鱼不竭。"这是哈尔滨工业大学外国语学院副书记庞东贺教授的评价。

当沉重的思想压在你的心上，当你迷茫于未来的发展前途，如果你正在苦苦地寻找一个成功之梦，你并不孤单，GYLA 也是梦想家，她将与你同行。

爱因斯坦曾说："每个人都是天才。但是，如果你以爬树的本领来判断鱼的能力，那它终其一生都会认为自己是个笨蛋。" 我希望青年才俊不要局限于固有的思维和发展模式，从高考中来，回职场中去，只能在就业市场的洪流裹挟下将自己的人生囿于一角。希望你们能充分发挥你们的聪明才智和创造力，大胆创新，勇于冒险，自我激励，在国际舞台上大展宏图，为创建一个可持续发展的美好社会而贡献青春。

五、崇尚多样性，当文化使者

/ 何　勇

🔍 作者简介

　　何勇，哥伦比亚大学人类语言学博士。2002年至2017年任
联合国总部语言部中文组组长，现任纽约大学翻译专业兼职教
授，并担任南京大学等高校的客座和特聘教授。2004年获安南
秘书长颁发的"联合国21世纪奖"，2014年再次获潘基文秘书
长颁发的"联合国21世纪奖"。2017年当选为南京市"一城十
面"（城市形象代表）之一，2018年入选南京大学"百名名师"，
2019年南京市为他设立"何勇国际交流工作室"（南京文化名
人工作室项目）。曾在国内发表作品（专著、翻译著作、论文等）
30余项。近年在国内出版的著作有《愿在他乡做使者》（南京大学出版社，2018；英文版
于2021年由新星出版社出版）和《第二心灵》（南京大学出版社，2020）。在美国出版的
英语著作有《初级中文》《中级中文》《汉英惯用法词典》《英汉儿童词典》《实用汉英
英汉词典》《插图中国历史》和《汉语的话语结构》等。

🔍 导　读

　　文化自信是"四大自信"中更具基础、更广泛、更深厚、更具持久力量的自信。中华
文化源远流长，其蕴藏的精神，是中国走向全球治理舞台中心的软实力的重要组成部分。
作为联合国总部语言部中文组的组长，本文作者深信，尊重文化多样性是联合国"诚信、
专业精神、尊重多样性"三大核心价值的重要内容之一。"每个人都是自己国家的文化大

使"，作者主动利用联合国平台，创新性地开展中文培训，连续 16 年组织联合国秘书处工作人员赴华开展不同形式的中文培训；组织丰富多彩的活动，包括吸引大使、秘书长等学习中文与中国书法，让更多的外交官接触中文，了解中国。文中描述了如何利用并且使联合国中文组这个传统的职场，以"书法为桥梁"，通过"笔墨传心"，推动中华文化传播，为增进中国与联合国其他会员国的相互了解做出特别贡献，产生深远影响。

　　文化和语言是一个人最显著的身份标志。联合国的工作人员来自 193 个会员国，他们带到联合国的文化和语言却远远超过 193 种。我所在的语言部曾统计过，193 个会员国总共说 101 种官方语言，但联合国总部工作人员讲的语言总共有 600 多种。这是因为不少国家有若干种方言、地区语言和官方语言。如果我们承认一种语言代表一种文化的话，联合国总部里的工作人员的工作和社交环境就是由这 600 多种语言和文化构成的。

　　尊重多样性是联合国的三大核心价值之一。这里所说的"多样性"在很大程度上指的是文化的多样性。尊重他人的文化是建构在对他人文化的了解上的，如果没有了解，就不会有尊重。联合国的每个工作人员都有责任主动了解来自不同国家的同事们的文化和语言，而同时我们每个工作人员也有责任和义务向大家宣传和介绍自己的文化和语言。从某种意义上来说，我们每个人都是自己国家的文化大使。我从 2002 年到 2017 年担任联合国总部语言部中文组组长，我在这里介绍的是我和我的同事们是如何通过中文教学和组织文化活动在联合国里推广中国文化和语言的。

　　联合国对语言问题十分重视，并通过了不少相关决议。联合国前任秘书长潘基文曾就语言问题专门说过："多语种的使用是保证不同民族间和谐沟通的基本要素，因而具有非常重要的作用。它可促进心态变得宽容，不仅能让各会员国更积极有效地参与到联合国的各项事务当中，还能保证更高的工作效率、更好的成果和更全面的投入。秉承着分享和沟通的精神，各行动方案应以保护并鼓励多语种的使用为宗旨。"和其他许多语言比起来，中文在联合国里占有一定的优势，因为它是联合国的 6 种官方语言之一，在大会部、全球传播部等设有 6 个官方语言的团队里都占有一席之地。联合国通过一系列决议和指令不断强调的语言平等使用实际上指的就是这 6 种官方语言的平等使用。为达此目的，联合国还专门指派了一位副秘书长分管这一政策的实施。

　　联合国一贯重视员工的语言培训，同时也提供各种条件和机会鼓励员工学习联合国的官方语言。自 20 世纪 70 年代起，联合国纽约总部就通过语言部开设语言课程，供员工和各国驻联合国代表团的外交人员免费选修 6 种官方语言，这也给这 6 种语言所代表的文化创造了优越的传播条件。我从 2002 年到 2017 年担任语言部中文组组长。语言部隶属于管理部人力资源管理厅。人力资源管理厅的一个主要职责是负责联合国工作人员各方面的培训，而我们则是负责联合国工作人员和各国驻联合国代表团的外交人员的语言培训。语言部的编制结构和教学时间类似于高校的外语系：每年分三个学期，每个学期为 13 个星期。联合国除纽约总部有中文项目外，在日内瓦、维也纳、曼谷、内罗毕和智利的秘书处办事处或地区委员会也开设了中文课。联合国有自己的语言水平考试，符合规定的学员在通过考试后可得到语言津贴补助。联合国各语种的水平考试由纽约总部命题，各分部在考试结束后将考卷寄到纽约，由总部的语言教师评分。

在联合国修语言课的学员均非脱产学习，他们多是利用午餐时间来上课的。他们工作都很繁忙，尤其在联大召开期间（每年 9 月中旬到 12 月中旬）。由于学习中文对母语为印欧语言背景的学员来讲比较难，他们需要强大的动力和特别吸引他们的东西以保持兴趣和信心。为此，我们除了在课堂上采取比较活泼的教学法外，还努力创造课堂外的机会让学员们接触中文，感受中国文化。我们组织的多种活动包括举办中国新年晚会和专题讲座、观看中国电影、参观纽约地区与中国文化有关的场馆和景点等。

（一）学中文的大使

来跟我们学中文的大多是联合国的普通工作人员和外交人员，因为高层管理人员责任重大，没有时间来上语言课。不过偶尔也有大人物想要学中文。比如有一年，韩国驻联合国代表团团长朴仁国大使来找我说他要学中文，但是他工作繁忙，又担任联大第二委员会（经济与金融委员会）的主席，没有办法按我们的课程时间来上课，问我有没有变通的办法。

我觉得像他这样的重要人士来学中文会起到一个很好的宣传作用，于是就安排了我们的一位中国实习生谭婧，去他的办公室一对一地教他。

谭婧是纽约大学对外汉语专业的硕士生，北京大学中文系本科毕业。上课后朴大使告诉我谭婧教得很好，也很喜欢她。朴大使 2011 年任满回国后担任韩国高等教育财团总长，该财团跟中国的高校联系紧密，他本人也每年应邀到中国讲演和交流。我想他在纽约期间跟我们学习中文，对他的工作定有很大的帮助吧。

继朴仁国大使之后，越南驻联合国代表团团长黎怀忠大使也来报名上中文课。他来联合国前是越南外交部副部长，也算是一位重要人物。我原来以为他跟朴大使一样不能按时来上课而需要安排专人去教，可是他说不用，他将和其他学生一样来教室上课。

我们的学员来上课，老师都要做考勤，黎大使的出席率相当好。在班上我们把他当作普通的学员，他与同学相处得也很好，全无官架子。

有一次联合国的中文电台采访黎怀忠大使，他说，他学习中文的原因，不仅在于中国是一个拥有悠久历史和杰出文明的伟大国家，更因为随着中国的进一步崛起，学习中文将有助于加深对中国的了解，从而促进中越两国之间的相互理解。

他还说："我认为，多学一门外语将有助于更多地了解世界，了解自身。因为上中文课，我错过了很多顿午餐。作为一名外交官，要出席很多午餐会，而且我几乎每天晚上都要参加各种各样的招待会。大家可以想象，（除越南外的）192 个国家都有国庆节，这就意味着 192 个招待会，而且每当某国的外长或副外长到来，或者为了推广某件事时，当事国的常驻团就可能组织一些活动。由于公务，我不得不缺了些课；因为对于外交官来说，缺席活动可能有违外交礼仪，甚至被赋予政治意味。然而，每当我出席午餐会，我总是在想，事后怎么把落下的课补上。"黎大使现在也任满回国了，回国后仍担任越南外交部副部长。希望他还在继续学习中文。

在联合国中文日活动上

（二）赴华培训项目

前面说过，对于母语为印欧语系的人来说，中文是一门比较难学的语言。隶属于美国国务院的外交学院（Foreign Service Institute）是专门训练美国驻外人员的机构。他们针对以英语为母语的外交人员，把世界上 70 门主要语言按难易程度分为 5 类，并且列出了学习每类语言所需要的时间。

熟练掌握第一类语言只需 23—24 周（575—600 小时），这类语言包括法语、意大利语和西班牙语等。第二类语言有德语，达到熟练程度需要30周（750小时）。第三类语言包括印度尼西亚语、马来西亚语和斯瓦希里语，熟练掌握需要36周（900个小时）。第四类语言有孟加拉语、捷克语、希腊语等，需要44周（1100个小时）。第五类是最难的，掌握起来需要88周（2200个小时）。东亚的三种语言（中文、日文和韩文）都属此类。该学院对第五类语言还有一个特别的说明，就是第二年必须在使用该语言的国家学习。在母语的环境里，语言能力可以得到很大的提高。

对于联合国的工作人员，脱产一年到中国学习中文是不现实的，他们不仅每天要面对大量繁忙的工作，并且由于部门不同，工作内容不一样，每个学员的工作节奏和时间安排也很难凑到一起。但是有无可能短期到中国进行强化学习呢？

凑巧的是，2003年，时任国家汉办主任严美华女士到纽约出差，我跟她见了一面，试着提出组织联合国工作人员赴华学习中文的想法，并希望得到汉办的支持。

当时正值中文在美国兴起的时候，我的这个想法得到了严主任热情的响应。她也很重视这样一个跟联合国合作的契机，希望这些去过中国学习的联合国工作人员回来之后会成为促进中文学习热潮的使者，当然也希望他们用自己的亲身体验来更加客观全面地介绍中国。

严主任回北京后不久就批复了由国家汉办资助联合国的这个赴华培训项目，并把此项目设在南京大学。南京大学是一所办学历史悠久的百年学府，曾有三位校友成为联合国副秘书长：1979年至1985年在任的毕季龙、1985年至1991年在任的谢启美、2007年至2012年在任的沙祖康。联合国的前任秘书长加利和潘基文都曾获得南京大学的荣誉博士学位。

国家汉办对我们的资助属于"落地接待"，即负责我们学员的学费和住宿费用。联合国方面也非常欢迎，并批准得到部门主管同意参加的工作人员以"带薪特别假"（special leave with pay）的待遇。所谓"带薪特别假"是指工作人员在中国的脱产培训不算个人的探亲假，此外工资照发。在联合国里这是一件很不容易的事，这充分说明了联合国对工作人员学习官方语言的支持。2008年夏天，联合国主管经济社会事务的副秘书长沙祖康在当年参加南京大学暑期培训的学员赴华前，特意会见了他们，鼓励学员们努力学习中文，成为中外交流的桥梁。沙祖康还说到中国和其他国家之间迫切需要交流以了解彼此，不掌握语言，就非常难去了解语言所代表的文化。他鼓励学员们到中国学习语言，品尝美食，旅游参观之余还要善于发现，勤于交流。中国需要这样的人作为特使把中国介绍给世界，同时也将世界介绍给中国。

参加此项目的联合国工作人员来自纽约、日内瓦、维也纳、曼谷、内罗毕、智利等驻地。每年参加的人数在50—70人。大家齐聚南京大学，进行为期三周的强化中文培训。学员们在课堂之外还可近距离地接触中国民众，体验中国文化。

在项目期间和结束后，我还带学员参观走访过很多地方，包括黑龙江、四川、云南、湖南、湖北、福建、广西、浙江、河北、陕西等。上海和北京对我们来说几乎是短途旅行，每年都去。"百闻不如一见"这句话在团员身上得到了最好的体现。联合国的工作人员来自世界各国，应该是见多识广的，但我在教学过程中发现他们对中国的了解还是很有限的。他们在中国的所见所闻跟他们在自己国家甚至是在联合国所了解的中国都有很大的差别。他们觉得参加此培训项目学到了地道的中文，见识了真正的中国。

我们的赴华培训项目从2004年到2019年连续实施了16年。2020年因新冠疫情暂停了。这个项目不辱使命地在联合国内掀起了一股中文学习热，同时也让联合国的工作人员进一步了解了中国文化，他们还把自己在中国的所见所闻转告给自己的同事和朋友。

该赴华项目不仅成了联合国中文组的一块招牌，更是联合国语言学习的一个品牌。参加的学员都觉得不虚此行，把来到中国参加项目作为重新认识

2014年，联合国秘书长潘基文向何勇（中）颁发"联合国21世纪奖"

中国的一个开端。很多学生回国后给我写邮件、发微信说，这是他们度过的最有意义的假期。

也正是因为联合国工作人员在此受益并且产生了良好的反响，2014 年我被授予"联合国 21 世纪奖"并且由潘基文秘书长亲自颁发奖章。

（三）书法为桥梁

通过中文推广和宣传中国文化有一定的难度，因为会中文的工作人员毕竟很少。我们在尝试不同宣介方式时发现书法是一种行之有效的方法。

中国古今书法家以笔墨传心，把中国文化的基因和自己的气质学识，用视觉形式承载、蕴含在一篇篇笔墨运行之中。旅法艺术家、哲学家熊秉明先生曾说过："书法是中国文化核心中的核心。" 林语堂也在他的《中国人》一书中写道："只有在书法上，我们才能够看到中国人艺术心灵的极致。"

有两位西方人士对中国书法做过精湛的评论，足以证明书法在中国文化中占据的地位。一位是艺术大师毕加索，他说过："如果我出生的时候是中国人，我就会做书法家，而不做画家。"另一位对中国书法有精辟评论的是西方学者康拉德·希洛克尔（Conrad Schirokauer），他在他的《中国文明简史》（*A Brief History of Chinese Civilization*）一书中说："中国的上等文化是高度的视觉文化，而最高的艺术形式是书法。"

西方有很多人对书法有浓厚的兴趣，倒不一定是想学中文，而是把书法作为一门艺术来学。既然书法有如此魅力，我们就尝试通过书法介绍中国文化，结果证明十分有效。近 10 年来，联合国掀起了一股股书法小旋风，这里也有不少故事。

2011 年，被誉为"中国硬笔书法第一人"的著名书法家庞中华先生来联合国访问。他在国内是家喻户晓的人物，出版过 100 多种字帖和专著，总印数突破 2 亿册，如果说亿万中国人跟他学过书法一点儿都不夸张。

庞先生在联合国应我们组和中国书会的邀请做了一场别有风趣的书法讲座。他介绍了自己独创的 "快乐音乐书法教学法"，其中西合璧的风格让参加讲座的中外听众兴趣盎然。

讲座后我跟庞老师聊天说，他什么时候有空可以到我们组开一门书法课。言者无心，听者有意，庞先生当起真来了。他回国后不久便联系我，问什么时候可以开始任教。

我们这里开一门新课也不是件容易的事儿，特别是没有先例。经过几番解释，说明书法是学习中文的一部分后，语言部负责人同意我们开这门新课了。庞老师不久后也重返纽约准备教课。

记得有一天他兴冲冲地来联合国见我，并带来准备发给学生用的书写工具——他定做的硬笔，乍看上去很像是美国文具店里出售的粗黑笔。我马上跟庞老师说不行，他得用毛笔，因为用毛笔写才能真正体现中国书法的传统。庞老师虽感到意外，但很快就理解了其中的原因，说用毛笔写书法没问题。

这个问题刚解决，又遇到了另外一个挑战，就是老师要用英语讲授书法课程，这个难度还是不小的。所幸的是报名上书法课的人中有华裔学员，他们愿意提供协助帮忙翻译。这里我想插一句题外话：关于书法艺术在海外的传播，有的时候是个"技术活儿"，我们得用英语将书法中蕴含的中国审美理念和文化思想以外国人听得明白的方式讲述出来，这是书法文化走出国门的第一步，也是一个巨大的挑战。

联合国的首个书法课就这样开班了。我们的语言课都是小班教学，而庞老师的书法课却超员，有近 20 位学员报名上课。庞老师花了不少心思，教得有声有色，一学期下来，很多从未沾过书法边的人士都能写出很像样的汉字了。

庞老师在国内有很多工作，不能长期在纽约，所以他教了一个学期后便回国了。他回国后立刻撰写了一套《庞中华联合国书法班课本》送给我们的学员，并在书中谈了他在联合国教书法的体会。

庞老师回国后，不少学员不断询问我们什么时候可以再开书法课，这时我们恰有了位适当的人选，他就是来自华东师范大学的周斌老师。

周斌老师是浙江大学人文学院书法学博士后，华东师范大学中国书法教育与心理研究中心主任、艺术学院美术学系教授，当时在纽约大学做访问学者。周斌老师出席过庞老师在联合国的书法讲座，当庞老师回国后，周斌老师表示愿意接着庞老师继续开书法课，我们随即便聘请周老师来任教。周老师与庞老师的教授方法不同，但异曲同工，也受到了学员的欢迎。

周老师的社交能力很强，他很快就跟学员们打成一片，还去中国常驻联合国代表团和中国驻纽约总领馆教外交官们书法。中国常驻联合国代表团团长李保东大使和夫人侣海林公参也成了他的学生。大使和大使夫人常与潘基文秘书长见面，在他们的鼓励下，潘基文也成了周斌老师的学生。周斌老师利用周末时间在潘基文的官邸进行教学活动。潘基文学得很勤奋，进步也很快，不到半年，写的书法就很拿得出手了。

2011 年年底，我和周斌老师，还有联合国中文书会的负责人，开始筹划次年 1 月有潘基文参加的联合国工作人员书法展，当然也少不了跟常驻团和总领馆协调。邀请潘基文参加活动是一定要经过常驻团审批同意的。因临近中国春节，我们就把这个展览叫作"企盼和平——2012 年新春书画作品展"。

经过紧锣密鼓的筹备，书画展于 2012 年 1 月 10 日隆重举行。潘基文秘书长和夫人柳淳泽、苏和副秘书长、赤坂清隆副秘书长、李保东大使和夫人侣海林、韩国及泰国驻联合国代表、驻纽约总领馆董晓君副总领事、各国外交官、联合国职员、中外媒体等 150 余人出席了开幕式。

潘基文致辞说，中国书法是历史悠久的伟大艺术，也是日本、韩国、新加坡等亚洲国家的共同文化遗产。他自己从小学起就接触书法，至今已练习超过 50 年。练习书法不但能给人以美的享受，还能带来心灵的宁静。他很高兴地看到，当天的展览展出了很多国家外交官和国际职员的书法作品，这些作品增进了人们彼此之间的了解和沟通。

潘基文在现场展出的书法作品是《和平》。他在致辞中说："我之所以要写'和平'二字，是因为和平对世界意义重大。作为联合国秘书长，我将不遗余力地推进世界和平。"同时，潘基文也感谢中国政府对世界和平所做的贡献，并借此机会向中国人民致以龙年新春的问候。

由于书法深受联合国中文学员的喜爱，南京大学也为我们的赴华中文培训学员开设了书法课。书法课是选修课程，安排在晚上。原先只开了一个班，但因为选修的学员太多，结果又加了一个班。第二班上到晚上 10 点才结束，但学员们兴趣盎然，下了课还不愿意回住宿处，还想多练一会儿。

我们在华去各地访问期间还参加了一些城市的书法联展。规模比较大的如 2012 年在哈尔滨举办的"神韵龙江"书法作品艺术交流展。时任黑龙江省委书记吉炳轩先生（后任全国人大常委会副委员长）出席了开幕式，并亲自题写了巨幅书法作品《龙》参展。展品中还有一幅潘基文书写的作品《和平》。这次活动现场蔚为壮观，我们的团员们也将自己书写的 47 幅作品送展，跟当地的艺术家们进行交流。2014 年，我们参加了在武汉举办的"高山流水——联合国官员书画作品'走进湖北'交流艺术展"，其中最引人注目的是潘基文的作品《曲则全》。"曲则全"取自老子的《道德经》，传达的是时刻提醒自身谦和包容，从而与周围环境包括自然万物和谐共处、融洽共生的最高理想。潘基文先生对中国文化的热爱不仅限于学习语言和汉字,他还对中国传统文化中的精神追求有高度认可。

2013年是我们赴华培训项目开展第10年,当年参加项目的学员在北京太庙大殿与北京书法家和留学生用毛笔同书《联合国宪章》百米长卷。书写完后,参与者手持百米长卷在太庙大殿前排成一个巨大的半弧形,每个人看着手里书写的那部分《联合国宪章》都十分激动。当天有不少学员跟我说,《联合国宪章》是每个在联合国工作的人都熟知的内容,是像最高指导思想一样的存在。大家觉得在书写的那一刻,感到无比神圣和自豪。还有的学生表示自己一定要坚持练习书法,直到能把《联合国宪章》全文都写下来,才是最有意义的事情。

联合国里举办最多的是中国文化、语言的活动,如果不加限制的话,可能每天都会有不同的活动。跟中国有关的专题讲座场场爆满,足见联合国工作人员对中国的兴趣。联合国里跟中国文化有关的活动大多是由华裔工作人员组成的中国书会主办的,活动包括联欢、中文讲座、书画艺术展览和其他文娱活动。国内的文化团体和许多著名作家、画家、书法家和艺术家,也常来联合国参加或举办活动。我们中文组与中国书会是长期的合作伙伴。在联合国内有关中国文化活动的主办单位都希望能"忽悠"更多国际雇员参加,而我们的服务对象是联合国学习中文的工作人员和外交人员,他们都对中国文化有兴趣,所以是这些活动非常合适的受众群体。每次大型的中国文化活动都有我们学员的积极参与,有时他们还是活动的主角呢。

联合国内的中国籍工作人员有责任和义务向自己的同事和朋友介绍中国文化,鼓励他们学习中文,同时大家也需要主动和积极地了解和参与其他国家的文化活动,这是因为尊重他人的文化是建构在对他人文化了解的基础上的。联合国每年有6个官方语言的语言日,职工娱乐委员会下有数十个由工作人员组织的文化俱乐部,这些都是了解和体验其他文化的绝佳途径和渠道。为达相互尊重和了解的目的,让我们大家都成为自己国家的文化大使!

六、在世界卫生组织任职的小故事

/ 宋允孚

🔍 作者简介

宋允孚，1964 年赴摩洛哥穆罕默德五世大学留学，1985 年赴美国乔治敦大学研修，1997 年赴法国国家行政管理学院进修。1968 年参加中国援外医疗队，1983 年开始先后任卫生部外事局副局长、外事司司长、国际交流中心主任、中心理事会副理事长兼秘书长，访问过 100 多个国家。现任中国联合国协会理事，中国教育发展战略学会国际胜任力培养工作委员会学术委员会副主任，教育部中外人文交流中心专家指导委员会专家，28 所高校的国际组织人才培养顾问、实践导师或客座教授。1994 年应聘世界卫生组织，任总部资源动员规划、政府与民间团体和私立部门关系司高级官员以及联合国改革与伙伴关系规划协调员。主编、合著《做国际公务员：求职、任职、升职的经验分享》《国际公务员与国际组织任职》《国际公务员素质建设与求职指南》《全球治理 家国情怀——国际公务员的成长》等 5 部著作。

🔍 导 读

本文作者通过实例，阐述如何在国际组织中通过自己的特长，努力拓展，"很外交地"发挥作用，获得领导与同事的认可与支持。这对有志于到国际组织发展的年轻读者来说很有参考意义。作者对于推送后备人员到国际组织任职很有见的，他强调被推荐人员的所在单位要创造机会，多为他们提供亮相机会，青年人则要"有针对性地锻炼和历练自己，不断提升"。文中处处可看出作者的家国情怀，他写道：作为中国籍国际职员，每人都会面临如何"正确处理忠于联合国与家国情怀的关系"。作者努力实践一位中国大使的建议："国际职员做好本职工作，就是最大的爱国。"在文章结尾处，他深情的诗句"落红不是无情物，化作春泥更护花。老牛自知黄昏晚，不用扬鞭自奋蹄"进一步抒发了自己的家国情怀。

我在世界卫生组织（简称"世卫组织"）工作了14年，退休也已经14年了。和本书其他一些作者相比，我任职时间不算太长，级别不算太高，唯有年龄不算小，也没什么突出业绩可讲。2011年和2020年写了两本书，讲了在世卫组织一些亲历的往事。这里讲几个小故事，重在分享个人感受，供年轻朋友参考借鉴。

（一）竞聘小插曲

我应聘世卫组织的过程，说来有些特殊。我之所以递交申请，是因为总干事的亲自点名。总干事中岛宏博士是日本人，他1988年当选，1993年连任后改组世卫组织总部的资源动员规划部门，因此出现了岗位空缺。那年，卫生部副部长顾英奇去日内瓦开会，总干事向他通报世卫组织有关情况，说中国可以竞聘这个岗位，人选要掌握英语、法语，并具有10年以上的国际工作经验，他认为卫生部外事司宋允孚司长符合条件，建议中国考虑。

原本以为，有总干事的钦点入职定会比较顺利。当时世卫组织没有笔试，我的面试是通过电话进行的。卫生部陈敏章部长向世卫组织发出推荐信后，

宋允孚（左一）夫妇与总干事中岛宏（右一）夫妇

我接到国际长途，对方是世卫组织助理总干事。他满口标准的牛津英语，让我介绍个人工作经历，然后突然用法语提问。听他讲法语，我非常高兴，因为他的发音不如我标准。果然没谈多长时间他便说："明天遴选委员会开会决定人选，我会支持你。"他的话给我吃了一颗定心丸，当时我根本不知道，其实此前还有个小插曲，险些让我落选。世卫组织招聘人员一般公开发通知，经过简历筛选后的合格者参加面试。高级别业务官员（P5级）和司级以上官员，还要通过遴选委员会审议这一关。具体程序是用人单位确定三人的短名单，送遴选委员会选出一位最佳者，最后报总干事批准。入选短名单才有被录用的可能，而我的名字最初根本不在短名单上。

这是怎么回事呢？那个空缺岗位在资源动员规划，负责人是美国人安德森先生。我报到那天，他陪我办手续，还请我到郊区一家特色饭馆吃午餐。席间他告诉我，最初短名单里没我，他选了三位女性。遴选委员会问为什么没有男性，他说本单位现有官员都是男的，他希望要位女士，男候选人的简历他一个也没看。委员会批评了他，重申了招聘通知：鼓励女士报名并不是女士优先。然后他重新审阅了全部简历，认为我独占鳌头，便把我列在了名单的第一名。安德森和我素不相识，初次见面就和盘托出他被批评的全部过程，态度坦诚让人钦佩，后来我们成了朋友。以上的经历让我有几点感受。

国际组织按规则办事，总干事点名也要遵守程序，严格执行《联合国宪章》规定，"应以求达效率、才干及忠诚之最高标准为首要考虑"。招聘过程中即使出现失误，还有制度把关。

能否竞聘成功，最重要的是自身条件怎样。我高中毕业出国学法语，在美国进修英语，自学日语，中文又是联合国官方语言，所以从语言的角度看，我完全符合要求。至于工作经历则更没问题，我有26年国际合作经验，包括对外提供援助和争取外国援助。例如日本政府援建中日友好医院时，我参与了谈判、签约、筹建、落成的全过程。我与日本民间团体谈判，争取到赞助金额最高、培养人数最多、持续时间最长的民间奖学金，每年送100位医生出国进修，连续进行了20年，其中有几位医生进修回国后当选为院士。丹麦政府援建中丹生物医学进修中心，我参与了谈判、选址、落成、运转的全过程。这方面的经验，正好符合资源动员规划的需要。

总干事和我没私交，但了解我的情况，这得益于我1986年被任命为卫生部外事司司长，有"exposure"（亮相）机会：1987年世卫组织西太平洋区委

宋允孚（左一）作为执行委员会代表出席世卫大会

员会会议在北京召开，这是中国首次承办卫生方面的国际组织会议，陈敏章部长任中国代表团团长。我是副团长，负责和对方一起筹备，中岛宏是地区主任，正好是我的合作伙伴。1986年我作为世卫组织执行委员会委员，每年多次去日内瓦开会，中岛宏也都参加了。有一次会上出现争议，我研究中、英、法三个文本，发现法语和中文、英语的有出入。得知文件是用英语起草的后，我断定法语出了问题，于是用中文阐明中国观点，再用英语、法语指出法语文本的问题。结果会议很快达成了共识，我的法语也受到了好评。其实，不是我的法语有多好，主要是那时中国参会人员很少用外语发言，会讲法语的更是凤毛麟角。

我的体会是，推送人员到国际组织，一定要给他们亮相机会，包括参加国际会议，在国际会议上发言，接待国际组织官员来访，参与国际组织项目，等等，让他们有机会展示自己，也让对方认识和了解他们。此外，后备人员一定要对照联合国对职员核心价值、核心能力的要求，有针对性地锻炼和历练自己，不断提升。待有机遇来临，一定要自信自强，充分展示自己。

（二）筹资苦与乐

世卫组织是联合国系统中负责国际卫生指导与协调的机构，曾成功领导全球消灭病毒造成的天花和小儿麻痹症两大传染病。经1967年至1977年的10年努力，全球消灭了天花；2020年8月，随着非洲消灭野生病毒，小儿麻痹症在全世界绝迹。世卫组织的宗旨是使世界各国人民获得最高水平的健康，担当如此重任，经费不可或缺。资源动员规划（Resource Mobilization）的简称是 RMB，好多朋友以为 RMB 指的是人民币，其实这是我们机构的简称，而我们筹集的是美元。世卫组织成立初期，预算来自会员国缴纳的会费。20 世纪 70 年代，为应对非洲国家的急需，世卫组织成立了热带病、艾滋病研究培训等若干个特别规划，经费主要来自发达国家的自愿捐款。随着世界人口的增长、会员国数量的增加以及新疾病的出现，正规预算缺口日益加大，对捐款的需求越来越大，于是世卫组织便在 1993 年成立了 RMB。我是在这个大背景下入职的，任务越来越重。1994—1995 年预算为 18 亿美元，其中捐款超过了一半；2007 年我退休时捐款翻了一番。2018—2019 年预算增至 44.215 亿美元，各国缴纳的会费基本维持在原水平，而捐款比例增加到了总预算的八成。

RMB 有 5 名官员，其中 4 名来自西方发达国家，我是唯一的发展中国家官员。给世卫组织捐款的主要有 25 个国家，我分管的包括中国和几个发达国家。中国的援外工作成绩斐然，我以为我的工作不会太难。中国自 1963 年开始派援外医疗队，1994 年之前向 60 多个国家累计派出了 1.2 万名医护人员。可是，中国给国际组织的多边援助和双边工作不同。1994—2003 年这 10 年，中国每年捐助世卫组织的款项只有 17 万美元。我分管中国，争取中国增加捐款是我的岗位职责，年终要接受绩效考核。但是，受限于经济发展水平，中国当时未能增加捐款。

然而，面对困难和挑战，绝不能束手无策。中国不能提供更多的捐款，我便下气力研究分管的其他国家。1961 年经济合作与发展组织成立，确定了发展援助指标为 GDP 的 0.7%。除卢森堡等国达到或超过指标外，大多数国家都未达标，平均仅为 GDP 的 0.22%—0.25%，因此还有提高的潜力。进一步分析后我发现，各国政府的捐款一般由其外交部、卫生部共同负责，部门不同视角则不同。分析这些差异，掌握背后原因，谈判时就更有说服力。1998 年布伦特兰当选世卫组织总干事，总部设 9 大部门，RMB 升级为对外关系司，工作对象扩大。我建议组建跨部门筹资团队，每周开会介绍捐款进展，由业务部门反馈执行情况。领导要我负责培训工作，提升技术官员的筹资技能，设计资金申请程序，规范项目申请和汇报格式，讲授申请写作技巧，包括各种细节，如申请函件不超过 3 页，内容简明扼要，明确项目必要性、捐款可能性、预期成果等。我和分管国家的驻日内瓦代表团建立了良好关系，和他们外交部、卫生部的主管人员也保持密切联系。这对开展工作很有帮助。

作为非医药专业人员，我还要和世卫组织内部的专业人员建立伙伴关系，虚心向他们学习，了解业务部门的资金需求，共同做好捐款国的工作。我还要求增加分管的国家。工作强度大了，个人付出多了，业绩也随之增加。我筹集到的捐款占 RMB 筹资总额的三分之一，因此得到了同事的肯定和历届领导的好评，如："宋先生是本部门受到好评的成员。他总是以机敏和外交手腕完成棘手的任务，并且总能取得成功。"有的人称赞我是"尽职尽责、备受赞赏的同事，具有广泛技能，外交并有效地处理与外部合作伙伴的关系。他在本组织内保持良好的工作关系，处理问题时总是凭借扎实的判断和经验"。还有的称赞我是"这个部门有价值的人。他是团队里一位全力以赴的成员，对资源动员团队的贡献得到了其他部门同事们的高度赞赏。他认真、守时、积极肯干，工作可靠，观察问题全面。他与各国代表团关系良好，他的随和与礼貌受到赞赏"。

我体会到，应聘国际组织，要进得去，站得住，升得上，首先要靠本人的能力和水平，具体担任什么职务，能否晋升还要看机遇。RMB 的 5 位官员都是最高级别的业务人员，享受外交待遇。我有为中国争取外援的经验，但入职初期的困难依然不少，如：提高外语写作水平，熟悉办事程序，建立人际关系。世卫组织重视职员的继续教育，经常外聘专业机构举办各种学习班，如：英语写作、电脑应用、课件制作、沟通技能。我积极参加培训，只要时间允许都报了名。世卫组织人事司官员注意到我比较好学，还推荐我去法国国家行政管理学院参加他们为国际组织官员举办的短期培训。在此培训中，我不仅有机会实地了解到法国政府精英的培训，还与 10 多个其他国际组织的官员建立了关系，提升了在跨文化氛围中的工作能力。联合国鼓励业务人员学习联合国的各种官方语言，每通过一门语言考试（母语除外）会给予奖励。我的法语是高中毕业后到摩洛哥留学时学的，自以为有把握便报名参加法语考试，同时也报了英语，心想有法语保底至少可以通过一门。没想到，几个月后联合国纽约总部发来考试结果，我的英语成绩比法语还要好。可见，提高外语水平关键在多学、多练、多用。世卫组织总部在日内瓦，日常生活离不开法语，可是平时的工作主要用英语，每天阅读和书写的都是英语，英语水平自然而然地提高了。我建议新入职的中国同事不必有太多顾虑，完全可以大胆参加考试。我获得了联合国颁发的英语、法语证书，每年提前两个月涨一级工资。由于适应岗位要求较快，并且取得了公认的业绩，新任总干事任命我为"focal point for high-level visits to WHO",归口管理副议长、副部长以上官员到总部的访问。世卫组织成立联合国改革与伙伴关系部门后,我晋升为协调员。我觉得,在国际组织要践行"卡尖斌"三字箴言,做到能上能下、能大能小、能文能武,不计较职务高低,努力做出业绩,这样才能站住脚,升得上,同时也为国争光。

我在世卫组织总部负责对外关系和筹资工作14年,前10年中国自愿捐款没有增加。2003年非典暴发不久,吴仪副总理兼任卫生部部长,她出席世卫大会并发表讲话,感谢国际社会对中国的理解、支持与援助,希望加强国际合作。中国后来的捐款逐年增加:2004年140万美元、2005年172万美元、2006年192万美元、2007年800万美元,此后基本维持在这一水平,2018—2019年捐款为1690万美元。

为什么中国自愿捐款的总体水平偏低?我认为,这是国情决定的。随着改革开放,中国经济逐步发展,现已成为世界第二大经济体,但仍是发展中国家。2019年我国人均GDP才突破10000美元,仍低于世界平均水平(1.14万美元),中国的对外援助只能尽力而为、量力而行。到国际组织任职的同事,对此要有清醒认识,切不可妄自菲薄缺失自信,也绝不能夜郎自大自我膨胀。2018年,我国成立了国家国际发展合作署,促进对外援助的战略谋划和统筹协调,统一管理双边与多边援外。这是国内外形势发展的必然,相信这方面的工作将越来越好。

(三)我的家国情

独在异乡为异客,每逢佳节倍思亲。国际职员常年身处国外,对这首诗的感受尤深。我的卫生外事生涯发端于卫生部,出国后常怀念国内工作。1997年,卫生部公开征集部徽,我设计了几个方案送到国内。其中一个被采纳,只在其上添加了长城图案便作为正式部徽予以公布,这让我感到分外高兴。

当然,这种工作只能在业余时间做。到国际组织任职,首先要转换角色,正确处理忠于联合国与家国情怀的关系。中国常驻联合国代表团的一位资深大使说过:国际职员做好本职工作,就是最大的爱国。根据《联合国宪章》和《国际公务员行为标准》,国际公务员最高、最根本的标准是忠诚,他们不是国家的代表,不能自视为本国政府与国际组织的联络代理人。但是,在遵守《国际公务员行为标准》的前提下,做些有益于国家的事并非没有可能。

如果说国际职员是绿萝卜，那中国职员也是绿萝卜。但我们是绿皮的水萝卜，切开心里美，红心系祖国。要做到这点不易，需要政治智慧和一定的技巧，下面是我亲历的几个故事。

1. 提名总干事访华

2003 年世卫组织换届，执委会安排候选人答辩，最后投票选举韩国人李钟郁博士为提名总干事，待 5 月世卫大会批准成为候任总干事后于 7 月正式就任。李钟郁被提名后提出在 5 月召开大会之前访华，获得了总干事布伦特兰的同意。那时正值非典，李钟郁主动要求访华，对中国十分有利。当时外媒对中国有不少负面报道。我接到上级指示，马上和我驻日内瓦代表处及卫生部联系落实。李钟郁 5 月 9 日抵京与吴仪副总理会见，访问圆满成功。

国际职员能否在服务国际组织的同时，也为本国政府服务呢？《国际公务员行为标准》规定"国际公务员不是其本国的代表，也没有权力担任国际组织与他们本国政府之间的联络员"，但是"行政首长可以请国际公务员履行这种职责。这种职责性质独特，履行者必须对国际忠诚和具有正直品格。政府和组织也不应使国际公务员处于其对国际的忠诚和对本国的忠诚可能相互冲突的境地"。在落实李钟郁访问中国一事的过程中，我正是遵循了这一规定。

2. 坚持一个中国原则

2003 年非典期间，世卫组织几乎每天都要公布各国疫情的更新数字。有一天，我发现世卫组织网站上台湾的数据与中国并列了。网站由传染病部门负责，我是外事部门的中国籍职员，不便跨部门干预。如何使之得到更正？我采取迂回办法，把信息截屏发至我驻日内瓦代表团。没过多长时间，我司司长告诉我中国代表紧急约见，要我陪同会见。会见时，中国外交官阐述了中国政府涉台问题的原则立场，司长代表世卫组织致歉。会见后，我马上起草了一份备忘录，写明台湾称谓的正确表述。司长当场签发，要求各部门今后一律按此办理。这样，我既维护了联合国决议，也履行了中国职员的应尽义务。

3. 人才培养

1986 年我做卫生部外事司司长，从全国选拔人才，名单交世卫组织供其录用，但是没有取得预期效果。后来，考虑到关于中文翻译组的人选中国政府有发言权，我们便把业务骨干推送到中文组，请他们先做翻译工作，发现合适的岗位再争取转到业务部门。后来发现这个办法也行不通，因为翻译被认为是语言专业，不能跳槽到其他技术部门。1994年我入职后，对世卫组织的招聘规则和其他国家的人员推送做法进行了调研，写了报告送回国内，提出了6项建议：选拔范围突破部门界限，人员专业突破医药界限，任职地点突破地区界限，派遣方式突破现有模式，适应国际组织要求，改进国际职员管理办法；内容涉及提供经费培养人才、旋转门政策、管理办法改革后的遗留问题等。2003年卫生部领导班子调整后，国际合作司的领导听取并采纳了我的建议。

2004年4月，李钟郁总干事再次访华，受到两位国家领导人接见。总干事对我的工作表示满意，胡锦涛主席和温家宝总理会见他的当天，他深夜从北京给我发邮件，说："访问中国的决定是正确的。我感觉很棒。非常感谢你。"这次访问加强了中国与世卫组织的合作。当年5月，双方在日内瓦签署新的合作协议，中国增加捐款，资助10位干部借调至世卫组织。这是中国政府第一次以捐款方式推送国际职员。我作为中国职员，为此做出了自己的努力。

以上是国际职员发挥双向作用的小故事，我赞同之前提到的中国驻联合国代表团资深大使讲的话：国际职员做好本职工作，就是最大的爱国。国际职员不可能都发挥双向作用，为国出力一定要与本职工作相关，没有利益冲突，并得到国际组织行政首长的授权。

李钟郁（前排左二）与高强（前排右二）签署协议。前排左一为宋允孚

（四）归鸿再追梦

我 2007 年离开世卫组织回国，从 1964 年高中毕业出国留学到 1968 年赴非洲援外、1985 年赴美进修直至 62 岁从日内瓦退休，我生命的三分之一时光在国外度过；40 年的职业生涯，三分之一时间在国际组织任职。我见证或亲历了中国外交事业的发展，感到在多边外交工作方面，我们还有很大的发展空间，我国在国际组织的代表性仍不足。根据联合国 2020 年 9 月的统计，截至 2019 年 12 月 31 日，联合国秘书处有 36574 名职员，中国仅有 565 人。有 20 个国家的职员比中国多，其中 13 个是发展中国家。

2014 年是我们那批同学留学摩洛哥 50 周年，大家一起编辑了《归鸿追梦》纪念册。我退休后的愿望是：致力国际组织人才培养，助力青年走向世界。2011 年我撰写了国内相关领域首部专著《做国际公务员：求职、任职、升职的经验分享》，2016 年编写了教材《国际公务员与国际组织任职》，2019 年与浙江大学出版社策划了"国际组织与全球治理丛书"并主编了《国际公务员素质建设与求职指南》，2020 年与另两位作者合著了《全球治理 家国情怀——国际公务员的成长》。十几年来，我为外交部、人社部、卫健委等部门和各地高校开展讲座 300 余场。中国联合国协会、教育部所属机构、北京大学等 30 个单位和高校聘我为理事、客座教授、国际组织人才培养顾问。

2016 年中央提出"加强全球治理人才队伍建设，突破人才瓶颈，做好人才储备，为我国参与全球治理提供有力人才支撑"，培养推送国际组织人才的工作进入了新的阶段。这里，我要谈三点个人的工作感受。

第一，进一步加强对国家公务员的培养力度，建立后备人才库。要重视中高级人员的推送，同时大力培养年轻人，让旋转门政策落地，在"进得去，站得住，升得上"的基础上，争取"回得来，再进去"。

第二，国际组织人才培养要从大学生抓起。2017 年以来，教育部等部门鼓励支持大学生到国际组织实习，北京相继成立了两所国际组织学院，各地几十所高校建立了国际人才培养的不同模式。十年树木，百年树人，这是一项普及工作，旨在建立国际人才蓄水池，为长远的推送工作奠定基础。

第三，培养培训活动要把思政工作、通识教育和国际公务员素质培育有机结合起来，重视联合国提出的三大核心价值、八项核心能力、六项管理能力的培养，把年轻公务员和在校青年塑造成为拥有"我将无我"的家国情怀、兼济天下的国际视野、尊重多样性的包容心态、敬业精神与综合素质的全面发展的复合型国际化人才。

落红不是无情物，化作春泥更护花。老牛自知黄昏晚，不用扬鞭自奋蹄。我已七十有六，愿继续为这项事业贡献绵薄之力。这也是我参与此书撰写的初衷，希望几个不足挂齿的小故事对年轻人有所启示。

七、为连接中国与世界尽一己之力

/ 李　琳

作者简介

李琳，博士，2017 年至今担任世界自然基金会（国际）全球政策与倡导主任，负责协调该基金会关于生物多样性的全球政策和立场，推动相关国家首脑及国际机构领导人关注自然生态议题，以及在全球多边领域推动实现可持续发展目标。2004—2006 年任世界自然基金会（美国）高级项目官员，主要负责推动将新的对人体和环境有害的化学物质名单纳入《关于持久性有机污染物的斯德哥尔摩公约》。2006—2017 年任世界自然基金会（中国）的副首席代表和执行项目总监，负责战略制定、项目实施和政策倡导，推动环境治理、绿色金融、零毁林产品供应链、可持续贸易与投资等议题，通过建立国内及国际的战略合作伙伴关系，改善中国海外投资对生物多样性及气候变化的影响。曾就读于北京理工大学、瑞典隆德大学、美国马萨诸塞州立大学，分别获工学学士学位、环境政策与管理硕士学位、环境政策博士学位，并于 2014 年在瑞士洛桑国际管理发展学院（IMD）获工商管理专业证书。

导　读

在全球数万个非政府组织中任职的中国职员，凤毛麟角。本文作者的显著之处是她在非政府组织工作的经历与经验，视角独特。她用"知己知彼、知微见著、知行合一"深刻阐述了作为一名国际职员所需具备的素质和能力，并用在学习、工作中的实例与读者分享了作为一名连接中国与世界的"国际人"的体会。她说："'知己知彼'的过程使我认清了自己与世界，'知微见著'又使我认清了自己所从事事业的意义之所在，而'知行合一'就是将我的所'知'用于'行'，是自己践行架起中外理解合作的桥梁，为全球生态保护贡献一己之力的过程。"值得读者留意的是，指引作者职业生涯之路的智慧，来源于中国优秀的传统文化之思想。对工作中遇到的国家和世界存在的难题，靠的是独立的观察、分析和判断，从而不断地提升自己的认知水平和执行能力。

我从小的梦想是成为一名能干的工程师、博学的博士，所幸这些皆已成真。但成为一个"国际人"并未在我的职业规划中。机缘巧合，2004 年从美国马萨诸塞州立大学环境政策专业博士毕业后，我便入职了全球知名的非政府环境保护组织世界自然基金会，并先后在其美国办公室、中国办公室和国际总部工作。因工作需要，大部分时间穿梭于五大洲，往来于各国政府、相关国际机构和自然保护项目实施地之间，宣传世界自然基金会的生态保护理念，倡导可持续发展，实施保护项目，从而成了一个名副其实的"国际人"。这不仅使自己能够从不同的视角去审视中国及其他国家，还有机会和能力为连接中国与世界共同实现可持续发展尽一己之力。

世界是丰富多彩的，就像生物界的多样性一样，世界各国的文化、经济、社会治理体制等虽然各不相同，但应和谐共生，这就需要各国密切交流、相互理解、彼此尊重。近 30 年国际机构的工作经历，使自己深深体会到要做一名合格的连接中国与世界的"国际人"，需具备"知己知彼、知微见著、知行合一"的素质和能力。在此，拟通过在学习、工作中亲历的几个小故事来介绍自己从"知己知彼"到"知微见著"，再到"知行合一"的历程。

（一）知己知彼

孙子曰："知己知彼，百战不殆。"知己知彼是识人成事的基本条件。在美国求学期间的两件事改变了我对自己、对美国和对世界的认知。

1. 一堂环境政策课

2000 年，在国内一家设计研究院工作了 10 年之后，我开始在美国求学，就读于马萨诸塞州立大学工作环境系，攻读环境政策博士学位。我的导师肯·盖瑟教授是国际知名的清洁生产和污染预防专家，他的学生既有未走出过校门的直读博士，也有像我一样有着丰富工作经验的继续求学者。记得一次在讲授国家环境政策的课堂上，盖瑟教授鼓励大家对相关国家政策提出自己的建议和解决方案。包括我在内，大家都有些迟疑，认为自己只是学生，位卑言轻，我们的建议不可能影响政策走向，更不可能上升为国家政策。盖瑟教授见状说道："你们放眼看去，有多少人受到过你们所拥有的专业教育和培训？又有谁比你们更了解这个专业领域？你们就是这个专业的精英，如果你们不提出意见和建议，谁还会更有知识和能力提出来呢？特别是琳（他冲我说道），你有工作实践和经验，你的建议或许会更加可行，大家应该自信并给自己准确定位。"教授的一席话让我醍醐灌顶，在那一刻我意识到，尽管作为个人在世界发展和时间的洪流中微不足道，但自己有义务，也有能力，在自己的专业范围内，对国家和国际政策的形成及走向建言献策。

2. 亲历美国大选

在美国求学期间亲历的 2000 年总统大选几乎颠覆了我对美国的认知。当时是民主党的副总统戈尔与共和党的小布什竞选总统，在双方的造势活动中，除了互相指摘对方政见、国策的缺陷外，更多的是人身攻击、互相揭丑，给人造成的感觉是两个候选人都很丑陋。选民要从两个"坏人"中选出一个当总统，来领导美国人民，这使我大跌眼镜。而后来对选票有效性的认定就更让人无奈。佛罗里达州是美国大选的关键州，使用的是"打孔"选票，即选民投票给某位候选人时需要在选票上候选人的名字下面打个孔。这种选票会因打孔时操作不当，出现纸孔未打透或纸孔屑未完全脱落等情况，从而引起对选票有效性的争议。果然因对投票结果和对合格选票的认定产生了争议，最后双方不得不通过法律诉讼、重新验票等来解决争端，使得大选结果推迟了好几周才得以公布，结果是戈尔虽然赢得了选民选票的多数，但却在选举人票上败北。依据美国大选制度，共和党候选人小布什最终赢得了大选。在投票后等待结果的那几个星期，每天早上同学们见面的问候语都变成了"出结果了吗？"。这也使我有机会与系里的教授、同学探讨美国的选举制度。美国的两党制，使得总统候选人通常只来自民主、共和两党，虽然有时选民对两个候选人都不满意，也只能从中二选一，对此大多选民也觉得很无奈。这一鲜活的经历改变了我对美国的认知。在去美国之前，我与不少人一样，把美国想象为"灯塔国家"。经历的这次总统大选揭开了我对美国认知的冰山一角，我开始意识到美国并不完美，有些问题如种族歧视、枪支泛滥等还非常严重。

在美国7年的学习和工作，对我来说是完成了一个知己知彼的过程。这一过程使我自己学会了冷静、客观地思考和看待我所处的环境与面临的问题，使自己变得更加自信，更加热爱祖国，也更加坚定了做一个连接中国与世界的"国际人"的信念。

（二）知微见著

"知微见著"，出自《韩非子·说林上》，形容见到事情的苗头，就能知道它的实质和发展趋势，比喻以小见大。这里分享三个自己工作中知微见著、以小见大的故事。

1.总干事的报告

2004年博士毕业后，基于专业对口，我入职世界自然基金会美国办公室。我在申请这份工作时对该机构知之甚少，只知道它是全球最大的从事生物多样性保护的非政府组织，机构的标识为熊猫。因熊猫是中国的国宝，所以我这个中国人被强烈吸引了，觉得该机构可能与中国有着千丝万缕的联系。入职后，有机会阅读了时任世界自然基金会全球总干事克劳德·马丁（Claude Martin）博士撰写的《世界自然基金会全球自然生态保护35年成就》（"WWF Changing Worlds, 35 Years of Conservation Achievement"）报告，其中阐述了世界自然基金会"保护自然就是保护人类自己"（For Nature, For People, Forever）的理念，介绍了世界自然基金会支持的西班牙科托多纳纳国家公园湿地保护项目、厄瓜多尔的加拉帕戈斯群岛野生动物保护项目、中国大熊猫综合保护与发展项目（ICDP）等。世界自然基金会的理念和这些精心设计、缜密执行的示范项目，改变了包括中国在内的许多国家的政府官员、企业家和普通百姓对生物多样性保护的认知，使越来越多的人意识到我们只有一个地球，应该精心呵护人类赖以生存的家园，并共享保护与惠益，创造人类与自然和谐相处的美好未来。我被报告的内容深深吸引和打动，深感世界自然基金会看似平凡的工作却关系到你我他，关系到全人类的福祉，甚至生存。同时，我为自己能成为其中的一员感到庆幸和自豪，暗下决心努力工作，为这个机构做出自己最大的贡献。回味自己与世界自然基金会的关系，就像是"先结婚后恋爱"，因寻找一份工作入职该机构，逐渐了解后才爱上它，而且越爱越深，并对这份"爱情"矢志不渝。

2.地球一小时

果然，熊猫 logo 把我与中国连在了一起。2006 年，我转到世界自然基金会中国办公室工作，担任项目执行总监，负责自然保护战略的制定和项目实施。那时的中国经济高速发展，但空气、水资源、土壤的污染，以及野生生物生存环境破坏等问题却日益突出。虽然政府高层认识到发展经济不能走"先污染后治理"的路子，但在实际操作中却很难实现。世界自然基金会中国办公室的责任就是推介该基金会的理念和生态保护实践，助力中国走低碳、可持续发展道路，但如何把基金会的理念与实践推介给中国普通百姓，让广大百姓接受却是一个难题。2009 年，我们尝试把"地球一小时"活动引入中国。该活动是世界自然基金会于 2007 年发起的一个全球性活动，目的是倡导低碳生活。其首场活动的熄灯仪式在澳大利亚悉尼的地标性建筑悉尼歌剧院举行，200 万悉尼的家庭和 2000 家企业参加了熄灯活动，活动非常成功，第二年就有 30 多个国家参加了活动。借鉴在悉尼的做法，考虑到影响力和观赏性，我们计划中国的第一场"地球一小时"活动在中国的政治中心北京和经济中心上海同时举行，熄灯仪式分别选择在其标志性地点——北京的鸟巢、以东方明珠塔为代表的上海黄浦江畔举办。记得当时我们在上海的合作伙伴对与我们这样的非政府组织合作举办这样的大型活动是否合适、是否符合相关政策拿不准，还专门派人到北京向时任国家发改委副主任解振华请示，解主任对活动给予了充分肯定和大力支持。在各方的大力支持和努力下，在北京和上海举办的中国首次"地球一小时"活动产生了轰动效果，一炮打响。随后的几年，我们又分别在北京八达岭长城、中央电视塔、故宫，以及几百个一、二、三线城市的标志性建筑举办了熄灯仪式，同时还邀请知名科学家、企业家、艺术家，以及新闻媒体和普通百姓参加。经过十几年的发展，"地球一小时"活动在中国已广为人知，主题也拓展至"尊重自然""为自然发声"等，成了我们的品牌活动。很多普通百姓正是通过"地球一小时"知道了世界自然基金会，知道了低碳生活，知道了保护生态的重要性。

3."生态文明"的英文翻译

中国对（生态环境）保护与发展的关系，经历了"在发展中保护，在保护中发展"，到"在保护中发展，在发展中保护"的过程。优先顺序的改变，体现了中国环境优先、永续发展优先的中心思想。从 2006 年到 2017 年，我在世界自然基金会中国办公室工作了 11 年，见证了中国"生态文明"理念的形成、发展和被世界接受的全过程。中国官方对"生态文明"一词英文翻译的变化也从一个侧面折射了中国努力同世界对话、向世界阐述中国生态保护理念并被世界了解和接受的过程。

在中国官方文件中，"生态文明"一词最早出现在 2007 年党的十七大报告中，其英文翻译先后以"conservation culture"（保护文化）、"ecological progress"（生态进步），以及原意"ecological civilization"（生态文明）呈现。西方国家和业内通常是从科学、社会和文化的角度来理解生态保护的意涵，中国从文明的角度去看待生态问题，这让西方人难以理解。我自己理解"生态文明"的意思是人类在走向文明的过程中，经历了农耕文明和工业文明之后，应走向建立在生态健康基础上的文明，是中国"天人合一"的哲学思想与可持续发展理念的结合。中国最初将中文"生态文明"翻译成英文"保护文化"及"生态进步"，我认为是中国努力用西方能够理解的语言与西方对话，交流中国的生态理念。虽然英文翻译几经改变，但中文的"生态文明"一词在政府文件、学术文章中一直未变，中国实施生态文明建设的脚步一直未停。每当我把这个故事分享给中外朋友时，他们都有感于这个以小见大的故事。

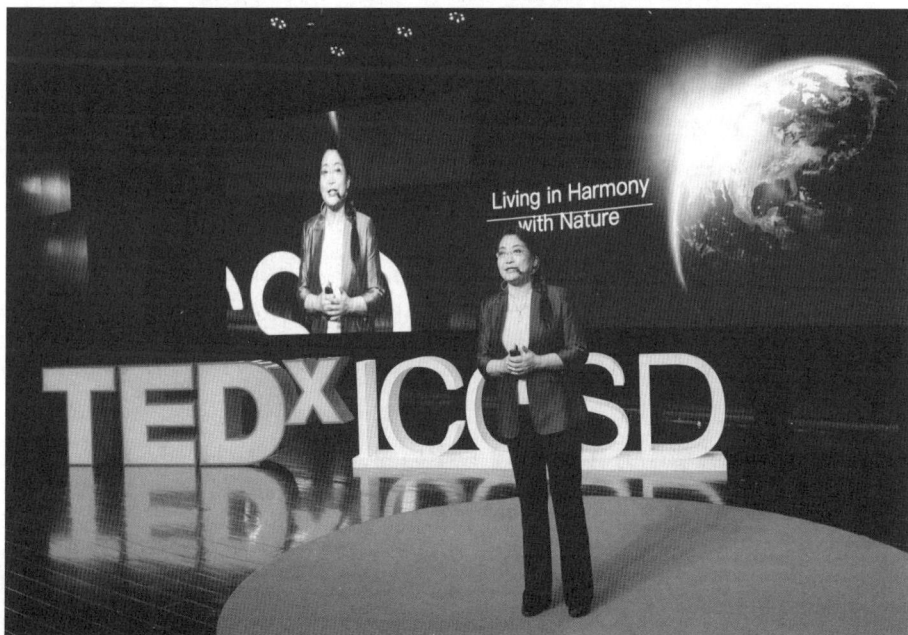

2020 年 11 月 6 日，在清华大学气候变化和可持续发展研究院组织的世界大学气候变化联盟研究生论坛闭幕式上演讲

令人欣喜的是，2021年10月在昆明举办的全球《生物多样性公约》第15次缔约方大会的主题为"生态文明：共建地球生命共同体"，这是"生态文明"一词首次被国际多边机构使用，意味着出自中国的"生态文明"理念逐渐被世界理解、接受，并将从此走向世界。

虽然"地球一小时"活动表面上只是号召人们熄灯一小时，"生态文明"一词英文翻译的几经变化表面上也只是翻译用词的不同，但这些小事却反映出了中国社会对生态保护认知及国际社会对中国生态保护理念认知的"跃迁"，这一"跃迁"给中国和整个世界带来了深远影响。这就是知微见著吧，很荣幸自己是这一过程的见证者和参与者。

（三）知行合一

"知己知彼"的过程使我认清了自己与世界，"知微见著"又使我认清了自己所从事事业的意义之所在，而"知行合一"就是将我的所"知"用于"行"，是自己践行架起中外理解合作的桥梁，为全球生态保护贡献一己之力的过程。

1. 不可能完成的任务（mission impossible）

2006年我刚到世界自然基金会中国办公室工作不久就接到总部的一个任务，希望"阻止中国在全球生态足迹①的增长"，这主要是针对中国在发展过程中除了过多消耗国内生态资源外，中资企业在境外项目合作上不注意生态保护等问题。在当时的环境下这是个近乎"不可能完成的任务"。第一，那时中国正处于经济快速发展阶段，用短短30年的时间走完了西方国家近200年的发展历程，成为"世界加工中心"，取得的成绩令世人瞩目，但这个"世界加工中心"的运转也需要全球的资源支撑。西方国家在消耗了全球大量资源的基础上完成了现代化后，要求中国在发展的过程中停止生态足迹的增长，这是不公平的，也是不可能的。第二，中国企业在境外的项目合作是企业自身行为，主要受当地政府的政策法规的制约。第三，我们是非政府组织，对政府和企业的直接影响力有限。基于以上原因，我们团队对如何完成这一"不可能完成的任务"展开了激烈讨论和认真分析，最后决定从政府政策、金融监管机构和企业三个方向入手，尝试通过影响政府生态保护政策、银行对企

---

① 维持一个人、地区、国家的生存，需要使用地球上能够容纳人类所排放的废物的、具有生物生产力的地域空间（包括土地和水域），生态足迹就是将这种需求与自然能够提供的资源、消纳废物的能力和具有生物生产力的地域空间相比较，从而评估人类对地球生态系统和环境的影响。详见：https://www.footprintnetwork.org/content/images/uploads/China_Report_zh.pdf。

业的信贷政策及企业自身行为来完成这一"不可能完成的任务"，并将这个任务设定为"中国领跑世界（绿色）革新"项目①。同时我们确立了两大目标：一是促进中国在未来的发展中走绿色、可持续发展的道路，二是中国在国际上成为探索新发展路径的领军者。虽然当时很多国际同行对我们的项目目标能否实现持怀疑态度，但我们还是坚定地沿着设定的路线走了下去。

在与政府合作的层面，我们重点从生态足迹入手，通过与中国政府相关机构合作发布《中国生态足迹报告》②、合作示范实施生态保护与恢复项目等，努力在政府决策机制中引入生态足迹概念。令人欣喜的是中国政府自身也意识到了生态保护的重要性和迫切性，2007年党的十七大首次提出了"生态文明"的概念，十八大又提出了"绿色"发展理念，并将这些理念融入国民经济和社会发展第十二个、第十三个五年规划。在这样的大背景下，中国完全有可能探索出一个既快速发展经济又保护生态环境的新发展模式。

我们之所以要与金融监管机构合作，是因为中国企业海外项目的投资大多来自中国相关银行的信贷，因此与金融监管机构合作，在银行企业信贷指引中加入"绿色"概念，会对企业在海外项目中加强生态保护与修复产生事半功倍的功效。为此，我们与当时的中国银监会开展了"绿色信贷指引""绿色信贷统计体系"等的开发和培训。此外，在我们的积极倡导下，环境和社会标准被纳入了"中国和非洲可持续贸易和投资的合作伙伴关系"。这一切为引导中国企业在对外合作项目上加强生态保护意识，实现可持续发展发挥了重要作用。

在与企业的合作上，我们选择从在非洲的中资企业入手。以中国在加蓬的森林管理项目③为例，当时中资企业在加蓬经营管理的森林面积为加蓬森林总面积的一半，但与在加蓬的其他的外国森林公司相比，中资企业在项目实施过程中的生态保护意识相对较差，经常受到来自国际舆论、加蓬政府及非政府组织的批评，影响了中企的声誉和业务。为此，我们与中国国家林业局、加蓬政府，以及在加蓬的12家中资林业企业④合作，建立了加蓬–中国可持续林业

---

① 详见《中国领跑世界革新全球项目季刊》2010年第1期：http://webadmin.wwfchina.org/storage/content/press/publication/20101.pdf。

② 详见中国环境与发展国际合作委员会、世界自然基金会《中国生态足迹报告》：https://www.footprint-network.org/content/images/uploads/China_Report_zh.pdf。

③ 该项目在初期称作 China for a Global Shift Initiative，后期称作 China Green Shift Initiative。项目总结报告见此：https://www.wwf.ch/sites/default/files/doc-2017-11/2016-12-WWF-China-green-shift-initiative.pdf。

④ 这12家企业所管理经营的森林面积占在加蓬的中资企业经营总面积的80%。

在肯尼亚内瓦夏湖附近的中国公司援建的太阳能发电工程

圆桌对话机制，向中资企业推介当时国家林业局和商务部共同签发的《中国企业境外森林可持续经营利用指南》[①]，并对中资企业进行了当地法律法规、国际公约有关条款、森林管理基本理念和最佳实践的指导和培训，使中资企业的生态保护意识大幅提升。在 2009 年至 2015 年的 6 年间，这 12 家中资林业企业按照加蓬政府规定制定和实施长期森林管理计划的面积从 82 万公顷增加到了近 400 万公顷，实现了 384% 的增长。对此，加蓬森林部官员盛赞道：在加蓬的中国企业已经成为建设"绿色加蓬""工业加蓬"的驱动力量。

"中国领跑世界（绿色）革新"是一个世界自然基金会的全球项目，也是第一个由中国人主持，立足于中国去探索中国在国际环境生态保护领域的角色与作用的国际项目。经过十几年的努力和坚持，该项目获得了巨大成功，我们将"不可能完成的任务"变成了"任务达成"（mission accomplished）。这个项目的设计思路和执行方式不仅为世界自然基金会与中国合作提供了新模式，也为其他非政府组织与中国合作提供了样板，成为世界自然基金会合作项目的成功案例。

2. 让国际同行了解中国

中西方有不同的发展史和文明史，社会文化及治理结构差异巨大，在保护生态的理念和认知上存在巨大鸿沟，往往对同一件事有不同的解读，从而产生很多分歧和误解。另外，西方媒体往往是聚焦"坏消息"，对中国的报

---

① 详见 http://www.mofcom.gov.cn/aarticle/b/g/200904/20090406191363.html。

道更是负面居多。因此，在一些情况下，我们的国际同行对中国的生态保护政策及执行效果不理解，甚至怀疑。作为一个"国际人"，让同行了解中国变成了我义不容辞的职责。

首先，我带领中国团队进行国情研究，认真了解中国的领导机制、决策过程、权力平衡、执行结果等，形成国情报告，在世界自然基金会国际网络和合作伙伴间分享。其次是邀请国际同行来中国与相关机构直接对话，面对面交流，增进互信，消除误解。例如，2009年，我们邀请了来自十几个国家的世界自然基金会网络合作伙伴来中国，与中国政府相关部委（商务部、发改委、环保部等）、智库（中国环境与发展国际合作委员会、国务院发展研究中心、商务部国际贸易经济合作研究院等）和行业协会（中国对外承包商会、中国五矿化工进出口商会等）及非政府组织同行等进行了深入交流，不仅增进了相互了解，还在很多方面产生了共鸣。再次是用事实说话。我们努力把世界自然基金会中国办公室在中国的成功实践推介给国际同行，让他们感受到中国的变化与进步。我们实施的熊猫、老虎、江豚等野生动物保护，长江流域生态保护，绿色金融，打击非法野生生物贸易等项目取得了令人瞩目的成效。2008年，我们开始把"低碳"发展概念引入中国，目前"低碳"已成为中国经济发展和百姓生活中的流行语。这些项目的成功实践不仅仅是世界自然基金会的成功，使基金会在中国的影响力得到空前的提高，更反映了中国在保护生态方面的进步，也为中国探索人与自然和谐共存，走生态文明的发展道路提供了宝贵的经验。

3. 我与中国环境与发展国际合作委员会[①]

作为一个"国际人"，我具有同时了解中西方两种不同文化的优势，有利于在中国与世界之间架起沟通的桥梁。对于我来说，要架设这座桥梁最重要的是在中国找到一个有力支点。在工作中我逐渐发现，这个重要的支点就是中国环境与发展国际合作委员会（简称"国合会"）。国合会是中国政府在环境保护领域的一个具有国际性的高级政策咨询机构，其委员由来自国内外相关领域的知名专家、企业界和非政府组织的代表组成，在中国国内和国际上有很强的影响力。这恰恰是我所需要的支点。

[①] 中国环境与发展国际合作委员会成立于1992年，是经中国政府批准的非营利、国际性高级政策咨询机构。世界自然基金会全球总干事自1992年以来一直是国合会的外方委员。国合会政策建议以书面形式提交中国国务院和有关政府部门供决策参考。这种独特的"直通车"机制，确保了国合会政策建议直达中国政府高层领导和各级决策者，并得以广泛推广和实施。

　　我对国合会认真工作态度的直接感知是从建议国合会修改其标识开始的。记得有一次去拜访国合会，我发现其标识上代表合作的两个人形字母 i 的上半部分有四条细线，给人束缚、压抑的感觉，如果去掉，不仅不会影响标识的整体含义，更会突出开放合作的意涵。率直的我直接就向国合会领导提出了我的建议。没有想到的是，一周以后我再看国合会的文件资料时发现国合会居然已按我的意见对其标识进行了修改。国合会接受建议的能力和办事效率让我惊讶不已。

修改前的标识　　　　　　　　　　　　　修改后的标识

　　有趣的开端、极好的印象开启了我与国合会友好、持久和有效的合作。我们合作先后发布了《中国生态足迹报告》的 2008、2010、2012 版等报告，通过国合会对中国的"十二五"规划、"十三五"规划和"十四五"规划提出了生态（物种和生态系统）保护、可持续生产和消费、减少对生态环境破坏的驱动因素、低碳绿色发展、绿色金融、加强国际环境合作等建议。我自己在 2011 年和 2016 年两次被国合会邀请为"投资、贸易与环境"和"生态文明与南南合作"课题组的外方专家。2018 年，我再次受国合会邀请，成为"2020 后全球生物多样性保护"专项政策研究课题组的联席外方组长，提出了中国国家领导人应在国际舞台展示中国生态保护的政治决心和领导力、分享成功的经验、展示生态保护成就等一系列建议。令我无比欣喜的是有很多建议已被采纳，这使我看到了自己的价值，也激励我更加努力地发挥桥梁作用，使中国与世界的连通更为通畅。

　　2017 年，我调任至世界自然基金会总部工作，担任全球政策与倡导总监，站在一个新的舞台上倡导和践行"保护生态就是保护人类自己"的理念，促进人类与自然的和谐相处，力促一个净零碳排放、自然丰沛、公平和谐的永续未来。推动中国与世界的连通仍是我的重要任务，也将是我的毕生使命。愿中国成为生态保护新理念的倡导者、探索者和实践者，引领全球生态保护进入一个新的发展阶段。

图书在版编目（CIP）数据

纵横全球 兼济天下：国际组织任职启示录 / 何昌垂
主编；王之佳，何景琳副主编 .—杭州：浙江大学出版社，
2021.12
（国际组织与全球治理丛书 / 李媛，米红总主编）
ISBN 978-7-308-22256-3

Ⅰ．①纵… Ⅱ．①何… ②王… ③何… Ⅲ．①国际
组织－研究 Ⅳ．① D813
中国版本图书馆 CIP 数据核字（2021）第 278616 号

纵横全球 兼济天下——国际组织任职启示录
主 编 何昌垂
副主编 王之佳 何景琳

策 划 董 唯 张 琛
责任编辑 董 唯
责任校对 田 慧
封面设计 周 灵
出版发行 浙江大学出版社
（杭州市天目山路148号 邮政编码 310007）
（网址：http://www.zjupress.com）
排 版 杭州林智广告有限公司
印 刷 杭州高腾印务有限公司
开 本 710mm×1000mm 1/16
印 张 19.75
字 数 323千
版 印 次 2021年12月第1版 2021年12月第1次印刷
书 号 ISBN 978-7-308-22256-3
定 价 65.00元